가정 추모예배 대표기도문

가정 추모예배 대표기도문

2016년 10월 5일 초판 발행
엮은이 | 김 상 복
발행인 | 김 수 곤
발행처 | 도서출판 선교횃불
등록일 | 1999년 9월 21일 제54호
        전화: (02) 2203-2739
        팩스: (02) 2203-2738
등록주소 | 서울시 송파구 백제고분로 27길 12(삼전동)
이메일 | ccm2you@gmail.com
홈페이지 | www.ccm2u.com

ⓒ도서출판 선교횃불

* 파본은 교환해드립니다.
* 이 출판물은 저작권법에 의해 보호를 받는 저작물이므로 무단전재와 무단복제를 금합니다.

PRAYER SERIES 04

가정 추모예배 대표기도문
Prayer

엮음 김상복 목사

신교횃불

■ 머리말

  사람의 죽음과 관련지어서 행하게 되는 모든 예식에 대한 지침이 되는 규범서는 필요하다. 이에, 성도의 추모예식과 장례예식을 위한 예배서는 한국 교회 성도들의 생활 예식서가 될 것이다.

  1. 추모-고인을 생각하는 일체의 행위에 대한 용어이다. 우리가 주 안에서 어떤 사람을 추모한다는 것은 어떤 사람과 관련해서 우리가 경험했던 하나님의 은혜를 묵상하거나 앞으로 경험하기를 원하는 하나님의 은혜를 소망하는 것이다.

  교회에서는 하나님 앞에서 고인을 애도하고, 그를 추억하는 예식에 대하여 추모라 한다. 고인이 그의 자손이나 주변의 사람들에게 남겨준 그의 발자취를 더듬고, 고인의 유지를 회상하는 시간이 바로 추모이다. 우리에게 추모는 고인의 생애와 관련해서 새로운 결심을 경험하려는 데 그 의의가 있다.

  2. 장례-성경에서는 인간의 죽음을, 추수 때 거두어들인 곡식을 운반하는 것과 같이 '올리는' 것에 비유한다. 그리고 인생의 수한이 차서 선조들의 곁으로 돌아가는 것을 가리킨다. 사람은 그에게 정해진 시간의 삶을 산 후에는 죽음을 경험하게 된다.

  사람은 누구나 시간 속에 있다. 세상에 태어나서 살다가 죽는 것은 하나님의 주권이며 섭리이다. 육체의 죽음은 단순히 '그가 죽었다.'라는 것이 아니고, 최후의 심판을 기다리는 시간 앞으로 가는 것이다.

2016년 9월

■ 차례

1편_ '고인-신자' 가정 추모예배 · 장례예식 설교와 대표기도

∥1∥ 추모예배 · 장례예식 설교 / 10

A. 추모예배 | **11**
1) 설날 추모예배   2) 한식 추모예배   3) 추석 추모예배
4) 기일 추모예배   5) 성묘 추모예배

B. 장례예식 | **41**
1) 임종예배   2) 위로예배   3) 입관예배   4) 장례예배
5) 하관예배   6) 귀가예배   7) 첫 성묘예배

∥2∥ 추모예배 · 장례예식 기도 | 84

A. 추모예배 | **85**
1) 설날 추모예배   2) 한식 추모예배   3) 추석 추모예배
4) 기일 추모예배   5) 성묘 추모예배

B. 장례예식 | **115**
1) 임종예배   2) 위로예배   3) 입관예배   4) 장례예배
5) 하관예배   6) 귀가예배   7) 첫 성묘예배

2편_ '고인-불신자' 가정 추모예배 · 장례예식 설교와 대표기도

‖1‖ 추모예배 · 장례예식 설교 / 158

A. 추모예배 | **159**
1) 설날 추모예배   2) 한식 추모예배   3) 추석 추모예배
4) 기일 추모예배   5) 성묘 추모예배

B. 장례예식 | **189**
1) 임종예배   2) 위로예배   3) 입관예배   4) 장례예배
5) 하관예배   6) 귀가예배   7) 첫 성묘예배

‖2‖ 추모예배 · 장례예식 기도 / 230

A. 추모예배 | **231**
1) 설날 추모예배   2) 한식 추모예배   3) 추석 추모예배
4) 기일 추모예배   5) 성묘 추모예배

B. 장례예식 | **261**
1) 임종예배   2) 위로예배   3) 입관예배   4) 장례예배
5) 하관예배   6) 귀가예배   7) 첫 성묘예배

*크리스천의 장례예식에 사용해서는 안 될 용어 | 303

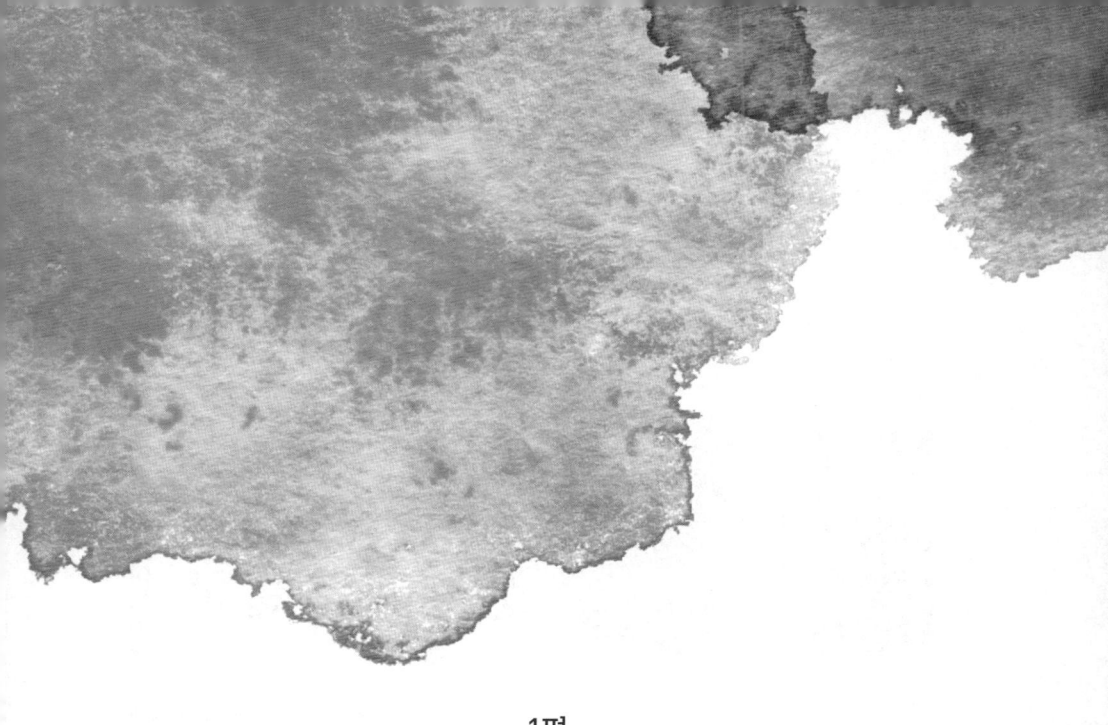

1편

'고인-신자' 가정
추모예배 · 장례예식 설교와
대표기도

1

추모예배 · 장례예식 설교

설날 추모예배(1)

그 강물을 마신 자마다

※본문_계 22:1-5

새 예루살렘의 한가운데는 생명의 물이 흐르는데, 생명수의 강이라고 한다. 그 강물을 마신 자마다 생명의 삶을 살아간다. 모두가 마시기에 풍성한 강물로서 의와 생명과 성령의 충만함을 나타낸다.

1. 생명수의 강물

새 예루살렘에 흐르는 강은 수정 같이 맑은 강이다. 신자는 영생의 삶을 즐길 수 있는 생명수의 강물을 마실 것이다. 이 물을 마실 때마다 생명을 공급받는다. 새 예루살렘 성에 있는 강을 생명수의 강이라고 부르는 것은 그 강물이 생명의 힘을 주는 물이기 때문이다.

2. 생명나무의 열매들

그 성에는 열두 가지 열매를 달마다 맺는 생명나무들이 있다. 그것들은 천국 백성에게 다양하고 풍성하게 생명력을 북돋울 것이다. 생명나무의 열매는 그것을 먹을 때마다 생명을 다하도록 해주기 때문에, 건강과 원기가 넘치는 영생을 누린다. 성도들은 어린양을 섬기며, 그에게 예배드리고, 그와 교제할 것이다.

3. 새 예루살렘 성에서 영생을 누림

새 예루살렘의 성도들은 자신의 이름이 이마에 있어서 자신들의 소속을 나타낸다. 하나님의 영광이 친히 비치므로 어둠이 없겠고, 등불과 햇빛도 필요하지 않다. 더욱이 그들은 그곳에서 왕 같은 신분과 특권을 가지고 생활할 것이다. 우리는 모두 영생을 누릴 권세가 있다.

*무덤에서 살아나 신령한 생명으로 변화된 성도는 새 예루살렘 성에서 영생을 누린다. 영생을 누리게 될 새 예루살렘 성을 사모하면서 세상을 이기자. 식구들이 마음을 같이하여 성령님으로 충만하자.

설날 추모예배(2)

빛 가운데로 행하는 사람

※본문_요일 1:5-10

"하나님은 빛이시라"(5)고 하였다. 하나님은 어둠을 밝히고 세상을 구원하는 빛이시다. 어둠이 조금도 없는 영원하고 완벽한 빛이시다. 우리가 빛 가운데 살고, 빛을 향해 걸어가면 복이 임한다.

1. 하나님과의 바른 교제

"우리도 빛 가운데 행하면 우리가 서로 사귐이 있고"(7)라고 하였다. 빛은 어둠과 반대가 되는 것으로서 죄에서 떠난 상태를 가리킨다. 우리에게는 빛 되신 하나님께서 날마다, 시간마다, 어디에서나 함께 계신다고 약속해주셨다. 하나님과의 사귐, 지체들과의 사귐을 경험하게 된다. 여기에서 은혜를 풍성하게 경험한다.

2. 예수의 피가 우리를 깨끗하게

"그 아들 예수의 피가 우리를 모든 죄에서 깨끗하게 하실 것이요"(7)라고 하였다. 죄인이 죄 사함을 받고, 구원에 이르기 위해서는 예수님을 믿어야 한다. 이때의 믿음은 그 내용이 나의 죄에 대한 고백이어야 한다. 예수님께서 나를 위하여 속죄의 제물이 되어주셨기 때문이다.

3. 하나님을 향해 날마다 걸어가야

예수님을 믿는다고 하는 것은 예수님을 주님으로 삼는 것이다. 죄인으로서 지내오던 삶의 습관을 버림을 가리킨다. 우리 주위에는 예수님을 믿는다 하면서 옛사람으로 지내는 이들이 있다. 주님을 신뢰하고, 걱정, 근심, 불안 같은 것을 맡겨야 한다. "너희 행사를 여호와께 맡기라"라고 하였다(잠 16:3). 저 높은 곳을 향해서 날마다 나가야 한다.

*오늘, 하나님께 '다 이루었다' 라고 고백할 수 있는 한 날을 사모하자.

설날 추모예배(3)

은혜로 든든히 살아가자

❀본문_딛 1:1-4

디도는 바울과 동행할 때 언제나 같은 믿음을 따라 살았다. 디도는 믿음 생활에 향기가 있는 사람, 많은 사람을 감동시킨 사람이었다. 그는 바울이 신뢰하는 사람이었다.

1. 동반자가 있음에 감사

예루살렘의 유대인들은 악한 생각으로 바울을 박해하였다. 그때 바울은 자기를 변호해 주는 디도를 데리고 다녔다. 디도는 바울의 마음을 이해해주고 옹호해주는 변호자가 되었다. 디도는 바울과 함께 "같은 믿음을 따라" 그와 동역하였다.

2. 어려운 일을 맡아 수행하는 사랑에 감사

디도는 바울을 위하여 난관을 슬기로 극복해 주었으며, 그에게 닥친 어려움을 해결해 주었다. 그는 환난과 가난 중에도 하나님의 영광과 바울의 사역을 도와 문제를 은혜로 해결하였다. 하나님께서는 동역자를 붙여 돕게 하셨다.

3. 신뢰할 수 있음에 감사

디도는 바울에게 신뢰하는 사람이 되어 주었다. 그는 무슨 일을 맡겨도 요동하지 않고, 시험에 들지 않고, 잘 감당하였다. 하나님께서는 신뢰할 만한 사람을 동반자로 보내주신다. 나의 나 됨이 스스로의 노력으로 선 것이 아님에 감사하라.

*예수님은 어려울 때의 동반자이시다. 우리의 삶을 돌아보면, 어려울 때마다 하나님께서 가장 좋은 동반자를 주셨음을 묵상하게 된다. 가장 힘들어 할 때, 짐을 져 주신 사랑에 감사하자.

설날 추모예배(4)

기둥 같은 일꾼

❋본문_왕상 7:13-22

　기둥은 건축물에서 가장 중심 역할을 하는 부분이다. 성도는 가정에 대하여 축복의 통로로서 가정에서 중심이 되는 자리를 지켜야 한다.

1. 견고한 기둥

　집을 세우려면 기둥이 튼튼해야만 한다. 만일 기둥이 견고하지 못하면 집을 받들지 못하기 때문이다. 역사적으로 보아도 고대의 모든 건축물의 기둥은 견고하게 만들었다. 이처럼 우리 가정에서 하나님께서 인정하시는 기둥 같이 견고한 인물이 되어야 한다. 하나님의 나라를 받들듯이 자신의 가정이 흔들리지 않도록 잘 받들어야 한다.

2. 아름다운 기둥

　야긴이나 보아스를 보면, 견고하면서도 매우 아름다운 기둥이었다. 가정에서 나에게 맡겨진 축복의 통로 역할을 잘 감당해내기 위하여 아름다운 신앙인이어야 한다. 신앙생활을 하는 모습이나 개인적으로 기도하는 모습에서 아름다움이 배어나야 한다. 그리고 주님께서 원하시는 대로 순종을 하는 마음가짐으로 아름다운 삶을 살아야 한다.

3. 임무를 잘 감당하는 기둥

　기둥은 건축물을 바르게 받치고 있어야 한다. 성도는 가정에서 하나님의 사람으로서 자신의 역할을 거룩하게 감당해야 한다. 만일 그렇지 못하여 기둥이 무너지면 집 전체가 무너지게 되고 만다. 한 가정이지만 속해 있는 식구들은 성격적으로 제각기 다르다. 가족의 구성원들이 한 마음으로 살아가도록 방향을 제시해주고, 도와주어야 한다.

　*하나님 앞에서 가정에 대한 자신의 의무를 거룩하게 감당해야 한다.

설날 추모예배(5)

교회를 중심으로 사는 삶
※본문_롬 12:3-13

한 해의 삶을 시작하면서 올해는 교회를 중심으로 살아갈 것을 다짐해야 한다. 교회는 하나님께서 거룩하게 하신 곳이며, 주님의 몸이다.

1. 하나님께 구별된 곳
교회에 거룩하신 하나님이 계시며, 하나님의 거룩한 자녀들이 모인 곳이다. 우리는 교회를 통해서 거룩해야 하고, 교회는 우리를 거룩하게 해 준다. 이때, 우리의 모임은 세상의 사사로운 집단이 아니며, 하나님의 공회이다. 하나님을 위한 그분의 자녀들의 공적인 공동체라는 것이다. 여기에서 하나님과의 교통과 성도 사이의 교통이 이루어진다.

2. 신령한 사명의 공동체
주님의 십자가의 보혈로 이루어진 사랑의 공동체에서는 성취해야 할 네 가지 신령한 사명이 있다. 첫째는 성부 성자 성령 하나님께 예배해야 할 사명이다. 둘째는 이 땅에 하나님의 나라를 건설하고 확장하는 전도의 사명이다. 셋째는 하나님의 말씀을 가르치는 교육의 사명이다. 넷째는 사랑과 은혜로 주님과 교회와 이웃을 섬기는 사명이다.

3. 사랑으로 서로를 섬겨야
하나님께서는 하나님의 영광과 교회의 부흥을 위하여 우리 각 사람에게 은사를 주셨다. 그러므로 은사를 사용하여 교회에 신실하게 협력해야 한다(4-8). 이때, 은사를 사용해야 하는 방법은 사랑이다. 지체를 사랑하여 나의 은사를 사용해야 한다(9-13). 사랑은 사랑할 때까지 사랑으로 나타나지 않는다. 사랑을 할 때, 우리는 사랑을 경험하게 된다.

*내게 주신 은사를 사랑으로 사용하여 교회의 부흥을 이루는 삶을 사모하자.

설날 추모예배(6)

복이 있도다
✸본문_시 128:1-6

우리가 하나님 앞에서 복을 빌 때, 물질적으로 받는 복도 중요하지만, 나의 인생을 결정하는 영적인 복이 임해야 나의 삶이 평안하게 된다.

1. 복을 받으려면?

1절, "여호와를 경외하며 그의 길을 걷는 자마다 복이 있도다"라고 했다. 복을 주시는 하나님을 섬기고, 그분의 말씀에 순종하면 복이 있게 된다. 그래서 "여호와를 경외하는 자는 이같이 복을 얻으리로다"(4)라고 부언하였다. 유일하신 하나님을 믿고, 경배하여 나의 인생에 복이 있음을 확신하자. 하나님을 섬기는 자가 복된 인생이다.

2. 복을 받으면?

2절, "네 손이 수고한 대로 먹을 것이라 네가 복되고 형통하리로다"라고 했다. 3절, "네 집 안방에 있는 네 아내는 결실한 포도나무와 같으며 네 식탁에 둘러앉은 자식들은 어린 감람나무 같으리로다"라고 했다. 일한 만큼의 그 대가를 얻게 해주신다고 하나님께서 언약하셨다. 그리고 그의 아내는 아내대로, 그의 자녀는 자녀대로 복을 받는다.

3. 평생에 보는 예루살렘의 번영의 복

5-6절, "여호와께서 시온에서 네게 복을 주실지어다 너는 평생에 예루살렘의 번영을 보며 네 자식의 자식을 볼지어다"라고 했다. 시온과 예루살렘은 하나님께서 계시며, 보호하시는 곳을 가리킨다. 하나님께서 인생을 다스리시는 영적인 복을 의미한다. 복 있는 자는 영적으로 복 되어야 한다. 영적인 복이 없으면 물질적인 부요는 무의미하다.

*금년에 나의 육체와 영이 하나님께 복 된 자가 되기를 결단하자.

한식 추모예배(1)

지옥은 어떤 곳인가?

※본문_계 20:11-15

인간은 자기의 죄로 말미암아 죽음에 이르게 되었는데, 예수님을 구주로 영접하지 않아서 지옥에 가게 되었다. 자기 자신은 정당한 길을 걸어왔다고 생각했는데, 그곳은 마귀에게 속은 자가 가는 곳이다.

1. 사랑을 찾아볼 수 없는 곳

사랑이 완전히 거두어버린 차가움 냉냉함 원망 후회 불평 쓸쓸한 것만 있는 곳이다. 생명이 없는 시체, 사랑이 강탈당한 아비규환의 장소, 처절함과 슬픔과 찢어지는 고통의 온갖 저주로 가득한 곳이다. 하나님의 사랑이 멈춘 곳이다.

2. 배신감만을 맛보는 곳

하나님을 배신하고 예수님을 배신하고 진리를 배신한 자들이 대가를 영영히 지불하는 곳이다. 결혼잔치에서 예복을 입지 않은 자들이 슬피 울며 이를 갈게 되는 곳이다. 천국을 분명히 갈 수 있다고 한 자들이 가지 못하고 배신감을 맛보는 곳이다.

3. 수치스러운 곳

각 사람이 자기의 행위대로 심판을 받으니 수치스러움을 영원히 느끼게 된다. 그들은 지상에서 사는 동안에는 수치스러운 것을 행하면서도 몰랐던 자들이다. 결국 자신이 지옥에 올 것을 생각하지도 못했는데, 죽은 후에 지옥에 가게 되었으니 수치스러워 하게 된다. 그러나 예수님을 믿는 자들은 예수 그리스도로 옷을 입었기에 그 수치를 가리게 되고, 부끄러움을 보이지 않게 된다.

*날마다 내게 베풀어주실 하나님의 은혜를 사모하며 찬송을 드리자.

한식 추모예배(2)

부르심과 택하심을 굳게 하라

❋본문_벧후 1:5-10

본문의 말씀은 우리에게 하나님의 부르심과 택하심을 굳게 하라고 권고한다. 하나님께서는 구원하시기로 예정해 주신 자들을 부르신다.

1. 부르심과 구원에 대해 확신

우리가 이 부르심에 대한 확실한 믿음을 가진다면 우리의 구원에 대해 확신을 가질 수 있다. 오늘, 이 가정의 식구들이 부르심과 부르심의 은혜로 구원에 이르렀음에 감사한다. 만일, 구원의 진리를 믿지 못하고 흔들리면 우리는 아무 것도 가질 수 없다. 우리에게 구원에 대한 확신을 주는 것은 성령님의 역사이다. 성령님께 충만해야 한다.

2. 하나님의 선택

택하심이란 하나님이 우리를 택하셨다는 하나님의 예정을 가리킨다. 부르심과 택하심은 하나님의 구원 섭리에 대한 양면을 설명하는 말이다. 하나님의 부르심이 있다면 하나님의 택하심이 있다는 증거요, 하나님의 택하심이 있다면 그에 대한 부르심이 반드시 있는 것이다.

3. 칭의에 대한 약속

"또 미리 정하신 그들을 또한 부르시고 부르신 그들을 또한 의롭다 하시고 의롭다 하신 그들을 또한 영화롭게 하셨느니라"(롬 8:30)라고 했다. 우리의 구원을 위해서 보배롭고 큰 약속으로 우리를 부르셨다. 하나님께서 우리를 구원하심은 이미 세상이 지어지기 전부터 계획되었다. 아무 열매도 맺을 수 없다. 우리가 이런 믿음을 가지고 살아가면서 어떤 고난이 와도 그 고난으로 실족하지 않기를 축원한다.

*성령님의 충만하심으로 나의 심령에 불이 피어있기를 결단하자.

한식 추모예배(3)

유익하다고 기억되는 사람

❈본문_딤후 4:11

바울은 자신의 곤경을 디모데에게 알리고 속히 오라고 하였다. 올 때 마가와 함께 오라고 부탁하였다. 그들은 바울이 어려울 때 필요한 친구였기 때문이다. 하나님의 일하심에 유익한 사람이 되자.

1. 바울에게서 떠났던 마가

마가는 바울의 처음 전도 여행시에 바울과 함께 있었으나 밤빌리아의 버가에서 그를 떠나 예루살렘으로 돌아갔다. 이때부터 바울은 마가에 대하여 자기들을 떠나 함께 일하러 가지 않은 자라 여기고 함께 하려 하지 않았었다(행 15:38).

2. 바울에게 유익한 마가

그를 데려 오라고 하였다. 이제, 바울은 마가가 그의 일에 유익하므로 데려오라고 말하고 있는 것이다. 이전에는 마음이 약했던 마가가 이제는 바울에게 유익한 일꾼이 된 것이다.

3. 사역자에게 유익한 사람

그리스도인은 주님과 교회가 필요할 때 기쁘게 쓰는 사람이 되어야 한다. 복음 사역에는 사람이 필요하다. 충성된 일꾼이 필요하다. 바울이 어려울 때 바울을 떠난 동역자도 있었지만 바울이 어려울 때나 필요할 때 함께 한 동역자도 있었다.

*은혜를 입었어도 버리고 가는 사람이 있다. 이런 사람은 인간적인 사람이다. 말씀적인 사람이 되어야 어려울 때도 떠나지 않고 함께한다. 어려울 때 친구가 참 친구이다. 바울을 도왔던 마가는 우리에게 하나님의 일에 동역자가 되어야 한다는 사실을 교훈해준다.

한식 추모예배(4)

완고하게 되지 않도록 하라

❈본문_히 3:12-19

하나님을 영화롭게 하기 위해서, 자신이 스스로 미혹되지 않기 위하여 여호와 앞에서 완고하게 되지 않는 습관을 가져야 한다.

1. 삼가는 은혜

12절, "형제들아 너희는 삼가"라고 하였다. '삼가'라는 것은 자신을 살펴서 조심한다는 의미이다. 그렇다면 우리가 여호와 앞에서 무엇을 삼가야 하는가? 악한 마음을 품어서 하나님에게서 떨어질까 조심해야 한다. 이렇게 자신을 삼가는 것은 하나님의 은혜이다. 사실, 이미 하나님께로부터 버림받은 사람은 아무런 양심의 가책을 느끼지 않는다.

2. 권면하는 은혜

13절, "매일 피차 권면하여"라고 하였다. 우리는 교회 안에서 지체들을 서로 섬겨 한 몸을 이루어야 한다. 이때, 나의 지체가 된 이들을 향해서 죄의 유혹으로 완고하게 되지 않도록 권면해야 한다. 서로가 겸손으로 허리를 동여 상대방에게 주님께서 지시한 윤리를 권면하고 잘 이해할 수 있도록 해야 한다. 우리는 서로 세워주어야 한다.

3. 끝까지 견고하는 은혜

14절, "확신한 것을 끝까지 견고히 잡고 있으면"이라고 하였다. 무엇을 견고히 잡고 있어야 하는가? 예수님을 구주로 영접하기 시작했을 때의 믿음을 가리킨다. 그 믿음은 하나님께서 주신 것이다. 우리가 처음으로 하나님을 아버지라 부를 때, 가졌던 믿음으로 살아야 한다. 이 믿음을 버리게 되면 하나님께 불순종하게 된다.

*자기를 먼저 살피고, 삶에서 하나님의 은혜를 나타내려 애를 쓰자.

한식 추모예배(5)

여호와는 나의 하나님

✽본문_창 28:16-22

야곱은 하나님의 동행을 알지 못하였으나 하나님의 그를 향하신 사랑은 그의 길에 함께 하셨다. 여호와는 나의 하나님이 되시는 분이시다.

1. 쫓겨 가는 길의 야곱

야곱이 외삼촌의 집으로 가는 길은 사실, 에서를 피함이었다. 야곱의 기대와는 달리 아버지를 속인 후에 그가 겪어야 했던 것은 집을 떠나는 것이었다. 그는 처음으로 집을 떠나 여행을 하게 되었다. 그러나 이 여행이 그에게 즐겁지만은 않은, 언제 다시 집으로 돌아갈지 모르는 고향을 떠남이었다. 그는 밤이 되어 홀로 길에서 자게 되었다.

2. 하나님의 사자

야곱이 루스에서 돌을 베개하고 유숙했다는 사실은 야곱의 삶이 곤고했음을 보여준다. 그러나 하늘의 하나님께서는 야곱을 지켜주셨다. 그가 처음으로 떠나는 길에 혼자 있게 하지 않으셨다. 루스의 야곱은 버려진 것처럼 보였으나 거기에 하나님께서 함께 하셔서 위로가 되어 주셨다. 하나님이 함께 하시면 그 길이 평탄하고 형통하다.

3. 하나님의 선언

야곱은 루스에서 머물던 밤에 하나님께로부터 놀라운 약속을 받게 되었다. 본문 15절을 보자. "내가 너와 함께 있어 네가 어디로 가든지 너를 지키며 너를 이끌어 이 땅으로 돌아오게 할지라 내가 네게 허락한 것을 다 이루기까지 너를 떠나지 아니하리라." 사탄은 하나님의 약속을 믿는 자들에게서 그의 마음을 빼앗을 수 없다.

*오늘, 하나님께서 나를 지켜주시며, 나와 함께 하심을 확신하자.

한식 추모예배(6)

성령으로 살고 행하라

※본문_갈 5:22-26

주님께서 제자들과 함께 하셨던 것처럼, 성령님께서 오늘, 성도들과 함께 하신다. 성령님의 권고하심에 따라 순종하며 살아가야 한다.

1. 나무와 가지

예수님께서는 제자들에게 자신을 나무로 비유하셨다. 그리고 주님을 따르는 제자들은 가지라 하시면서, 예수님께 붙어 있을 것을 강조하셨다. 모든 열매들은 가지에 맺히는데, 그 가지는 나무에 달려 있어야 한다. 나무에 붙어 있지 않은 가지에서는 열매를 볼 수 없듯이, 성도는 주님과 연결되어 있어야 성령님의 열매를 맺는다.

2. 성령의 열매

성도에게는 성령님으로 말미암은 열매를 맺어야 할 의무가 있다. 그런데 우리의 연약함이 성령님의 열매를 맺는데 걸림돌이 되고 있다. 육체의 소욕은 성령을 거스르고 성령의 소욕은 육체를 거스르기 때문이다. 그리하여 성령님의 충만함을 받아 사랑과 희락과 화평과 오래 참음과 자비와 양선과 충성과 온유와 절제를 이루어야 한다(22-23).

3. 십자가에 못 박으라

성도가 성령님의 열매를 맺기 위해서는 성령님께 충만해야 한다. 그러나 자기 내부적으로는 육신의 사람을 십자가에 못 박는 은혜가 있어야 한다. 하나님의 자녀가 되기 전에 지니고 있던 육체의 본성인 정욕과 탐심을 십자가에 못 박아야 한다. 정욕과 탐심을 버리지 않고서는 성령님의 충만하심은 일시적일 수밖에 없다. 자신을 거절해야 한다.

*성령님의 충만하심에 나의 소망이 있으니, 성령님을 사모하자.

추석 추모예배(1)

아마겟돈 전쟁

❋본문_계 16:12-16

'아마겟돈'은 므깃도에서 온 말로서 '므깃도의 산'이라는 뜻이다. 지금 므깃도 입구에는 "인류 최후의 전쟁이 이곳에서 일어날 것을 성경이 예언하고 있다"는 내용의 안내판이 세워져 있다.

1. 아마겟돈의 지리적 위치

므깃도는 팔레스틴의 이스르엘 평원 경계상에 위치한 한 도시의 이름이다. 시스라가 가나안 군을 격파한 곳, 수많은 결전이 벌어진 곳으로 가나안 시대에 이미 알려져 있었다. 동서양의 대군들이 이곳을 그들의 가장 결정적인 대전 장소로 삼아왔다.

2. 천하만국이 그것을 치려고 모이리라

아마겟돈 전쟁은 적그리스도의 군대가 하나님께 대적하려고 온 천하 임금들을 예루살렘으로 불러 모아, 재림하시는 그리스도의 군대와 싸우는 전쟁이다. 천하만국이 예루살렘을 치려고 그곳으로 모일 것이다.

3. 하나님의 나라를 이루시는 하나님

하나님께서는 하나님의 정하신 일을 이루신다. 하나님께서 자기 백성을 구원하시고 성도들을 환난에서 건져내시며 하나님의 나라를 이루시려고, 만국을 진동시키며 군왕들과 백성들의 마음을 감동하여 전쟁준비를 시키시는 것이다. 마지막 아마겟돈 전쟁 중에, 주님은 재림하시면서 그의 입 기운으로 적그리스도를 죽이시고 그의 군대들을 심판하시며 마침내 성도들에게 하나님의 나라를 유업으로 주신다.

*구원에 이르는 믿음을 지켜서 약속되어 있는 상급 받음을 기다려야 한다.

추석 추모예배(2)

지식을 따라 동거하라

❋본문_벧전 3:1-7

성도는 하나님의 지식으로 세상을 살아가야 한다. 하나님의 말씀과 규례에 따라 살아가야 하며, 그때, 가정이 번성하는 은혜를 누린다. 하나님께서는 나와 우리 가정에 계획을 갖고 계시므로 하나님을 따르자.

1. 아내의 순종

아내는 남편 된 사람에게 순종하는 배우자가 되어야 한다. 남편이 존경받을 만해서 순종하라는 것이 아니다. 아내의 남편에 대한 존경으로 하나님께서 가정을 세워 가시는 제도이다. 남편을 가정에서 머리로 여기고, 권위를 세워주면서 돕는 배필이 되어야 한다.

2. 남편의 사랑

남편은 하나님께서 자기에게 주신 아내를 귀하게 여겨야 한다. 남편은 아내를 맞이한 그날부터 하나님의 말씀에 따라 아내를 사랑하고, 그 사랑으로 동거하라고 하였다. 아내를 보호해주어야 하고, 주 안에서 생명의 은혜를 함께 이어 받을 자로 여겨야 한다. 남편의 아내에 대한 사랑은 그리스도의 교회를 지켜주심에 대한 상징이다.

3. 하나님의 경륜

아담에게 여자를 주셔서 그가 남편이 되고, 여자를 아내로 삼게 하심은 하나님의 경륜이었다. 이로써 가정을 이루게 된다. 여기에서 남편과 아내는 각자가 기도가 막히지 않도록 주의해야 한다. 성도에게 기도가 막히면, 이미 하나님의 자녀로 사는 삶이 아니다. 가정에서는 아내의 순종과 남편의 사랑이 풍성해야 한다.

*하나님께서 주시는 말씀의 지식으로 사는 한 날이기를 결단하자.

추석 추모예배(3)

성숙함을 나타내라

❋본문_딤전 4:12-16

우리가 힘써야 할 것은 세상에서의 복락을 누리는 것이 아니다. 구원의 완성, 하나님의 뜻을 성취하는 삶에 더 관심을 기울여야 한다.

1. 언행을 삼가라

성숙함에는 말과 행동에 있다. 바울은 디모데에게 각별하게 권고하기를, "오직 말과 행실과 사랑과 믿음과 정절에 있어서 믿는 자에게 본이 되어"(12)라고 하였다. 비록 나이는 어려도 말과 행실이 남에게 본이 되면 업신여기지 못하고, 신뢰감을 갖게 된다. 하나님께서 자기의 말씀으로 신실하신 것처럼 성도는 신실해야 한다.

2. 전심전력하라

자신이 맡은 일에 전심전력해야 한다. 본문 13절에서, "내가 이를 때까지 읽는 것과 권하는 것과 가르치는 것에 전념하라"고 하였다. 디모데는 교역자(목회자)이므로 자신의 사역에 전심전력해야 하였다. 예수님은 십자가에 죽으시기까지 하나님께 전심전력하셨다. 은사를 사용함에 전심전력할 수 있도록 은혜를 구하자.

3. 성숙함을 나타내라

자신의 성숙함을 주변의 사람들에게 나타내야 한다. "너의 성숙함을 모든 사람에게 나타나게 하라"(15)라고 하였다. 사람은 여호와 앞에서나 사람들에게 진보를 나타내어야 한다. 만일 진보하지 못하면 남들에게 감화를 줄 수 없다. 또한 진보를 보이지 못하면 자기 자신에게도 해가 된다.

*매일 매일의 삶에서 그리고 매순간을 통하여 신앙의 진보를 보이자.

추석 추모예배(4)

세세토록 주의 말씀

※본문_벧전 1:23-25

성도는 하늘에 속해 있으므로 땅의 것을 사랑하지 말아야 한다. 우리는 영원을 사모해야 하므로 영원히 있는 것에 마음을 두어야 한다.

1. 풀과 같은 육체

24절, "모든 육체는 풀과 같고 그 모든 영광은 풀의 꽃과 같으니 풀은 마르고 꽃은 떨어지되"라고 하였다. 이는 인간의 모습을 풀에다 비유한 것으로, 인간은 유한하다는 것이다. 우리는 영원토록 이 땅에서 사는 사람을 볼 수 없다. 우리가 죄인이었을 때 죽음의 형벌이 내려졌고, 하나님께서 정해놓으신 인생의 시간에서 한번은 반드시 죽는다.

2. 풀의 꽃과 같은 영광

본문 24절을 다시 보자. "모든 육체는 풀과 같고 그 모든 영광은 풀의 꽃과 같으니 풀은 마르고 꽃은 떨어지되"라고 하였다. 영광을 풀의 꽃으로 비유했으니, 이 땅에서 보게 되는 어떤 영광도 오래 가지 않는다는 말씀이다. 이는 우리에게 헛된 영광을 위하여 분주하지 말아야 할 것을 교훈한다. 인생의 시간에서 하나님을 주목하고 지내야 한다.

3. 영원한 말씀

이 땅에 있는 것은 다 하나님의 시간에 있다. 그 시간이 가면 사라지고 만다. 그러나 하나님의 말씀은 영원하시다고 하였다. 본문 25절에서, "오직 주의 말씀은 세세토록 있도다"라고 하였다. 이 말씀은 23절에 기록되어 있듯이, 죄인이 거듭나서 의인이 되도록 하신 말씀이다. 이 말씀으로 생명을 얻은 우리이므로 오직 말씀으로 살아야 한다.

*변하지 않는 것을 변하는 것과 바꾸지 않도록 주의하자.

추석 추모예배(5)

하나님의 긍휼히 여기심

✤본문_호 1:2-9

하나님께서는 그의 백성들을 사랑하신다. 혹시 죄를 지어서 잠시 하나님의 진노를 받아도, 사랑에는 변함이 없으심을 믿고 지내야 한다.

1. 음란한 아내에게 임한 은혜

본문 2절에서 여호와께서 호세아에게 하신 말씀을 보자. "너는 가서 음란한 여자를 맞이하여 음란한 자식들을 낳으라." 구약의 율법에 따르면 아내가 음란하였을 때, 남편은 그녀를 버리게 하였다. 그런데 상징적이지만, 호세아에게 음란한 여자를 맞이하라고 하신 것이다. 이는 이스라엘 백성들을 향하신 하나님의 사랑을 보여주는 은혜이다.

2. 하나님의 긍휼

하나님께서는 선민에 대한 사랑을 거두시지 않는다. 그들의 우상숭배의 죄를 음란으로 비유하시면서도 유다 족속에게 긍휼을 베푸신다고 하셨다. 본문 7절에 "유다 족속을 긍휼히 여겨 그들의 하나님 여호와로 구원하겠고"라고 하였다. 죄는 하나님의 진노를 사지만, 하나님의 긍휼이 죄인들에게 구원을 약속해 주는 것이다.

3. 자녀로 삼으심

하나님의 자비는 선민을 회복시켜 주시고, 그들을 하나님의 자녀로 삼게 하신다. 여호와의 공의는 죄에 대하여 벌을 받게 하지만, 여호와의 자비는 죄인을 불쌍히 여기셔서 구속의 은혜를 베풀어 주신다. 우리는 이러한 하나님의 사랑이 예수님에게서 이루어졌음을 믿는다. 주님께서 십자가의 제물이 되게 하심으로써 공의를 이루시고, 속량해 주셨다.

*오늘, 여호와 앞에서 긍휼을 풍성히 받는 삶이기를 사모하자.

추석 추모예배(6)

기뻐하고 즐거워하라

�֎본문_습 3:14-20

하나님께서는 우리 때문에 기쁨을 이기지 못하신다고 하였다. 여호와께 기쁨이 되는, 여호와 앞에서 기쁨을 드리기를 사모해야 한다.

1. 형벌이 면해지고, 원수가 쫓겨남

15절, "여호와가 네 형벌을 제거하였고 네 원수를 쫓아냈으며"라고 하였다. 자기 백성들을 향하신 하나님의 은혜는 혹시 그들이 죄를 지었을지라도 형벌을 제거하시고, 그들을 괴롭히던 원수를 쫓아내심으로 나타난다. 여호와께서는 진노를 멈추시고, 자기 백성들의 지위를 회복하심의 은혜를 받게 하신다. 이때부터 평강을 누리게 된다.

2. 하나님의 기쁨

17절, "그가 너로 말미암아 기쁨을 이기지 못하시며 너를 잠잠히 사랑하시며 너로 말미암아 즐거이 부르며 기뻐하시리라 하리라"라고 하였다. 자기 백성들을 향하신 하나님의 은혜는 선민들로 말미암아 하나님께서 기쁨을 이기지 못하시는 것으로 나타난다. 우리를 향하신 하나님의 사랑은 아버지가 자식을 사랑하여 기쁨을 감추지 않는 것과 같다.

3. 칭찬과 명성

19절, "그 때에 내가 너를 괴롭게 하는 자를 다 벌하고"라고 하였다. 자기 백성을 향하신 하나님의 은혜는 괴로움으로 인해 저는 자를 구원하시고, 쫓겨난 자를 모으며 온 세상에서 수욕 받는 자에게 칭찬과 명성을 얻게 하심으로 나타난다. 이스라엘을 괴롭히던 이방의 세력을 무너뜨리시겠다는 하나님은 그 백성에게 자비를 베푸신다.

*사랑하시며, 자비를 아끼시지 않는 하나님 앞에서 기뻐하자.

기일 추모예배(1)

수고를 그치고 쉬는 복

※본문_계 14:13-16

본문에서는 주 안에서 죽은 자들이 복되다고 하였다. 주 안에서 죽은 자들에게 죽음은 끝이 아니라 소망의 시작이기 때문이다.

1. 부활을 소망하는 죽음

죄인에게 임하는 하나님의 형벌은 모든 이들이 죽도록 하지만, 하나님의 자녀들에게는 부활을 소망하도록 한다. 예수님께서 부활하셔서 믿는 자들에게 부활의 보증이 되셨다. 복음 신앙은 곧 구원이 되므로 복음을 믿고 죽는 자는 확실히 천국에 들어갈 것이기에 복되다.

2. 성도의 안식

'주 안에서' 죽는다는 것은 '주를 믿는 믿음 안에서, 주님과의 영적 연합 속에서' 죽는다는 뜻이다. 이미 믿는 성도는 안식에 들어간다. 그 안식은 하나님께서 성도에게 약속해주신 것이다. 안식은 바로 천국의 안식을 가리킨다. 이제, 그 수고를 그치셨다. 하나님과 예수님을 믿고 죽으셨으니 참된 안식이 있다.

3. 선행에 대한 보상

성도는 죽음 후에, 아브라함의 품에 안겨 그가 세상에서 행한 선행들에 대해 보상을 기다리게 된다. 우리가 지상에서 생명의 시간을 누리는 동안에, 각 사람이 행한 대로 갚아주신다고 약속하셨다. 우리도 언젠가는 주 안에서 죽을 것이다. 하나님의 시간이 이를 것에 대비하여 죽음을 준비하자. 이 땅에서의 삶은 천국에서의 보상이다. 오랜 나그네의 수고를 그치고 상을 받게 된다.

*내가 기준이 아니라 하나님께서 기준이 되는 삶을 계획하자.

기일 추모예배(2)

세세토록 주의 말씀

※본문_벧전 1:23-25

성도는 하늘에 속해 있기에 땅의 것을 사랑하지 말아야 한다. 우리는 영원을 사모해야 하므로 영원히 있는 것에 마음을 두어야 한다.

1. 풀과 같은 육체

인간의 모습을 풀에다 비유한 것으로 인간은 유한하다는 것이다. 우리는 영원토록 이 땅에서 사는 사람을 볼 수 없다. 우리가 죄인이었을 때, 죽음의 형벌이 내려졌고, 하나님께서 정해놓으신 인생의 시간에서 사람은 한 번은 죽는다.

2. 풀의 꽃과 같은 영광

영광을 풀의 꽃으로 비유했으니, 이 땅에서 보게 되는 어떤 영광도 오래 가지 않는다는 말씀이다. 이는 우리에게 헛된 영광을 위하여 분주하지 말아야 할 것을 교훈한다. 인생의 시간에서 하나님을 주목하고 지내야 한다. 우리는 하나님의 시간에 있음을 겸손하게 받아들이고, 생명이 있는 동안에 죽음도 생각해야 한다.

3. 영원한 말씀

하나님의 말씀은 영원하다고 하였다. 본문 25절에서, "오직 주의 말씀은 세세토록 있도다"라고 하였다. 이 말씀은 23절에 기록되어 있듯이, 죄인이 거듭나서 의인이 되도록 하신 말씀이다. 이 말씀으로 생명을 얻은 우리이므로 오직 말씀으로 살아야 한다. 변하지 않는 것을 변하는 것과 바꾸지 않도록 주의하자.

*오늘, 자기의 백성과 함께 하시는 하나님을 기대하자. 하나님께서 나와 함께 하시면 나의 삶과 가정에서 변화의 열매를 거둔다.

기일 추모예배(3)

풍성한 주의 은혜

※본문_딤전 1:12-15

예수님은 지상에 계시는 동안에 하나님께 충성을 다하는 종으로 사셨다. 바울을 능하게 하신 성령님의 능력이 우리에게 있음에 감사하자. 그를 충성되이 여기신 하나님께서 또한 우리를 충성되이 여기신다.

1. 능하게 하심

12절, "나를 능하게 하신 그리스도 예수 우리 주께"라고 하였다. 하나님의 영께서 바울에게 능력을 더해주셨다는 고백이다. 사실, 주님의 일은 하늘에 속한 것이므로 사람의 지혜나 능력으로 감당될 수 없다. 그럼에도 자신이 부름을 받았음에 감사한다고 하였다.

2. 충성되이 여기심

12절, "내가 감사함은 나를 충성되이 여겨 내게 직분을 맡기심이니"라고 고백하였다. 바울이 충성스럽게 감당할 것을 믿고, 직분을 맡겨주셨다는 고백이다. 자신이 복음의 일꾼이 된 사실을 귀하게 여겼음을 알 수 있다.

3. 긍휼에 대한 자랑

지난날에, 주님 앞에서 바울은 어떤 사람이었는가? 자신의 과거를 말하기가 부끄러운 데도, "전에는 비방자요 박해자요 폭행자였다"(13)라고 하였다. 그러면서 오직 하나님의 긍휼로 복음의 일꾼이 되었음을 밝혔다. 하나님의 긍휼은 그 어떤 사람이라도 변화시킨다.

*그는 자신의 직무에 대하여 충성스럽게 여기신 주님의 은혜를 찬양하였다. 주님께서 충성스럽게 여기셨다는 것이다. 나를 향하신 하나님의 계획에 대하여 그 은혜를 감사하자.

기일 추모예배(4)

내게 주신 모든 은혜
� 본문_시 116:3-14

하나님께서 우리에게 베푸신 복은 '임마누엘', '여호와 이레', '에벤에셀'의 복이다. 이 복만 있으면 우리는 이 땅에서 부족함이 없게 된다.

1. '임마누엘'의 복
하나님께서는 자기 백성들과 함께 하신다. 다윗은 하나님의 함께 하심에 대하여 풍성한 은혜를 누렸다. 그의 하나님은 언제나 그의 음성과 간구를 들어주셨다. 그래서 다윗은 자기와 함께 하시는 임마누엘의 복에 감사하면서, 하나님을 사랑한다고 고백하지 않을 수 없었다. 오늘, 하나님께서는 자기 백성에게 은혜로우시며 의로우시며 자비하시다.

2. '여호와 이레'의 복
다윗은 살아가면서 자기를 위하여 준비해주시고, 미리 움직여주시는 하나님을 체험하였다. 그래서 그는 본문 7절에 "내 영혼아 네 평안함으로 돌아갈지어다 여호와께서 너를 후대하심이로다' 라고 찬양하였다. 언제나 그의 삶의 한가운데 서서서 그의 삶에 평안을 보장해 주시는 여호와 이레의 복에 감사하였다. 이 복은 바로 나의 것이다.

2. '에벤에셀'의 복
다윗은 12절에 "내게 주신 모든 은혜를 내가 여호와께 무엇으로 보답할까"라고 스스로에게 물었다. 다윗의 하나님은 은혜를 베풀어 언제나 도우시는 분이셨다. 그는 하나님의 은혜를 헤아리기 힘들 만큼 누리며 살고 있었다. 하나님은 그에게 '여기까지 도우시는' 에벤에셀이 되셨다. 우리도 에벤에셀로 도우시는 하나님을 바라보자.

*오늘을 살아가야 하는 의미는 하나님의 은혜를 묵상하는 삶에 있다.

기일 추모예배(5)

지식을 따라 동거하라

❋본문_벧전 3:1-7

성도는 하나님의 지식으로 세상을 살아가야 한다. 하나님의 말씀과 규례에 따라 살아가야 하며, 그때 가정이 번성하는 은혜를 누린다.

1. 아내의 순종

아내와 남편으로 한 가정이 이루어진다. 이때, 아내는 남편 된 사람에게 순종하는 배우자가 되어야 한다. 이것은 남편이 아내보다 월등하거나 존경받을 만해서 순종하라는 것이 아니다. 가정은 아내의 남편에 대한 존경으로 하나님께서 세우신 제도이다. 아내는 남편을 가정에서 머리로 여기고, 권위를 세워주면서 돕는 배필이 되어야 한다.

2. 남편의 사랑

남편은 하나님께서 자기에게 주신 아내를 귀하게 여겨야 한다. 아내는 자신이 취득한 존재가 아니고, 하나님께서 주신 선물이다. 이에 남편은 아내를 맞이한 그날부터 하나님의 말씀에 따라 아내를 사랑하고, 그 사랑으로 동거하라고 하였다. 그리고 연약함 때문에 보호해 주어야 하고, 주 안에서 생명의 은혜를 함께 이어 받을 자로 여겨야 한다.

3. 하나님의 경륜

아담에게 여자를 주셔서 그로 하여금 남편이 되고, 여자를 아내로 삼게 하심은 하나님의 경륜이었다. 이로써 가정을 이루게 되는 신비이다. 여기에서 남편과 아내는 각자가 기도가 막히지 않도록 주의해야 한다. 성도에게 기도가 막히면, 이미 하나님의 자녀로 사는 것이 아니다. 가정은 아내의 순종과 남편의 사랑이 풍성해야 하는 것이다.

*하나님께서 주시는 말씀의 지식으로 사는 한 날이기를 결단하자.

기일 추모예배(6)

선지자들을 본으로 삼으라

�֍본문_약 5:1-11

하나님은 자기 백성들을 교훈하시려고 선지자들로 하여금 발자취를 남기도록 하셨다. 우리는 언약의 확증이 있는 본을 받아야 한다.

1. 배려의 은혜

하나님께서 어떤 사람을 부요하게 하심은 그가 가진 것들을 이웃에게 나누어 주기 위함이라 하셨다. 본문 1-6절은 부자들에게 주시는 경고이다. 모든 부자가 악하다는 말이 아니라 남을 배려하지 못하는 일꾼의 삯을 주지 않는 악한 부자에게 경고하는 것이다. 하나님의 말씀을 따라, 나의 재물이나 재주나 은사 등을 남을 배려하는 데 사용해야 한다.

2. 신분의 은혜

우리가 예수님을 믿을 때, 하나님의 은혜는 내가 누구인지를 알게 해준다. 그리고 내가 누구이고, 어디에서 왔으며, 누구에게 속해 있는지를 알려준다. 만일 사람이 자신의 존재에 대하여 아무것도 모른다면 불행하게 된다. 자신이 신분을 안다는 것은 그의 삶을 긍정적이게 한다. 우리는 주님의 강림을 기다리는 주님께 속한 자들이다.

3. 참음의 은혜

우리가 예수님을 믿을 때, 하나님의 은혜는 참음으로 나타난다. 성령님의 감화는 우리에게 잘 참게 해주신다. 본문에서 사도는 여러 차례 길이 참으라고 강조하였다(7, 8, 10). 이 말씀은 사람의 노력으로 참으라는 것이 아니라, 성령님이 참게 해주시므로 이에 순종하라는 것이다. 잘 참고 견디면 결국에 승리하게 된다.

*이 땅에서 살아간 신앙의 선배들이 남긴 본을 나의 것으로 삼자.

성묘 추모예배(1)

심판 때의 주님

❋본문_계 11:15-19

주님께서는 죽으신지 삼일 만에 다시 살아나시고, 승천하셨다. 그 주님께서 다시 재림하셔서 죽은 자와 산 자를 심판하신다는 것이다.

1. 예수님의 왕 노릇

예수님은 심판의 주로 재림하신다. 그리하여 구속받은 사람을 다스리신다. 예수님이 재림하시면 만왕이 되셔서 구속받은 성도들을 다스리신다. 재림하시는 예수님은 누가 왕이 되어 달라고 해서 왕으로 오시는 이가 아니시다. 구속받은 성도들을 다스리시려고 왕으로 오시는 것이다. 주님을 왕으로 모시고 살 것이다.

2. 예수님의 상 주심

주님의 재림은 자기를 믿는 사람들에게 상을 주시는 데 목적이 있는 것이다. 예수님을 믿노라고 힘쓰고 애쓰며 여러모로 어려움을 당한 자들에게 위로와 상급을 주신다. 주님께서 재림하실 때는 반드시 사람이 행한 대로 갚아 주실 것이다.

3. 예수님의 불신자 심판

마귀의 역사는 주께서 재림하시기 전에만 크게 활동하지, 재림하신 후에는 그렇지 못하다. 마귀에게 속하였던 사람들도 벌을 받는다. 그 날은 불신자들에게는 매우 불행한 날이 될 것이다. 그 이유는 심판의 주님을 만나기 때문이다. 성도들에게 상을 주시고, 불신자들에게 벌을 주신다. 주님의 재림이 임하기 전에 상을 받는 준비를 하는 성도가 되어야 할 것이다.

*하나님께서 지키라고 명령으로 주신 말씀에 주목하는 삶이 되자.

성묘 추모예배(2)

승리자의 삶

❋본문_약 4:13-17

주님께서는 어떤 경우에도 하나님 의지하기를 놓지 않고, 하나님의 뜻을 자기의 소원으로 삼고 사셨다. 그것이 바로 성공자의 삶이다. 진실로 성도라면 하나님의 뜻을 이루어 드리는 삶을 살아야 한다.

1. 하나님을 의지하라

우리를 가리켜서 "잠깐 보이다가 없어지는 안개"(14)라고 표현하였다. 인간은 연약한 존재라는 것을 밝힌 것이다. 우리는 하나님의 인도를 받아야 한다. 여호와 앞에서 연약한 인간의 한계를 깨닫고 주님만 의지하고 살아야 승리할 수 있다.

2. 하나님의 뜻을 존중하라

13절에 "오늘이나 내일이나 우리가 어떤 도시에 가서 거기서 일 년을 머물며 장사하여 이익을 보리라"라고 했다. 하나님을 나의 편으로 삼는 것이 아니라, 내가 하나님의 편이 되도록 해야 한다는 것이다. 우리가 결단해야 할 것은 주님의 뜻대로 살리라는 다짐이다.

3. 착한 일을 도모하라

여호와께서 받으실 만한 행실로 하나님의 이름에 영광을 드리는 선한 사람으로 살아야 한다. 착한 행실은 부가적인 것이 아니라 절대 선택사항이 되어야 한다. 만일 선을 행할 줄 알고도 행하지 않으면 죄라고 하였다(17). 착한 일에 대한 소망을 가져야 한다. 내가 기준이 아니라 하나님께서 기준이 되는 삶을 계획하자. 우리가 결단해야 할 것은 착한 행실의 열매를 맺어야겠다는 다짐이다.

*나의 애통해하는 소리를 들으시고, 눈물을 보시는 하나님께로 나아가자.

성묘 추모예배(3)

마땅히 드릴 감사

❋본문_살후 2:13-17

신앙생활에서 선택이 가능한 것이 있고, 가능하지 않은 것이 있다. 신앙을 고백하는 것, 십일조를 드리는 것, 감사를 하는 것은 반드시 해야 할 일이지 선택사항이 될 수 없다. 이것은 마땅히 해야 할 일이다.

1. 택하신 것을 감사하라

"하나님이 처음부터 너희를 택하사"(13)라고 하였다. 선택은 사랑의 증거가 된다. 하나님께서 우리를 그의 자녀로 선택하심은 확실하다. 우리가 주님을 선택한 것이 아니라 주님이 우리를 택해 주셨다. 믿는 자에 대한 선택은 이미 창세전에 이루어진 것이다.

2. 성령님의 거룩하게 하심에 감사하라

"성령의 거룩하게 하심과"(13)라고 하였다. 성령님은 믿는 자를 사탄에게서 분리시키신다. 우리가 예수님을 믿음으로 구원을 받게 된다. 그러나 날마다 거룩한 마음과 깨끗한 삶을 살아가는 것은 성령님의 도우심으로 가능하게 되는 것이다. 믿음으로 의롭게 되고 성령님으로 거룩하게 된다.

3. 진리를 믿게 하심에 감사하라

"내가 곧 길이요 진리요 생명이니"(요 14:6)라고 하였다. 진리를 믿음으로 구원을 얻는다는 것은 예수를 믿음으로 구원을 얻는다는 것이다. 지금까지 지내오는 동안에, 받은 은혜를 곰곰이 생각하며 감사하자. 날마다 범사에 감사해야 한다.

*하나님께서는 죽어있었던 우리를 이미 아시고, 불러주셨으며, 구원에 이르게 하신다. 나와 함께 하시고, 도우시는 하나님께 소망을 두자.

성묘 추모예배(4)

늘 애통함으로 살라
※본문_마 5:4

성도의 슬픔은 하나님의 뜻을 이루어드리지 못한 안타까움에 있어야 한다. 우리는 여호와 앞에서 애통하는 자의 은혜를 보아야 한다.

1. 예수님의 애통

예수님의 공생애의 중심에는 애통함이 배어 있으셨다. 하나님의 일에 대한, 그 당시의 사람들에 대한 애통이다. 주님께서는 목자가 없는 양떼와 같은 이스라엘 백성들을 보시고 애통해 하셨다. 서기관이나 바리새인들의 위선을 보고 애통해 하셨다. 주님의 애통하심이 우리를 구원에 이르게 하셨다. 주님의 애통은 하나님의 영광을 가져 온 것이다.

2. 애통하는 심령

성도는 이 땅에서 자신을 돌아보며 애통으로 살아야 한다. 가장 가깝게는 자신의 죄에 대하여 애통해야 한다. 죄를 지어놓고도 그것을 슬퍼하지 않는다면 화인 맞은 양심이다. 하나님의 은혜가 우리로 하여금 눈물을 흘리게 하는 대로 울어야 한다. 마음으로는 원이지만, 육체가 연약하여 하지 못함을 두고 애통하는 심령이 되어야 한다.

3. 하나님의 위로

애통하는 자는 사죄에서 오는 마음의 기쁨을 얻게 된다. 상한 심령, 죄로 애통하는 자는 하나님으로부터 죄의 사유함을 받는다. 인생의 축복 가운데 죄의 사유함은 가장 복된 것으로, 이 복은 인생의 마음에 무한한 기쁨을 준다. 또한 성령님의 임재에서 오는 위로로 마음의 평안을 누린다. 애통하는 자에게 하나님의 위로하심이 있다.

*슬퍼하지 않는 심령은 이미 화인을 맞은 것과 같음을 잊지 말자.

성묘 추모예배(5)

그리스도인답게

※본문_갈 2:20

인간이 죄를 범함으로 악해졌고, 동물적 존재로 타락하고 말았다. 오늘, 우리는 어떻게 해야 그리스도인답게 살 수 있겠는가?

1. 내가 그리스도와 함께 십자가에 죽어야

20절, "내가 그리스도와 함께 십자가에 못 박혔나니"라고 하였다. 주님의 십자가의 죽음이 곧 나의 죽음으로 고백하는 것이 바로 주님과 연합하는 첫 단계이다. 중요한 것은 내가 그리스도와 함께 십자가에 죽었다는 확신이 있어야 새로운 생애가 시작된다는 것이다. 왜 성도답게 살지 못할까? 옛사람, 죄의 본성 자아가 아직도 죽지 못했기 때문이다.

2. 내 안에 그리스도께서 주인으로 살게 해야

20절, "그런즉 이제는 내가 사는 것이 아니요, 오직 내 안에 그리스도께서 사시는 것이라"고 하였다. 사람은 누구를 주인으로 모시고 사느냐에 따라 인생이 달라진다. 돈이 주인이 된 사람은 돈이 인생의 목적이며, 지식과 학문이 주인인 사람은 그 학문과 지식에 사로잡혀 살게 된다. 생명의 주인이 되신 그리스도께서 내 안에서 살도록 해드려야 한다.

3. 주님을 사랑하는 믿음 안에서 살아야

20절, "이제 내가 육체 가운데 사는 것은 나를 사랑하사 나를 위하여 자기 자신을 버리신 하나님의 아들을 믿는 믿음 안에서 사는 것이라"고 하였다. 주님을 모시고 사는 성도는 자기 존재의 고귀함을 확신해야 한다. 그리스도 안에서 우리는 사랑으로 살아갈 존재이다. 사랑하며 살고, 사랑받으며 사는 성도가 되어야 복되다.

*오늘, 그리스도께서 나의 주인으로 살아가시는 것을 보자.

성묘 추모예배(6)

기쁨으로 사는 법
❋본문_빌 4:4-9

그리스도인들은 어떻게 살아야 하는가? 항상 기뻐하라고 했고, 여호와를 즐거워하라고 하였다. 찬송은 정직한 자의 마땅한 바라는 것이다.

1. 기쁨을 선택하라

4절, "주 안에서 항상 기뻐하라 내가 다시 말하노니 기뻐하라"고 하였다. 이 말씀의 뜻은 좋지 않은 환경이나 어려운 형편에도 불구하고 하나님 말씀에 근거하여 의도적으로 억지라도 기뻐하라는 것이다. 성도는 하나님으로 인해 근본적인 기쁨을 소유한 자들이기에 기쁘게 살아야 한다. 이미 우리의 심령에 복음의 기쁜 소식을 받았기 때문이다.

2. 사람들을 너그럽게 대하라

5절, "너희 관용을 모든 사람에게 알게 하라 주께서 가까우시니라"고 하였다. 여기에서 '관용'은 자기 자신보다 남을 먼저 생각하는 것을 말한다. 즉 남을 사랑하기 때문에 그에게 너그럽고, 나보다도 먼저 생각해준다는 의미이다. 예수님께서 인간관계의 황금률은 "대접을 받고자 하는 대로 남을 대접하라"는 것이라고 하셨다.

3. 무슨 일이든지 기도하라

6절, "아무것도 염려하지 말고 오직 모든 일에 기도와 간구로, 너희 구할 것을 감사함으로 하나님께 아뢰라"고 하였다. 성도가 기쁨을 계속적으로 유지하려면 근심과 염려를 잘 다스려야 한다. 그렇지 않으면 우리의 마음은 곧 황폐화 되고 말 것이다. 기도하여 기쁨의 근원되시는 하나님께 코드를 꽂으므로 승리의 삶을 살도록 각오하자.

*오늘, 성령님께서 나에게 주신 기쁨을 잃어버리지 않도록 잘 간직하자.

임종예배(1)

죽음의 근원
※본문_삼상 20:1-3

  모든 인생은 나만은 이 땅 위에서 천년만년 살 것이라는 착각으로 살고 있다. 죽음의 그림자는 어느 누구를 막론하고 찾아온다.

1. 죽음의 때
  인간의 죽음의 때는 참으로 예측하기 어렵다. 오늘 건강하게 집을 나갔던 자가 저녁에는 시체가 되어 병원영안실로 직행하는 예가 우리 주위에 흔히 일어나고 있다. 이것은 옛날 다윗이 체험했던 한 예이기도 하다. 그는 위기일발의 순간순간을 살면서 항상 죽음을 직감하였다. 이것이 오늘 우리들 인생의 생애이다.

2. 죽음의 정의
  인간은 죽음을 육체적인 생명의 종지로만 생각하지만, 성경에서는 인간의 죽음을 세 가지로 나누어 표현하고 있다. 즉 겉의 육체적인 죽음, 영혼이 하나님에게서 분리되는 죽음, 구원받지 못한 자의 생애이다. 이로 보건대 인간의 죽음은 그것으로 모든 것이 끝나는 멸절이 아니라 새로운 세계로 삶이 변이되는 것을 뜻한다.

3. 죽음이 나에게 의미하는 것
  죽음은 빈부귀천, 동서고금 누구를 막론하고 모든 인생에게 임하는 가장 공평한 손님이기도 하다. 이 엄연한 사실을 목전에 두고 있는 인간은 죽음을 잘 예비하여야 한다. 살아생전에 주님을 나의 구세주로 믿고 그분 뜻대로 행하므로 복 있는 죽음을 맞이할 수 있다. 죽음의 때를 예측할 수 없으므로 예수를 믿고 영생을 준비하는 자들이 되자.

  *지금까지 ○○○님의 생명을 지켜주신 하나님이시다. ○○○님은 잠시 후에, 아브라함의 품에 안기게 될 것을 확신하자.

임종예배(2)

성령으로 살고, 행하라
❋본문_갈 5:22-26

주님께서 제자들과 함께 하셨던 것처럼, 성령님께서 오늘, 성도들과 함께 하신다. 성령님의 권고하심에 따라 순종하며 살아가야 한다.

1. 나무와 가지
예수님께서는 제자들에게 이르시기를, 자신을 나무로 비유하셨다. 제자들에게 가지라 하시면서 자신에게 붙어 있을 것을 강조하셨다. 열매는 가지에 맺히는데, 그 가지는 나무에 달려 있어야 한다. 나무에 붙어 있지 않은 가지에서는 열매를 볼 수 없다.

2. 성령의 열매
성도에게는 성령님으로 말미암은 열매를 맺어야 될 의무가 있다. 그런데 우리의 연약함이 성령님의 열매를 맺는데 방해가 된다. 육체의 소욕은 성령을 거스르고 성령의 소욕은 육체를 거스르기 때문이다. 그리하여 성령님의 충만함을 받아 열매를 맺어야 한다.

3. 십자가에 못 박으라
성도가 성령님의 열매를 맺기 위해서는 성령님께 충만해야 한다. 그러나 자기 내부적으로는 육신의 사람을 십자가에 못 박는 은혜가 있어야 한다. 옛 사람의 구습, 육체의 본성인 정욕과 탐심을 십자가에 못 박아야 한다(24). 자신을 거절해야 한다.

성도는 주님과 연결되어 있어야 성령님의 열매를 맺는다. 그리고 정욕과 탐심을 버리지 않고서는 성령님의 충만하심은 일시적이다. 성령님의 충만하심에 나의 소망을 두어야 한다.

*○○○님이 성령님의 충만하심으로 살아오신 것에 감사한다.

임종예배(3)

성도의 잠

❋본문_시 127:2

하나님의 사랑은 성도의 모든 생애 가운데에서 구체적으로 역사하고 있다. 우리의 삶의 여정이 곧 하나님의 사랑의 역사이다.

1. 하나님이 사랑하시는 자들

하나님은 예수님의 피 값으로 죄인을 구속하시고 자녀로 삼으셨다. 자녀이면 그의 사랑을 받을 자격이 있고, 하나님의 은총의 대상이 될 수 있다. 그들은 장차 하늘의 신령한 유업에 참여자가 된다. 그들은 이것을 믿기 때문에 이 세상에 살면서도 이 세상을 위해 살지 않고 하나님과 위에 있는 것들을 위하여 살고 있는 것이다.

2. 사랑하는 자들에게 주시는 선물

여호와께서는 그의 사랑하시는 자들에게 신령한 은사들은 물론 육적인 필요도 채워주신다. 그는 그들에게 잠, 안식, 만족을 주신다. 그가 공급하시는 만족은 모든 선한 것에 충만히 역사하고, 또 창서전에 택하시고 구속하셔서 하나님의 백성이 되게 하셨다. 인생은 자랑할 것 없는 존재로서 오직 하나님만 의지하여 천국시민이 되어야 한다.

3. 사랑하는 자들에게 잠을 주심

현세를 잘 사는 방법은 내세의 생애를 잘 준비하는 데 있다고 봄이 옳다. 그러므로 인생은 초기부터 진정한 기반을 잘 선택하여 합당한 재료로써 맹렬한 불에도 견딜만한 집을 지어야만 할 것이다. 성도의 진정한 준비는 예수 그리스도의 십자가의 죽음과 부활이 나의 죄를 위함임을 믿어야 할 것이다.

*하나님의 사랑으로 지내온 흔적을 남기신 ○○○님의 삶에 감사한다.

임종예배(4)

여호와의 날이 이르리라

✸본문_슥 14:1-9

성도가 이 땅에서 지내는 삶은 여호와의 날을 소망하는 것이다. 우리에게는 여호와의 날이 기다리고 있기 때문에 하나님 앞에서 살아간다.

1. 회개의 은혜

우리가 여호와의 날을 기다리기 위해서는 회개해야 한다. 우리 하나님의 시간은 하루가 천 년 같고, 천 년이 하루 같다고 하셨다. 또한 주님의 약속은 어떤 이의 더디다고 생각하는 것같이 더딘 것이 아니라고 하였다. 주님의 재림이 늦는 이유는 오래 참으사 아무도 멸망하지 않고 다 회개하기에 이르기를 원하시기 때문이다.

2. 진리의 은혜

여호와의 날을 기다리는 성도는 말씀의 신앙을 가져야 한다. 하나님의 말씀으로 징조를 살피고, 여호와의 날을 기다려야 하기 때문이다. 그러므로 그의 심령은 진리의 말씀에 굳게 서야 한다. 말씀을 사랑해야 한다. 우리가 진리의 말씀에 굳게 서 있다면 어떠한 시험이라도 이길 수 있으며, 소망 중에 승리해서 여호와의 날을 보게 하신다.

3. 힘을 다하는 은혜

여호와의 날을 기다리는 성도는 하나님께서 주신 시간의 삶에 최선을 다해야 한다. 하나님께서 자기에게 맡겨주신 자기의 위치에서 힘써 일을 해야 하겠다. 하나님께서는 우리 모두에게 자리를 주셨다. 하나님이 보시기에 좋은 사람은 자기의 위치를 벗어나지 않고 자기의 자리에서 주어진 일을 열심히 하는 사람이다.

*○○○님은 평생을 여호와의 날을 기다리며 지낸 증인이 되셨다.

임종예배(5)

죽음이 문밖에 있을 때

※본문_살전 4:13-18

임종은 인생에 있어서 가장 엄숙하고도 중요한 순간이므로 조금도 낙심할 필요 없이 담대함으로 맞이해야 한다.

1. 가장 위대한 순간

어떤 사람은 죽음에 대한 공포로 인해 낙심천만한 가운데 있게 된다. 또한 그 죽음을 모면하기 위하여 얼굴을 찡그리고 악을 쓰면서 고통스런 표정을 짓는 경우도 있다. 그러나 주 안에서 죽음을 맞이하는 우리는 그들과 다르다. 복된 생애를 다 청산하고 천국에 간다는 확신으로 오히려 그것을 감사하면서 주님의 영접을 받는 가장 위대한 순간이다.

2. 새 생활의 출발

믿는 자의 임종은 임종 그 자체로 끝나지 않고, 새로운 세계로 도약하는 위대한 삶의 새로운 전기임을 명심해야 한다. 그러므로 성도는 항상 천국에 대한 소망을 가지고 살아야 한다. 그리고 우리는 임종 때 부를 찬송과 기도로 언제나 연습하고 준비해 두어야 한다. 죽음은 약속된 하나님 나라 입성이므로 엄숙하고 확신 있게 맞이해야 한다.

3. 마귀 권세를 물리칠 때

내세에 대한 소망이 불투명해질 때 마귀의 유혹은 더욱 커진다. 하지만 예수님을 굳게 붙잡고 의지하는 자들은 죽음의 순간을 맞이하여서도 오히려 초연해지며, 마귀의 권세를 물리치고, 승리와 기쁨과 구속의 은혜를 찬양할 수 있다. 그러므로 천국에 대한 확실한 소망으로 마귀의 권세를 물리치는 은혜를 경험하게 된다.

*고대하던 천국에 입성하는 것을 바라보니, 감사로 찬양을 부르자.

임종예배(6)

선한 목자 되신 주님

※본문_시 23:1-6

하나님은 어떠한 상황에서도 우리를 인도하는 선한 목자가 되어 주신다. 하나님은 우리를 푸른 풀밭으로, 잔잔한 시냇가로 인도하신다.

1. 사망의 음침한 골짜기에서의 보호

성도는 한평생 하나님의 인도와 보호를 받으면서 살아간다. 오늘까지 인도해 주신 하나님은 사망의 음침한 골짜기에서도 능히 우리를 인도해 주신다. 이 예배에 참석한 우리 모두에게도 푸른 풀밭, 잔잔한 시냇가로 인도해 주실 것이다. 주님의 강한 능력의 팔은 어떠한 원수 마귀의 권세도 물리칠 수 있기 때문에 항상 우리를 보호하신다.

2. 여호와의 집으로 우리를 인도하심

우리의 영원한 인도자가 되신 주님은 성도의 영혼을 소생시키실 뿐만 아니라 그 영혼을 하나님의 영원한 집으로 인도하신다. 주님의 인도와 보호하심은 잠깐 동안에 그치는 것이 아니라 영원하다. 주님을 믿는 우리가 하나님의 영광스런 나라에 오를 때까지 주께서 안전하게 보호하시고 인도하신다. 우리는 결코 혼자가 아니므로 외롭지 않다.

3. 우리와 영원히 함께 하심

이 땅에서 나그네는 잠시 잠깐 있다가 거처를 다른 곳으로 옮겨야만 한다. 좋은 집을 소유했다고 해도 그 집은 자신의 영원한 소유가 될 수 없다. 이 세상의 모든 것은 나그네 인생길의 임대에 불과하다. 그러나 하나님께서 우리를 위해 영원한 집을 예비하셨다. 성도는 죽음을 통해 영원한 집으로 옮겨지고, 그 곳에서 하나님과 영원히 살게 된다.

*언약하신 그대로 우리를 천국으로 인도해주시는 주님이시다.

위로예배(1)

신앙고백으로 살아라

※본문_고전 15:9-11

믿음은 신앙의 고백 위에서 더욱 굳게 된다. 하나님 앞에서 자신이 누구인지를 고백하는 것이 선행되어야 한다.

1. 가장 작은 자

바울은 예수님의 직접 사도 된 열두 명의 제자들보다 못한 사도가 아니었다. 그런데도 그는 자기를 두고 "나는 사도 중에 가장 작은 자"(9)라고 고백하였다. 그는 사실, 하나님께로부터 교회를 신학적인 기반 위에 굳게 하는데 크게 쓰임 받을 사람으로 계획되었다. 그럼에도 자신을 "만삭이 되지 못하여 난 자 같은"(8) 자라고 겸손하게 고백하였다.

2. 하나님의 은혜

바울은 자신에 대해, "내가 나 된 것은 하나님의 은혜로 된 것이니"(10)라고 고백하였다. 그는 사실, 전도자로서 모든 사도들보다 더 수고를 하였다. 그러나 그는 겸손하게, 그것은 자기의 공로가 아니라 하나님의 은혜일뿐이라고 하였다. 바울은 전적으로 자신의 삶과 자신의 존재를 하나님께 의탁하고 여호와 앞에서 은혜를 소망하면서 충성하였다.

3. 죽는 자

바울은 자신이 날마다 죽는다고 고백하였다. 그는 예수님을 영접한 이후에 새사람이 되었다. 하나님의 은혜로만 살아가고, 하나님의 은혜로만 자신의 존재 이유를 찾고 기뻐하였다. 그리고 자신을 결코 자랑하지 않았다. 그러나 그는 색다른 자랑을 한 가지 고백하였는데, 그것이 곧 참 신자의 고백, "나는 날마다 죽노라"(고전 15:31)라는 것이다.

*고인은 여호와 앞에서 신앙을 고백하는 삶을 사셨다.

위로예배(2)

그리스도인답게

�֎본문_갈 2:20

인간이 죄를 범함으로 악해졌고, 동물적 존재로 타락하고 말았다. 오늘, 우리는 어떻게 해야 그리스도인답게 살 수 있겠는가? 내가 그리스도와 함께 십자가에 죽었다는 확신이 있어야 새로운 생애가 시작된다.

1. 내가 그리스도와 함께 십자가에 죽어야

"내가 그리스도와 함께 십자가에 못 박혔나니"라고 하였다. 주님의 십자가의 죽음을 나의 죽음으로 고백하는 것이 바로 주님과 연합하는 첫 단계이다. 왜 성도답게 살지 못할까? 옛사람, 자아가 아직도 죽지 못했기 때문이다.

2. 내 안에 그리스도께서 주인으로 살게 해야

"오직 내 안에 그리스도께서 사시는 것이라"고 하였다. 돈이 주인이 된 사람은 돈이 인생의 목적이며, 지식과 학문이 주인인 사람은 그 학문과 지식에 사로잡힌다. 생명의 주인이 되신 그리스도께서 내 안에 살도록 해 드려야 한다.

3. 주님을 사랑하는 믿음 안에서 살아야

"자기 자신을 버리신 하나님의 아들을 믿는 믿음 안에서 사는 것"이라고 하였다. 사람은 무엇에 주목하여 사느냐에 따라 그의 인생이 달라진다. 주님을 모시고 사는 성도는 자신의 고귀함을 확신해야 한다. 그리스도 안에서 우리는 사랑으로 살아갈 존재이다. 우리 모두 사랑하며 살고 사랑받으며 사는 성도가 되어야 복되다. 오늘, 그리스도께서 나의 주인으로 살아가시는 것을 보자.

*홀연히 임하는 결산의 날을 생각하며, 성실하게 사명을 감당하자.

위로예배(3)

성도들에게 다가오는 유혹

❋본문_잠 4:10-27

신앙생활을 잘 하던 자도 천국으로 가는 도중에 넘어지는 자가 있다. 이것이 말세를 만난 우리에게 거울이 되고, 경계가 된다고 하였다.

1. 물질에 대한 탐욕

아간은 노략한 전리품에서 외제 옷과 금과 은을 훔친 죄로 인하여 일가족 전체가 아골 골짜기에서 돌에 맞아 죽었다. 나아만 장군에게 거짓말을 한 게하시는 은 두 달란트와 옷 두 벌을 받는 것으로 인하여 평생 나병환자가 되었다. 가룟 유다도 은 삼십에 예수님을 팔았다가 자살하여 죽었다. 재물은 일만 악의 뿌리가 되므로 깨끗한 생활을 하자.

2. 이성에 대한 탐욕

삼손은 들릴라라고 하는 블레셋 여인의 유혹을 뿌리치지 못하고, 나실인의 신분도 망각하여 자만하다가 두 눈이 뽑히고 이방나라의 조롱거리가 되었다. 다윗도 밧세바의 아름다움에 유혹되어 간음죄에다 살인죄까지 범하게 되었다. 솔로몬도 이방여인들을 많이 두고 결혼함으로 이방의 신상을 예루살렘에 두게 하여 결국 나라가 둘로 갈라지게 하였다.

3. 교만으로 인한 결과

"선 줄로 생각하는 자는 넘어질까 조심하라"(고전 10:12)라고 하였다. 하나님은 교만한 자를 물리치고 겸손한 자에게 은혜를 주신다. 우리는 남을 나보다 낮게 여기고 서로의 발을 씻겨주는 겸손의 사람이 되어야 한다. 여호와를 앙망하는 자는 새 힘을 얻어 독수리의 날개 침 같고, 달음박질하여도 곤비하지 않고, 걸어가도 피곤하지 않는다(사 40:31).

*성도의 신앙여정에는 유혹이라는 걸림돌이 있어 넘어지게 한다.

위로예배(4)

마땅히 드릴 감사

�֍본문_살후 2:13-17

바울은 본문 13절에서 "마땅히 하나님께 감사할 것은"이라고 하였다. 바울은 본문에서 마땅히 감사 드려야 할 세 가지 조건을 밝히고 있다.

1. 택하신 것을 감사

13절, "하나님이 처음부터 너희를 택하사"라고 하였다. 선택은 사랑의 증거이다. 선택의 대상이 되었다는 것은 하나님께서 나를 사랑하신다는 확증이다. 하나님의 선택은 너무나도 확실하다. 우리가 주님을 선택한 것이 아니라 주님이 우리를 선택해 주셨다. 요 15:16에 "너희가 나를 택한 것이 아니요 내가 너희를 택하여 세웠나니"라고 하였다.

2. 성령의 거룩하게 하심을 감사

13 하반절, "성령의 거룩하게 하심과"라고 하였다. 거룩한 마음과 깨끗한 삶을 살아가는 것은 성령의 도우심으로 가능하게 된다. 다시 말하면 믿음으로 의롭게 되고, 성령으로 거룩하게 된다. 성령을 따라 행하고 성령을 사모하고 성령을 좋아하고 성령의 인도대로 살고 성령의 역사를 귀히 여기면 그곳에는 부끄러움이 없다. 영원한 승리만 있다.

3. 구원 얻게 하신 것을 감사

예수님께서 제자들에게 말씀을 하시면서 "내가 곧 길이요 진리요 생명이니"(요 14:6)라고 하였다. 진리를 믿으므로 구원을 얻는다는 것은 예수를 믿으므로 구원을 얻는다는 것이다. 지난 일 년 동안 받은 은혜를 곰곰이 생각해보면, 우리가 감사할 목록이 만들어진다. 감사하는 사람에게 더욱 감사할 것들이 이어진다.

*여호와 앞에서 이미 받은 은혜에 감사할 때, 신앙이 굳게 된다.

위로예배(5)

이스라엘의 하나님
❋본문_호 14:1-9

하나님께서는 참회한 백성에게 반역을 고치시고, 용서해주시며, 이전보다 더욱 사랑하시고 그에 대한 번영과 보호와 생명을 약속하신다.

1. 고쳐주시는 하나님

하나님은 그들의 반역을 고치신다고 하신다(4). 이는 영혼을 고쳐서 구원하시고, 육체를 고쳐서 건강하게 하시고, 삶을 고쳐서 인격적이며 신앙적인 존재가 되게 하신다는 것이다. 이스라엘이 육체적으로 병들고 인격적으로 병들게 된 원인이 배신과 불신인데, 이를 고쳐서 바르게 하신다는 것이다.

2. 사랑하시는 하나님

하나님은 고쳐주실 뿐만 아니라 기쁘게 사랑하신다고 하신다(4). 이는, 첫째로 지난날의 허물이나 잘못을 들추어내면 사랑할 수 없으니 이를 불문에 붙이겠다는 것이다. 둘째로 마음에 들면 사랑하시되, 천국에 이르기까지 사랑하신다는 것이다. 그리고 즉흥적인 사랑이 아닌 이미 작정하셨던 그대로 사랑을 위해 준비된 사랑을 하신다는 것이다.

3. 열매를 주시는 하나님

하나님께서는 이스라엘에게 열매를 맺게 하신다. 곡식 같이 풍성하고, 포도나무와 같이 꽃이 피고, 향기는 레바논의 포도나무와 같이 되고, 우상과 상관이 없는 백성이 되게 하신다(7). 하나님께서 돌아보아 열매를 맺게 하신다고 하셨다. 곧 하나님을 떠나면 아무 열매도 없으나 하나님의 손길을 통해서 열매를 맺게 하신다는 것이다.

*하나님의 변함이 없으신 사랑에 변함이 없는 사랑으로 응답하자.

위로예배(6)

자랑하지 말아야 할 것

※본문_렘 9:23-24

우리가 꼭 자랑해야 할 것도 있지만 자랑해서는 안 될 것도 있다. 자랑하지 말아야 할 것은 무엇인가?

1. 지혜를 자랑하지 말아야

하나님이 없는 인간의 지혜는 사람을 교만하게 한다. 상상도 못할 죄를 범하게 하고 남을 무시하기도 한다. 그리고 교만하여 패망의 선봉이 되기도 한다. 그러므로 자랑하되 하나님의 지혜를 자랑해야 한다. 그것은 우주만물을 하나님께서 창조하셨기 때문이다. 그리고 우리는 자랑보다 겸손해야 한다. 지혜자라면 하나님을 자랑해야 한다.

2. 용맹을 자랑하지 말아야

자신의 용맹을 자랑하는 자는 하나님을 대적하는 자, 하나님을 믿지 않고 인간의 힘만을 믿는 자이다. 이런 자에게 하나님께서는 진노하시고 하나님이 주시는 복을 누리지 못하도록 하신다. 그래서 우리는 자기의 힘을 자랑하지 말고, 주신 모든 것으로 주를 위해 충성해야 한다. 그리고 나를 용맹스럽게 해주시는 주님만을 자랑해야 한다.

3. 부함을 자랑하지 말아야

지금 걱정이 없이 살아간다고 하여, 먹을 것이 풍부하고 입을 것이 많고 마실 물이 끊이지 않는다고 하여 자랑하지 말아야 한다. 모든 것이 하나님의 것이기 때문이다. 하나님께서 한 번 외면하시면 모든 세상의 부귀와 영화는 순식간에 사라진다. 그러므로 비참한 끝을 보기 전에 썩어질 육체나 부함을 자랑하지 말고 영적인 부함을 자랑해야 한다.

*하나님을 아는 것과 여호와의 인애를 깨달으며 지내는 삶에 도전하자.

입관예배(1)

그리스도인의 죽음
※본문_롬 14:7-9

바울은 믿는 자들에게 권면의 말을 하고 있다. 그리스도인들이 위하여 살아야 할 유일한 대상은 오직 그리스도뿐이라고 선포한다.

1. 이웃을 섬기는 삶

그리스도인은 의식적이든 무의식적이든 이웃을 위한 삶을 살아야 한다. 이웃의 고통을 경감시키기 위해서라면 거기에 따르는 희생이 어떠한 것이라도 그리스도인은 그것을 감내해야만 한다. 성령께서는 사도들에게 역사하셔서 굶주린 백성들에게 기쁨의 소식을 전하게 하기 위해 산을 넘고 물을 건너 여행을 하게 하셨다.

2. 그리스도를 섬기는 삶

그리스도인의 목적은 그가 행하고 말하는 모든 것을 통해서 그리스도를 영화롭게 하는 것이어야 한다. 그것은 사적인 생활에서 뿐만 아니라 공적인 생활에서도 밝히 표명되어야만 한다. 왜냐하면 성도의 삶은 그리스도의 생활이 되기 때문이다. 사람들은 그리스도인의 삶을 보고서 하나님께 영광을 돌리기도 하고 하나님의 영광을 가리기도 한다.

3. 죽음을 예비한 삶

신자의 삶은 죽음을 잘 예비하는 데 있다. 이러한 의미에서 오늘, 고인은 죽음을 잘 예비하는 삶을 사셨다. 그는 살았을 때 이웃을 위해, 주님을 위해 사는 것으로 초지일관하였다. 이제 그는 성령의 위로와 더불어 예비된 천국의 복락에 참여하게 될 것이다. 성도의 죽음을 예비하는 삶은 이웃과 주님을 섬기며 천국을 소망하는 것이다.

*이 땅에서 지내는 시간은 죽음을 예비하는 삶이라는 것을 잊지 말자.

입관예배(2)

너희 자신을 확증하라

❋본문_고후 13:5-10

말씀과 기도로 우리를 살펴야 한다. 하루하루의 삶에서 예수님을 닮아가는 자신의 모습을 확인하고, 온전한 성도로 세워져야 한다. 믿음에 바로 서 있다는 증거는 예수님을 사랑하며 살기를 원함에 있다.

1. 믿음에 바로 서 있는가?

하나님께서는 우리가 믿음 안에서 자라기를 원하신다. 그리고 여호와께 온전함을 이루어 살아가기를 바라신다. 이를 위해서 자신을 살피도록 권면하시며, "너희는 믿음 안에 있는가 너희 자신을 시험하고 너희 자신을 확증하라"(5)라고 하신다.

2. 예수님을 바라보고 있는가?

사람에게는 마음이 있어서 이 마음이 사랑을 증명한다. 예수님을 사랑하는 자에게는 그의 마음이 주님을 사모하는 것으로 가득 채워져 있게 된다. 성령님의 임재로 그의 생각과 말, 행동에 있어서 주님께로 향하게 한다. 믿음이 있는 성도는 작은 일에도, 큰일에도 가장 먼저 예수님을 생각하며 그분께 아뢰게 된다.

3. 예수님을 닮으려 하는가?

우리가 그리스도 안에 있는가를 확증할 수 있는 것은 그리스도의 장성한 분량에 이르기를 사모하느냐로 알 수 있다. 죄를 멀리하게 하며, 주님의 뜻이 이 땅에서 이루어지는 것을 자신의 소원으로 삼게 한다. 진리를 거스르려 하지 않는다. 오늘, 우리 자신이 예수님을 닮으려는 은혜에서 떨어지지 않도록 살피기를 결단하자.

*영원한 안식으로 들어가게 하시는 하나님을 바라보자.

입관예배(3)

영원한 생명을 향한 열정

※본문_시 91:16

불안한 현재와 불안한 미래에 사는 인생이지만, 성도에게는 이 땅에서 영원한 생명을 사모하고 그것을 향한 열정을 갖도록 해주신다.

1. 유한한 인생

세상에서의 일은 그것이 공적인 일이든 사적인 일이든, 모두 시간의 제약을 받고 있다. 본문에서는 인간과 인간의 행하는 일들이 시간과 공간의 제약을 받고 있음을 여러 가지 구체적인 예를 들어 설명하고 있다. 이와 같이 시간적인 존재인 인간이 그 한계를 극복해 보려고 발버둥을 치며 애써 노력해 보지만 역시 인간은 나약하다.

2. 영원하신 하나님

하나님은 창조자이시므로 시간과 공간 위에 계시다. 그렇기 때문에 시간과 공간의 제약을 조금도 받지 않으신다. 하나님께서는 창조자이시므로 피조물인 인간의 상상을 뛰어 넘으신다. 영원 전부터 살아계신 분이시다. 그는 알파와 오메가가 되신 분으로서 시간 세계에 오셔서 영원하신 하나님을 의지하는 자에게 영생을 선물로 주신다.

3. 영원을 사모하는 마음

불안한 인생을 사는 인간일지라도 하나님은 그에게 영원을 사모하는 마음을 심어 주셨다. 그런데 인간이 현생에 급급함으로 이것을 바라보지 못하여 더욱 불안한 삶을 살 수밖에 없는 것이다. 한계상황의 지배를 받고 있는 인간이 영원을 사모하는 마음을 품고 있을 때, 영원하신 하늘나라를 유업으로 물려받게 된다.

*영생을 사모하며 하나님 앞에서 살아가는 은혜의 삶에 주목하자.

입관예배(4)

그리스도인의 승리

※본문_고전 15:57-58

사망의 세력이 아무리 무섭다 해도 성도는 궁극적으로 두려워하지 않는다. 왜냐하면 성도는 사망을 이기는 부활의 능력을 믿기 때문이다.

1. 죽음에서의 승리

바울은 죽음에 대한 승리를 언급하였다. 하나님께서는 우리에게 죽음에서 승리를 약속하셨다. 바울은 자신이 죽음의 위협 앞에 수없이 처해 있었지만 그 때마다 부활의 신앙으로 인하여 담대히 일어설 수 있었음을 고백한다. 그리스도를 믿는 우리도 이와 동일한 확신을 가지고 죽음의 현장에서도 부활의 영광에 대해 이야기 나눌 수 있어야 한다.

2. 그리스도로 말미암은 승리

현 세상에서는 사람들이 부귀영화의 척도에 따라 인간을 판단한다. 그러나 그러한 조건은 장차 성도가 하나님께로부터 얻는 부활과는 아무런 관련이 없다. 그리스도와 함께 승리를 누릴 자들은 부활의 승리로 말미암아 감사한다고 고백하고 입으로 시인하는 자들이다. 승리하신 주님의 생명이 곧 나의 생명이므로 영원한 승리를 얻은 것이다.

3. 승리 얻을 자들의 자세

우리는 멸망당할 자들과 같지 아니하기 때문에 세상의 변화무쌍한 풍조에 쉽사리 흔들리거나 놀라지 않는다. 우리는 소심하고 두려워하며 안절부절못하는 자들과는 다른 차원에서 새로운 부활 세계를 바라봄으로써 힘과 용기를 공급받아야 하겠다. 그리스도로 말미암아 승리를 확신하는 자들은 영생을 소유한 하나님의 백성들이다.

*주 안에서 승리를 약속받고 있으므로 죽음 앞에서도 담대해지자.

입관예배(5)

흙 속에 잠들 무렵
❋본문_고전 10:1-4

하나님께서 아담을 만드실 때 흙으로 빚어 만드셨다. 인간은 일생동안 흙과 더불어서 살아가다가 결국에는 다시 흙으로 돌아간다.

1. 슬픔의 시간

첫 사람이 범죄한 이후에, 죽음의 형벌이 내려졌다. 하나님께서 인간에게 "너는 흙이니 흙으로 돌아갈지니라"고 하셨으므로 인간은 때가 되면 흙으로 돌아갈 수밖에 없는 운명적인 존재가 되었다. 그렇지만 이제 예수님 안에서 죽음을 정복한 우리는 죽음을 슬퍼만 할 것이 아니다. 주님의 보혈로 열려진 영원한 세계를 바라볼 수 있어야 하겠다.

2. 부활을 기약함

주를 믿는 신자의 죽음이 복된 이유는 부활의 새 아침을 기약하기 때문이다. 그렇기 때문에 신자의 '죽는다'는 표현은 '잔다'라는 표현으로 바꾸어야 온당하다. 불신자들은 육체의 죽음으로 영원한 죽음을 당하고야 말지만, 신자는 육신의 죽음으로 그의 삶이 끝나는 것이 아니라, 그것으로 오히려 새로운 삶의 세계로 들어가게 되는 것이다.

3. 영원한 생명세계로의 전이

신자의 죽음은 삶의 종지(終止)가 아니라 새로운 세계로 들어가는 첫 단계이다. 그러므로 우리는 육신의 생명을 청산할 때 조금도 두려워하지 않고, 오히려 "만세반석 열리니 내가 들어갑니다"라고 찬송을 부를 수 있다. 왜냐하면 천국은 이 땅과 비교할 수 없기 때문이다. 죽음이 슬픈 일이지만 다시 부활하여 영원한 천국에 가는 것을 감사하자.

*죽음 너머에 열리는 영원한 세계를 보면서 죽음을 이기자.

입관예배(6)

잠깐 보이다가 없어지는 안개

❖본문_약 4:13-17

우리에게 하나님의 나라에 소망을 품고, 영생하는 것에 집중하는 삶의 본이 되어준 고○○○님으로 말미암아 하나님께 감사하자.

1. 어리석은 인간

본문에서 야고보 사도는 허탄한 것을 자랑하는 인간의 어리석음을 말한다. 허탄하다는 것은 이 세상과 정욕에 대한 것을 말한다. 사람이 세상에서 재물을 지상주의로 살아가며 장사로 이익을 꾀하는 일은 무익하고, 이런 자랑이야말로 허탄한 자랑이다. 하나님의 사람은 허탄한 것으로 자랑하지 않고, 영생을 얻는 일에 힘써야 한다.

2. 안개와 같은 인간의 생애

우리는 ○○○님이 하나님의 은혜로 영생을 얻는 일에 힘쓰셨음을 기억하고 있다. 성도는 영혼의 유익함에 대하여 집중해야 한다. 사랑하는 ○○○님이 우리에게 보여주셨던 삶은 허탄한 일에 마음을 빼앗기지 않는 삶이었다. 세상의 일에 자신의 생애를 저당 잡히지 않으셨다. 우리가 이 세상에 살아가는 인간의 생애는 안개와 같은 것이다.

3. 내일을 자랑하지 말라

우리 인생이 아직 오지 않은 내일 일에 대하여 자랑하는 것도 어리석은 일에 속한다. 내일에 어떤 일이 내게 올는지 모르기 때문이다. 그러므로 아직 오지도 않은 것을 자랑하는 일은 어리석기 그지없다. 사랑하는 ○○○님의 삶을 나의 것으로 삼아서 주님의 뜻을 잘 분별하여 그 뜻대로 살기를 바라는 자녀들과 성도들이 되시기를 축원한다.

*허탄한 것으로 자랑하지 않고, 영생을 얻는 일에 힘쓰기를 결단하자.

장례예배(1)

영생을 얻어 사망에서 생명으로

※본문_요 5:24-29

사람은 그 마음에 죽음을 두려워하고 영원을 원한다. 본문에 의하면 예수님의 은혜로 우리는 영원에 이를 수 있는 것이다.

1. 영원에 이르려면?

우리가 영원한 생명을 얻으려면, 주님의 말씀을 듣고 그를 보내신 이 곧 하나님 아버지를 믿어야 한다. 모든 사람은 죽은 영혼이 다시 살고 영육이 영원히 살기 위해 예수님을 구주로 믿어야 한다. 사람이 다시 살고 영원히 사는 길은 예수 그리스도를 믿는 길밖에 없다. 다른 이로서는 영원에 이르지 못한다. 예수님을 구주로 영접했음에 감사하자.

2. 구원을 받았음을 확인하라

고○○○님은 임종을 앞두고, 자신이 진실로 예수 그리스도를 구주로 믿는지 확인하고, 하나님의 품으로 가셨다. 예수님을 이미 믿은 자들은 자신의 구원을 확신해야 한다. 예수님을 믿은 자는 영생을 얻었고 사망에서 생명으로 옮겨졌으며 다시는 정죄함이 없다고 성경이 약속한다. 영생에 이를 것이며 영광스런 부활에 참여한다.

3. 보장된 구원

하나님께서 주신 구원은 변할 수 없는 확정된 구원이며, 부활의 소망을 약속받았다. 고인은 주님 안에서 영생을 선물로 받으셨으니 마귀도 빼앗을 수 없다. 고인은 영광스런 몸의 부활을 약속 받으셨다. 우리 주님께서 재림하실 때 이루어질 복된 소망의 약속이다. 그러므로 예수님을 구주로 믿지 않는 분들은 주님을 영접하시라.

*구원의 길이 되시는 예수님을 절대로 놓지 않겠다고 다짐하자.

장례예배(2)

바울의 참 아들
❋본문_고후 8:16-24

하나님께서 디도에게 간절한 마음을 주셨다. 일할 마음을 주시고, 일할 길을 열어주시고, 일할 능력을 주셨다. 그러므로 그는 간절한 마음으로 바울과 함께 일했다. 이것은 전적으로 하나님의 은혜였다.

1. 동역자 앞에서 겸손한 사람
그는 바울의 권고를 겸손히 받아들였다. 하나님의 뜻 안에서 주어지는 권고는 그가 누구이든 겸손히 수용해야 한다. 한 때, 하나님의 크게 쓰임을 받았으나 망한 이들은 모두 교만 때문이었다. 겸손은 덕 중의 덕이다. 우리는 오늘, 고인이 하나님의 동역자로 사셨음을 기억한다.

2. 칭찬 듣는 사람
사역의 주체가 하나님이심을 아는 그는 자원함으로써 주님의 일을 섬겼다. 능동적으로 목자적인 자세로 일했다. 이런 사람을 하나님이 기뻐하신다. 그러므로 하나님도 그를 칭찬하고 사람들도 그를 칭찬했다. 고인은 하나님 앞에서 칭찬 듣는 종으로 사셨다.

3. 동료이며 동역자
그는 은혜의 일로 바울과 동행한 바울의 동료요 교회를 위한 바울의 동역자였다. 하나님의 은혜인 거액의 연보를 복음에 합당하게 행하는 바울과 디도의 손에 들려 전달하였다. 그는 바울의 진실한 친구였고 동역자였다. 그는 주님의 부름을 받고 보냄을 받은 교회의 사자(使者)이다. 사역자는 은사가 있다 해도 자기에게 얽매어 있으면 그리스도의 합당한 사역자가 아니다.

*고인이 사셨던 삶의 자세를 우리의 것으로 하자.

장례예배(3)

하늘에 있는 영원한 집

�֍본문_고후 5:1-3

본문에서, 땅에 있는 우리의 장막집이라는 표현은 현재 우리의 몸을 가리킨다. 장막집이 무너진다는 것은 육신의 죽음을 말한다.

1. 육체적으로 죽는 죽음 후에는?

사람이 죽으면 육신은 썩어 흙이 되지만, 영혼은 어떻게 되는가? 불신자의 영혼은 지옥에 떨어지고, 성도의 영혼은 하나님께로 돌아간다. 몸을 떠난 성도의 영혼은 하늘로 올라가 거기서 거처할 곳을 얻게 된다. 오늘, 하나님의 부르심을 받으신 고○○○님은 주님이 예비해 주신 영원한 처소로 가셨다. 그곳에 있는 집은 무너질 수 없는 영원한 집이다.

2. 우리의 영혼이 간절히 사모하는 곳은?

우리 모두가 사모하는 곳으로 ○○○님이 먼저 가셨으니 감사로 예배하는 우리들이 되어야 한다. 우리의 영혼은 지금 땅 위에서 탄식하며 천국에 들어가기를 간절히 사모한다. 죽음 후에 영혼이 가는 집은 '하나님께서 지으신 집'이다. 성도의 영혼은 지금 육체 가운데 있지만, 죽음 후에는 천국에 들어가 거기에서 부활 때까지 안식하게 된다.

3. 거룩하고 영원한 집

성도가 죽음 후에 들어가는 곳은 사람의 손으로 지은 집이 아니라 하늘에 있는 영원한 집이다. 본문에 "하늘로부터 오는 처소로 덧입는다"(2)고 하였다. 이는 영혼이 육체를 떠난 후에 천국에서 거처를 얻는 것을 약속해주는 말씀이다. 그러나 불신자들에게는 이 거룩하고 영원한 집이 없으니, 그들은 죽어서 그 영혼이 탄식하게 되고 만다.

*이 시간에 구원을 받게 하시고, 영생을 주신 주님께 감사하자.

장례예배(4)

티끌로 돌아가게 하시는 하나님

❊본문_ 시 90:1-4

하나님은 영원하시고, 그 하나님께 대비하여 인간은 유한하다. 그리하여 모세는, 주께서 사람을 티끌로 돌아가게 하셨다고 하였다.

1. 흙으로 돌아가게 된 존재

사람이 티끌로 돌아가게 된 원인은 죄에 있었다. 하나님께서 범죄한 아담에게 "너는 흙이니 흙으로 돌아갈지니라"라고 하셨다. 죄의 형벌로 말미암아 모든 인간은 하나님 앞에서 잠시 살다가 티끌로 돌아가야만 하는 덧없는 존재가 되고 말았다. 그 죄의 형벌 때문에 고인도 티끌로 돌아가셨다. 이 땅에서 사는 사람은 죽음을 피할 수 없다.

2. 인생의 짧은 시간

모세는 "주의 목전에는 천 년이 지나간 어제 같으며"라고 기도하였다(4). 그는 하나님께서 보시기에, 인생의 삶은 너무도 짧고 허무하다는 사실을 깨달은 것이다. 왜냐하면 하나님의 눈에는 천 년이 지나간 어제와 같기 때문이다. 영원하신 하나님 앞에서 인간 역사의 천 년은 결코 길다고 할 수 없다. 천 년은 이러한 밤의 한 순간에 불과한 시간이다.

3. 유한하고 덧없는 존재

무한하신 하나님 앞에서 유한한 인간의 시간을 비교할 수 없다. 사람에게 천 년은 매우 긴 시간이지만, 영원하신 하나님께는 지나간 어제에 불과할 뿐이다. 밤의 한 순간은 잠을 자면서 언제 지나가는지도 모르게 지나가 버린다. 모세는 하나님의 영원성을 인간의 유한성과 비교함으로 인간의 유한하고 덧없음을 강조하였다.

*인생의 유한함을 인정하고, 영원하신 하나님께로 돌아가야 한다.

장례예배(5)

순식간에 다하는 삶

※본문_시 90:8-10

본문에서는 인간 생명의 유한성, 곧 인간에게 죽음은 하나님의 진노로 말미암았으며, 하나님의 진노는 죄 때문임을 분명히 밝히고 있다.

1. 숨길 수 없는 죄

우리의 마음속 깊은 곳에 자리 잡은 죄의 본성은 타인은 물론 심지어는 자신까지 속일 수 있지만, 하나님의 눈앞에서는 벌거벗은 것 같이 모두 드러날 수밖에 없다. 하나님 앞에서는 감추어진 것이 없다. 그리고 감출 수도 없다. 인간의 모든 죄는 하나님 앞에서 숨겨질 수 없다. 하나님은 인간의 죄에 합당한 형벌을 부과하셨는데 바로 죽음이다.

2. 고통과 죽음

이스라엘 백성은 40년간 광야를 방황하면서 고통과 죽음이라는 하나님의 진노를 경험해야만 했다. 이스라엘 백성은 이 짧은 인생을 살면서 자랑할 것이 수고와 슬픔밖에 없음을 깨달았다. 사람들이 70년 또는 80년을 살면서 자랑할 수 있는 것은 무엇인가? 그것은 수고와 슬픔 밖에 없다. 사람들이 자랑하는 인생은 수고와 슬픔뿐이다.

3. 수고와 슬픔뿐인 인생

그토록 자랑했던 인생이라도 말년에 돌아볼 때는, 마치 수고와 슬픔으로 가득 찬 것으로 보인다. 그가 그토록 자랑했던 인생의 자랑거리는 날개 달고 날아가는 화살처럼 신속하고 빠르게 지나가버리고 만다. 순식간에 다하는 생명, 이것은 죄인들이 받아야 하는 형벌의 결과다. 누구나 여기에서 벗어날 수 없다.

*구원해주시는 은혜를 받기 위하여 겸손한 마음을 갖도록 하자.

장례예배(6)

풀의 꽃과 같은 인생

※본문_벧전 1:24-25

모든 인간은 아담의 자손으로 태어난다. 인간이 아담의 후손으로 태어난다는 사실은 죄인의 후손이라는 것을 말해주는 것이다.

1. 풀은 마르고 꽃은 떨어짐

고인은 풀과 같은 육체의 존재였지만 하나님 앞에서 영생을 선물로 받았으니 감사한다. 육신으로 심는 자가 그 육신으로부터 썩어질 것을 거둔다는 말씀은 해 아래의 모든 인생이 죽고 만다는 것을 의미한다. 베드로는 인간이 세상에서 살 때, 어떤 영광을 누렸어도 풀은 마르고 꽃은 떨어지는 인생에게 아무 것도 아니라는 것을 강조하였다.

2. 영생을 선물로 주심

인간은 이 세상에 태어나는 순간에 멸망의 자식이 된다. '풀'이란 용어는 죄의 값이 사망이란 뜻과 같은 말이다. 모두 죄 값으로 죽는다. 풀은 마르고 꽃은 떨어진다. 이처럼 인생의 영화나 부요나 존귀도 결국은 마르고 떨어진다는 것이다. 그런 인생이지만, 고인에게 하나님의 은혜가 임하여 영생을 선물로 얻게 되었으니 그의 죽음이 귀한 것이 되었다.

3. 세세토록 존재하는 하나님의 말씀

그러나 세세토록 존재하는 것이 있다. 그것은 하나님의 말씀이다. 하나님의 말씀은 진리이기 때문이다. 하나님께서 만물을 그 말씀대로 이루시기 때문에 하나님의 말씀은 영원히 존재한다. 그러므로 우리는 순종하는 자녀들처럼 거룩하신 하나님을 본받아 모든 행실 즉 생각과 말과 행위에 있어서 거룩한 자가 되어야 한다.

*보혈로 깨끗해졌으니, 두려운 마음으로 자신을 거룩하게 하자.

하관예배(1)

다시 저주가 없는 곳
❋본문_계 22:1-5

새 예루살렘의 한가운데는 생명의 물이 흐르는데, 생명수의 강이라고 한다. 그 강물을 마신 자마다 생명의 삶을 살아간다.

1. 생명수의 강물

새 예루살렘에 흐르는 강은 수정같이 맑은 강이다. 고〇〇〇 님은 영생의 삶을 즐길 수 있는 생명수의 강물을 마실 것이다. 새 예루살렘 성에 있는 강을 생명수의 강이라고 부르는 것은 그 강물이 생명의 힘을 주는 물이기 때문이다. 모든 성도들이 마시기에 부족함이 없는 풍성한 강물로서 의와 생명과 성령의 충만함을 나타낸다.

2. 생명나무의 열매들

새 예루살렘 성에는 열두 가지 열매들이 달마다 맺히는 생명나무들이 있다. 그것들은 천국 백성에게 다양하고 풍성하게 생명력을 북돋울 것이다. 거기에서 건강과 원기가 넘치는 영생을 누린다. 다시는 저주가 없고 하나님과 어린양의 보좌가 그 가운데 있을 것이다. 성도들은 그를 섬기며 그에게 예배드리고 그의 얼굴을 보고 그와 교제할 것이다.

3. 새 예루살렘 성에서 영생을 누림

새 예루살렘의 성도들은 자신의 이름이 그들의 이마에 있을 것이다. 그것은 그들의 소속을 나타낸다. 하나님의 영광이 친히 비치므로 어둠이 없겠고, 등불과 햇빛도 필요하지 않다. 더욱이 그들은 그곳에서 왕 같은 신분과 특권을 가지고 생활할 것이다. 무덤에서 살아나 신령한 생명으로 변화된 성도는 새 예루살렘 성에서 영생을 누린다.

*영생을 누리게 될 새 예루살렘 성을 사모하면서 세상을 이기자.

하관예배(2)

하늘에 있는 영원한 집

※본문_고후 5:1-3

본문에서, 땅에 있는 우리의 장막집이라는 표현은 현재 우리의 몸을 가리킨다. 장막집이 무너진다는 것은 육신의 죽음을 말한다.

1. 육체적으로 죽는 죽음 후에는?

육신은 썩어 흙이 되지만, 그 영혼이 불신자는 지옥으로 떨어지고, 성도는 영혼은 하나님께로 돌아간다. 몸을 떠난 성도의 영혼은 하늘로 올라가 거기서 거처할 곳을 얻게 된다. 신자는 주님께서 예비해 주신 영원한 처소로 간다. 그 처소에 있는 집은 무너질 수 없는 영원한 집이다. 고인께서는 사모하셨던 그곳으로 가셨다.

2. 영혼이 간절히 사모하는 곳은?

우리의 영혼은 지금 땅 위에서 탄식하며 천국에 들어가기를 간절히 사모한다. 죽음 후에 영혼이 가는 집은 '하나님께서 지으신 집'이다. 성도의 영혼은 지금 육체 가운데 있지만, 죽음 후에는 천국에서 부활 때까지 안식하게 된다.

3. 거룩하고 영원한 집

성도가 죽음 후에 들어가는 곳은 사람의 손으로 지은 집이 아니고 하늘에 있는 영원한 집이다. 본문에서 "하늘로부터 오는 처소로 덧입는다"고 하셨다. 이는 영혼이 육체를 떠난 후에 천국에서 거처를 얻는 것을 약속해주시는 말씀이다.

*불신자들에게는 이 거룩하고 영원한 집이 없으니, 그들은 죽어서 영혼이 탄식하게 되고 만다. 이 시간에, 구원을 받게 하시고, 영생을 주신 하나님의 사랑에 감사하자. 그리고 천국을 사모하고, 또 사모하자.

하관예배(3)

있던 자리도 다시 알지 못하리라

※본문_시 103:15-18

하나님은 본문의 말씀으로 인생의 덧없음에 대해서 깨닫게 하신다. 인생은 짧고 그의 날이 영화롭다 해도 허무하게 지나가도록 하신다.

1. 누구도 기억하지 못하는 인생

인간은 영원하신 하나님 앞에서 풀과 같은 존재에 불과하다. 마치 '잠시 피었다 지는 들풀' 과 같으며, 그들이 살면서 누리는 영화는 그 풀의 꽃과 같다. 인간의 생명은 갑작스럽게 찾아오는 위험과 고통, 그리고 죽음 앞에 순식간에 풀처럼 말라서 종말을 고한다. 인간의 짧은 삶을 후대 사람들은 전혀 기억하지 못하고, 역사에서 잊히고 만다.

2. 언약으로 이어지는 하나님의 자비

유한한 인생과는 달리 여호와는 영원하며 변함이 없으시며, 하나님의 자비로우심은 자기를 경외하는 자에게 영원히 계속된다. 그리고 하나님의 의로우심 역시 자신을 경외하는 자와 그 자손들에게까지 계속될 것이다. 하나님의 자비와 신실하심은 하나님의 언약을 지키고, 그 가르침을 준행하는 자들에게 영원히 계속된다.

3. 성도에게 위로

우리는 여호와의 영원하심을 깨닫는다. 인간은 유한하고 허무하지만, 하나님은 영원하시기에 성도에게는 위로가 된다. 이 세상에 사람으로 태어난 자는 그가 있던 자리도 다시 알지 못하게 되지만, 그의 하나님이 영원하시기에 위로를 받는다. 하나님은 언약을 기억하고 믿음으로 행하는 삶을 살았던 고인에게 상급을 주시고, 공의로 대해주실 것이다.

*인간의 생명은 덧없으나 하나님은 영원하심을 늘 기억하자.

하관예배(4)

모든 눈물을 닦아 주시리라
❋본문_계 21:1-4

본문에서 하나님께서 예비하신 새 하늘과 새 땅은 이 땅에서 성도로 살던 이들이 언약의 성취로 들어가서 살아야 하는 소망의 장소이다.

1. 우리의 확실한 소망

새 하늘과 새 땅은 하나님께서 약속하신 우리의 확실한 소망이다. 그 나라는 주님의 의로 충만한 새 세계가 될 것이다. 아담의 죄로 저주를 받은 이 땅이 지나가고, 저주가 거두어지고 하나님의 복이 충만한 세계로 우리는 인도된다. 그 나라에서 하나님은 성도들과 함께 계신다. 새 하늘과 새 땅은 인간의 모든 불행이 제거된 세계이다.

2. 에덴동산의 회복

하나님이 계신 곳에는 모든 좋은 것이 다 있을 것이다. 그곳에는 기쁨과 평강이 넘칠 것이다. 하나님이 계시다는 것 자체가 새 하늘과 새 땅에서 누리게 되는 복이다. 하나님은 만복의 근원이 되신다. 거기에서는 모든 눈물이 제거되고 사망이 없고 애통이 없고 아픈 것이 없을 것이다. 이로써 첫 사람이 누렸던 에덴동산의 영광이 회복된다.

3. 주님께서 다스리시는 나라

이 세상에는 병자들이 많다. 이 세상에는 가난한 자들, 외로운 자들, 갖가지로 고통을 당하는 자들이 많다. 굶주림에 허덕이는 자들도 많다. 그러나 예수님께서 다스리시는 하나님의 나라, 새 하늘과 새 땅에서는 우리를 불행하게 하는 요소들이 다 제거된다. 고○○○님의 눈물을 닦아주시는 하나님께서 우리의 눈물도 닦아주실 것이다.

*모든 눈물을 닦아 주실 하나님께 마음을 두고, 천국을 바라보자.

하관예배(5)

주님께서 예비해놓으신 처소
❈본문_요 14:1-4

"하나님을 믿으니 또 나를 믿으라"는 말씀은 인간의 염려를 없애기에 충분하다. 하나님은 자기의 백성들을 위하여 약속을 지키신다.

1. 천국의 소망을 주심

예수님은 자신의 죽음에 대하여 말씀하시면서 제자들에게 근심을 이기게 해주셨다. 주님께서는 그를 따르는 자들에게 위로가 되는 천국의 소망을 주신다. 주님이 말씀하신 내 아버지의 집은 하나님께서 계신 천국을 가리킨다. 거기에는 영화롭게 된 선택 받은 성도들이 살고 있다. 우리가 몸을 장사지내는 고인도 그곳에 계실 것이다.

2. 영원한 삶을 누리게 됨

하나님은 천국의 아름다움을 장차 이 세상으로 옮겨놓으실 것이다. 주님이 재림하신 후에 만들어질 새 하늘과 새 땅의 세계는 아름답고 복될 것이다. 구원 받은 성도들은 그 나라에서 영원한 삶을 누리게 된다. 새 예루살렘 성의 문은 진주 문이며, 성 안의 길은 황금 길이고, 그 성에는 생명수의 강이 흐르고, 강가에는 생명나무가 있다.

3. 천국을 준비하시러 가심

주님은 우리를 위해 그 아름답고 복된 천국을 준비하시러 가셨다. 오늘, 우리가 고○○○님의 몸을 흙으로 돌려보내면서, 마음으로는 슬프고, 서운하지만 소망을 갖는다. 영생의 기쁨을 바라보기 때문이다. 주님께서 만물을 새롭게 하시는 날에, 우리는 영생을 누리게 될 것이다. 주님께서 예비해 놓으신 처소를 사모하는 우리들이 되자.

*주님께서 예비해놓으신 처소는 바로 나를 위한 곳이다!

하관예배(6)

생명을 그쳐 흙으로 돌아가는 몸
❋본문_전 3:20-22

인생은 죽음에 처해질 수밖에 없는 운명에 놓여있다. 인체를 구성하고 있는 성분은 짐승의 몸과 동일하게 흙으로 돌아가는 흙의 성분이다.

1. 흙으로 만들어지다
하나님께서 사람을 지으실 때, 흙으로 만드셨다. 이때, 사람은 영생하는 존재로 지어서 생명나무의 열매를 먹도록 하셨다. 첫 사람 아담을 향한 하나님의 약속은 에덴에 있는 선악을 알게 하는 나무의 열매를 먹지 말라는 것이었다. 그러나 그는 하나님의 약속을 파기하고, 그 나무의 열매를 먹었다. 그 결과, 인간에게는 죽음이라는 형벌이 왔다.

2. 죽음-하나님의 형벌
본문은 아담에게 하신 하나님의 징계의 말씀을 연상시키는데, 죽음이 하나님의 형벌이라는 사실을 잊지 않도록 해 주고 있다. 우리는 살아있을 때나 죽었을 때, 인간의 권리가 하나님께 있음을 깨닫고 여호와 앞에 머리를 숙여야 한다. 고인의 몸이 흙으로 돌아가는 것을 보면서 전능하신 하나님께 마음으로 무릎을 꿇자.

3. 짐승과는 다른 죽음
하나님은 하나님을 대항하여 죄를 지은 아담에게 흙으로 돌아갈 것을 말씀하셨다. 사람이 죽음을 맞게 된다는 점에서 짐승과 다를 바가 없으나, 다른 점이 있다. 짐승과는 달리 사람의 영혼은 위로 올라간다는 것이다. 사람의 혼이 위로 올라간다는 것은 사후에 인간의 영혼은 전능하신 하나님의 소관 아래로 들어가게 된다는 의미이다.

*나의 생명이 하나님께 있음을 기억하며, 그 앞에서 살아가자.

귀가예배(1)

내게로 나아오라

❋본문_사 55:1-9

인생은 다 목말라 있다. 어떤 이는 재물을, 어떤 이는 권세와 영광을, 어떤 이는 이성의 사랑을, 어떤 이는 명예를 찾아 허덕이고 있다.

1. 목마른 사람에게 필요한 것은?

본문에서 "너희 목마른 자들아 물로 나아오라"(1)라고 하였다. 목마른 사람에게 꼭 필요한 것은 물이다. 이스라엘 사람들이 광야에서 배회할 때 사람들과 가축들은 목마를 수밖에 없었다. 그런데 반석에서 생수가 나와서 사람들과 짐승들까지 마음껏 마셨다. 이 생수는 영적으로 복을 의미한다. 예수를 믿기 전에는 항상 영혼이 목마를 뿐이다.

2. 생수의 근원은?

"너희는 와서 사 먹되 돈 없이, 값없이 와서 포도주와 젖을 사라"(1)라고 하였다. 여기에서 포도주와 젖은 영혼을 살리는 복음을 상징한다. 이 반석이 누구인가? 바로 예수님이시다. 예수님께서는 광야 같은 메마른 이 세상에 반석으로 오셨고, 그를 통해서 생수가 흘러내리기 시작하였다. 예수님께서 주시는 은혜는 우리 심령에 생수가 된다.

3. 반석이 되신 예수님께 나오면?

"내게 듣고 들을지어다 그리하면 너희가 좋은 것을 먹을 것이며 너희 자신들이 기름진 것으로 즐거움을 얻으리라"(2)라고 하였다. 동물의 세계에서는 먹는 것, 자는 것, 번식하는 것이 전부이다. 그러나 인간에게는 영혼의 목마름이 없어야 한다. 그래야 참 만족과 참 평안이 온다. 우리의 심령의 목마름을 해갈시켜 주실 분은 오직 주님뿐이시다.

*영혼이 목마르지 않기 위하여 주님과 관계 맺기를 사모하자.

귀가예배(2)

우리를 위로하시는 하나님

※본문_고후 1:3-7

바울의 하나님에 대한 고백은 위로하시는 하나님이었다. 그는 자신의 체험에서 '모든 위로의 하나님'이라고 고백하였다. 성도에게 환난이 있으나 위로도 있다. 그 위로는 하나님의 도우심과 간섭하심의 위로이다.

1. 하나님의 위로

사람의 위로와는 비교 될 수 없는 위로를 가리킨다. 지난 시간을 돌아볼 때, 하나님께서는 우리를 모든 환난 중에서 위로하셨다. 환난의 고난 속에서 하나님의 위로를 소망하면서 이 땅에서 환난을 통과해야 한다. 모든 고난 중에서 하나님의 위로를 보는 복을 누리기를 소망하자.

2. 고난을 받으신 예수님

주님은 스스로 고난을 자청하셔서 십자가의 길을 가셨다. 그리고 제자들에게 "누구든지 나를 따라오려거든 자기를 부인하고 자기 십자가를 지고 나를 따를 것이니라"(마 16:24)라고 말씀하셨다. 주님을 따르려는 자가 자신의 이익을 챙기려 한다면 그는 주님의 제자가 될 수 없다. 주님의 제자들은 자원하여 박해와 순교의 길을 걸어갔다.

3. 위로하는 직분

고난 중에 하나님의 위로를 체험한 자마다 고난을 당하는 다른 성도에게 하나님의 위로를 전해주고 위로하며 격려하는 자가 될 수 있다. 이 시간에, 하나님은 나를 위로하시기를 원하신다. 그리고 위로를 받은 우리가 고난을 당하고 있는 지체들에게 위로자가 되라고 말씀하신다. 하나님께서는 우리가 고난 속에서도 하나님의 위로를 누리기를 원하신다.

*나를 위로하시는 하나님을 신뢰하는 은혜를 사모하자.

귀가예배(3)

주께서 쓰시는 사람

❈본문_마 21:1-3

성도는 주님의 마음에 맞는 사람, 주님이 보기에 좋은 사람, 주님이 쓰시는 사람이 되어야 한다. 주께서 쓰시는 사람이 되기를 소원하자.

1. 욕심이 없는 사람

욕심은 죄와 죽음을 가져온다. 성경은 욕심 때문에 자신의 인생도 망하고, 자신이 속했던 공동체에도 피해를 준 이들의 이야기를 기록하고 있다. 아간이나 가룟 유다도 자신의 욕심 때문에 죄와 죽음을 가져왔다. 물질과 명예에 깨끗한 사람, 정직하고 진실한 사람을 주님은 들어 쓰신다. 요셉과 다윗 같은 사람을 주께서 들어 쓰신다.

2. 겸손한 사람

빈 배가 바다에 뜨면 바람에 크게 요동하지만, 무거운 물건이 실리면 흔들리지 않는다. 큰 나무가 땅 속 깊이 뿌리를 내리면 바람에 흔들리지 않고 뽑히지 않는다. 주님은 자신을 낮추고, 오직 하나님의 영광, 하나님의 이름을 높이는 겸손한 사람을 들어 쓰신다. 내가 높아지면 주님이 낮아지시고, 낮아지신 만큼 역사가 나타날 수 없다.

3. 애통해하며 우는 사람

눈물의 골짜기를 지나는 것이 없이 하나님의 품에 이르는 길은 없다. 이스라엘 백성은 광야의 40년을 보낸 뒤에, 약속의 땅으로 들어갔다. 고난의 눈물, 역경의 눈물, 실패의 눈물이 있고서야 주님을 알게 된다. 여호와 앞에서 자신을 돌아보고, 통회의 눈물, 감사 감격의 눈물을 흘리는 사람을 주님께서 들어 쓰신다. 눈물을 흘린 사람이어야 한다.

*고인이 우리에게 남기신 신앙의 발자취를 나의 것으로 삼자.

귀가예배(4)

참 믿음을 지니자

❊본문_히 11:27

하나님의 일은 하나님이 시작하시고, 하나님이 원하시는 대로 이루어 가시며, 성취하신다. 우리는 하나님의 일하심에 쓰임을 받아야 한다.

1. 애굽을 떠나라

참 믿음은 애굽을 떠나 언약의 땅, 가나안을 향해 나아가는 것이다. 곧 세상을 떠나 신령한 젖과 꿀이 흐르는 천성을 향해 나아가는 것이다. 배는 밧줄을 끌러주지 아니하면 망망대해를 향해하여 나아갈 수 없다. 참 믿음은 "오직 예수"이다. 살아도 예수 죽어도 예수, 먹어도 예수 굶어도 예수, 건강해도 예수 병들어도 예수의 사람이 되어야 한다.

2. 사람을 두려워하지 말라

참 믿음은 임금의 노함을 두려워하지 않는다. 군중의 노함도 두려워하지 않는다. 참 믿음의 사람은 세상을 두려워하지 않지만 하나님을 두려워한다. 그러므로 하나님을 바라보며 부른다. 하나님을 의지하고 가까이하며 섬긴다. 하나님께 나와서 하나님을 믿고, 여호와의 사람이 되어 하나님을 따른다. 하나님을 여호와로 믿기 때문이다.

3. 오직 하나님만 바라보라

참 믿음의 사람은 하나님만 바라본다. 그는 세상에서 권력을 지닌 임금이나 사람을 바라보지 않는다. 전능하신 하나님, 천지를 만드신 하나님, 유일하신 하나님, 아버지이신 하나님을 바라본다. 여호와를 바라볼 때, 참 믿음의 사람이 된다. 스스로 계신 하나님, 언약하신 하나님, 어제나 오늘이나 영원토록 동일하신 하나님을 바라본다.

*함께 해주시고, 인도해주시는 하나님만 바라보기를 결단하자.

귀가예배(5)

교회를 중심한 생활
※본문_롬 12:3-13

하나님의 일은 하나님께서 하신다. 하나님의 사람을 선택하시고, 참 믿음의 사람을 들어서 사용하신다. 믿음의 사람이 되기를 소원하자.

1. 주님의 뜻을 알아야

교회는 하나님께 구별된 곳이다. 하나님이 계신 곳이요, 거룩한 하나님의 자녀들이 모인 곳이다. 그러므로 교회는 거룩해야 한다. 교회는 하나님을 위한 하나님의 자녀들의 공적인 모임이다. 교회는 차별이 없다. 주님의 십자가의 보혈로 형제자매가 된 사랑의 공동체이다. 교회에서는 하나님과의 교통과 성도와 교통이 이루어져야 한다.

2. 주님의 몸임을 알아야

교회는 이 땅에서 성취해야 할 네 가지의 사명이 있다. 첫째는 성부 성자 성령 하나님께 예배해야 할 사명이다. 둘째는 이 땅에 하나님의 나라를 건설하고 확장하는 전도의 사명이다. 셋째는 하나님의 말씀을 가르치는 교육의 사명이다. 넷째는 사랑과 은혜로 주님과 교회와 이웃을 섬기는 사명이다. 고인은 교회를 통해서 하나님을 섬기셨다.

3. 주님의 은사를 알아야

주님께서 나에게 주신 은사를 정직하게 평가해야 한다. 그리하여 하나님의 영광과 교회의 부흥을 위하여 은사를 사용해야 한다. 둘째, 은사로 신실하게 협력해야 한다. 은사는 독점물이 아니요 또 자기 은사만 제일도 아니다. 그리고 신실하게 협력해야 한다. 셋째, 사랑으로 은사를 사용해야 한다. 나에게 주신 은사를 사랑으로 사용해야 한다.

*내가 바로 교회라는 사실을 기억하여 사명을 감당하겠노라 결단하자.

귀가예배(6)

내 안에 거하라

�֍본문_요 15:1-10

성도는 주님 안에 머물러야 한다. 풀무불 속에 쇠붙이가 머무르면 불덩어리가 되듯이, 성도가 주님 안에 머무르면 주님을 닮게 된다.

1. 주님은 참 포도나무
주님은 참 포도나무요 성도는 그 가지이다. 하나님은 그 농부이시다. 그래서 성도는 주님 안에 거해야 한다. '참'은 헬라어 '알레디노스'로서, 말로 거짓에 대조되는 말이 아니다. 이 용어는 불완전에 대조되는 완전을 가리킨다. 그림자에 대조되는 실체를 말한다. 주님은 구원의 완성자요, 구원의 실체이시다. 주님만이 하나님이시며, 구주이시다.

2. 하나님은 그 농부
하나님이 포도원 주인이시며, 관리인이시다. 그가 포도나무를 가꾸신다. 좋은 포도를 바라며 열매 맺지 못하는 가지는 자르시고 열매 맺는 가지는 보호하신다. 그리하여 좋은 포도를 거두신다. 성도는 주님의 말씀으로 구원받은 자로서 가지에 비유되었다. 참 포도나무의 가지인 성도는 성육신된 말씀과 기록된 말씀으로 죄인이 의인이 되었다.

3. 우리 안에 거하시는 주님
본문에서 '거한다'는 말은 머무른다는 것을 뜻한다. 주님의 사랑과 은혜로 구원받은 우리를 주님의 은혜로 품어주신다. 주님 안에 머문 성도에게 기도의 문을 열어주시고, 기도의 확신을 주시며, 기도의 응답을 주신다. 이것은 주님의 약속이다. "너는 내게 부르짖으라 내가 네게 응답하겠고 네가 알지 못하는 크고 은밀한 일을 네게 보이리라"(렘 33:3).

*고인이 사셨던 것처럼 주님 안에 거하는 자녀들이 되기 바란다.

첫 성묘예배(1)

전통을 지키는 신앙

❋본문_고전 11:1-2

하나님께서 사람을 세우시고, 일을 하시는 방법은 역사에 있다. 하나님의 역사는 그 시대에 국한되지 않고, 다음 세대로 연결이 된다.

1. 그리스도를 본받은 바울

바울은 그리스도를 본받은 자 되었다. 자신이 그리스도를 통해서 주 안에서 세워졌기에 성도들에게 자신을 본받으라고 권면한다. 우리 주 예수님은 이상적인 인격의 모범이 되신다. 주님은 하나님의 영광을 구해야 하는 삶의 본보기이다. 고인은 그리스도를 본받는 삶을 사셨고, 자녀들에게 고스란히 영향을 남기셨다. 참으로 감사하다.

2. 전해 받은 말씀으로

바울은 고린도 교인들이 자기가 전한 교훈과 규례를 잘 지키고 있음을 칭찬하였다. 우리는 믿음의 조상들이 살았던 삶을 내 것으로 해서, 여호와께 칭찬을 들어야 한다. 우리가 원하는 하나님께 대한 순종은 하나님의 종들이 전한 바른 말씀을 순종함으로써 이루어진다. 하나님께 대한 순종은 성경 66권의 말씀을 지키는 것이다.

3. 다음 세대로 이어지는

하나님은 우리에게 행하신 일을 통해서 다음 세대의 사람들에게도 동일한 은혜를 주신다. 우리가 그 교훈대로 믿고 실천한다면 하나님과 사람 앞에 칭찬을 받는다. 자기의 생각과 주관을 꺾고 성경에 계시된 하나님의 모든 뜻을 믿고 실천하는 우리들이 되기 바란다. 고인에 의하여 이 가정을 믿음의 반석으로 세우셨음을 기억하자.

*유업으로 말미암아 신앙의 역사를 잇게 되기를 결단하자.

첫 성묘예배(2)

교회를 위하여 수고한 사람

※본문_고전 16:15-18

스데바나의 집은 바울이 아가야에서 얻은 첫 열매이다. 그의 집은 복음의 도리를 따라 성도를 섬기기로 작정하여 헌신하고 봉사하며 충성하기로 결심하였다. 자원함과 감사함으로 결심한 것이다.

1. 함께 일하며 수고하는 자

그의 집은 함께 일했다. 가족이 함께 일했으며, 교회 교인들과 함께, 바울의 일행과도 함께 일했다. 그리고 그 집 사람들은 함께 수고하였다. 주의 종들과 교인들과도 함께 수고하였다. 그들이 겸손하고, 관용하며, 진실하고, 동일하였기 때문이다.

2. 부족한 것을 채워준 자

그 집 사람들은 부족한 것을 채워주었다. 고린도 교회의 바울을 향한 애정과 충고의 필요성을 전해줌으로 바울에게 용기와 기쁨과 안식을 주었다. 이처럼 성도의 교제는 좋은 결과를 가져다준다. 성도는 교제가 끊어지면 관계도 끊어진다.

3. 마음을 시원하게 해준 자

성도에게는 동역자들과 신망애(信望愛)의 관계가 이루어져야 한다. 이 관계가 성도들의 심령을 시원하게 해준다. 그들은 바울의 서신보다 더 상세한 소식을 전해서 마음을 시원하게 하였고, 돌아가서 고린도 교회 교인들의 마음을 시원하게 하였다.

*오늘, 고인이 지상에서 지내던 시간에, 하나님 앞에서 교회를 위하여 수고하는 생애를 사셨다는 사실을 기억하자. 아울러 우리도 하나님의 은혜를 받는 것과 복 받는 것을 소원하기로 결단하자.

첫 성묘예배(3)

그리스도인답게

※본문_갈 2:20

그리스도인은 하나님께서 제시하는 삶의 원리로 행복하게 살아야 한다. 또한 행복하게 사는 것은 하나님의 뜻대로 사는 것이다.

1. 그리스도와 함께 십자가에 죽어야

"내가 그리스도와 함께 십자가에 못 박혔나니"라고 하였다. 주님의 십자가의 죽음을 나의 죽음으로 고백하는 것이 바로 주님과 연합하는 첫 단계에 이르는 것이다. 중요한 것은 내가 그리스도와 함께 십자가에 죽었다는 확신이 있어야 새로운 생애가 시작된다는 점이다. 우리가 성도답게 살지 못하는 것은 옛사람, 자아가 아직도 죽지 못했기 때문이다.

2. 그리스도께서 주인으로 살게 해드려야

"그런즉 이제는 내가 사는 것이 아니요 오직 내 안에 그리스도께서 사시는 것이라"라고 하였다. 사람은 누구를 주인으로 모시고 사느냐에 따라 인생이 달라진다. 돈이 주인이 된 사람은 돈이 인생의 목적이며, 지식과 학문이 주인인 사람은 그 학문과 지식에 사로잡혀 살게 된다. 자기 안에 누가 사느냐에 따라 인생관이 달라지고 가치관이 달라진다.

3. 주님을 사랑하는 믿음 안에서 살아야

"이제 내가 육체 가운데 사는 것은 나를 사랑하사 나를 위해 자기 자신을 버리신 하나님의 아들을 믿는 믿음 안에서 사는 것이라"라고 하였다. 주님을 모시고 사는 성도는 자기 존재의 고귀함을 확신해야 한다. 그리스도 안에서 우리는 사랑받기 위해 태어난 존재이다. 우리 모두는 자신의 처소에서 사랑하며 살고, 사랑받으며 살아야 한다.

*하나님께 사랑을 받고, 이웃에게 사랑 받기를 사모하자.

첫 성묘예배(4)

환난 날에 해야 할 일

❋본문_사 6:1-13

웃시야 왕이 교만하여 제사장 직분을 침해하다가 나병에 걸려 죽게 되었다. 환난을 당할 때에 오늘 우리가 해야 할 일은 무엇인가?

1. 하나님을 찾음

"환난 날에 나를 부르라 내가 너를 건지리니 네가 나를 영화롭게 하리로다"(시 50:15)라고 하였다. 웃시야 왕이 죽은 어려운 상황에서 이사야는 하나님께 기도했다. 그때 하나님의 돌보심과 구원하심을 받게 되었다. 우리도 어려운 일을 당할 때에 하나님을 찾자. 히스기야 왕도 베옷을 입고 성전에서 적군의 편지를 펴놓고 눈물로 기도하였다.

2. 성전을 지킴

웃시야 왕이 죽어서 국가적인 환난이 올 때에 많은 이들은 하나님과 교회와 말씀을 멀리했다. 그러나 이사야는 하나님의 성전을 찾았다. 그리하다보니 하나님의 영광을 보게 되었다. 다윗이 법궤를 옮기다보니 성전건축의 필요성을 느끼게 되었다. 우리도 어려운 일이 생길 때에 하나님의 성전을 지키는 자가 되자.

3. 주신 사명을 감당함

우리에게 주신 사명을 잘 감당하지 못해서 생기는 일이 얼마나 많은가? 또한 맡겨주신 직분을 감당하지 못해서 일어나는 일이 얼마나 많은가? 그러므로 환난 날에 원망하고 불평하고 일을 나태하게 하는 것보다 내게 주신 하나님의 직분을 잘 감당하는 성도가 되자. 고인을 장례한 지금, 우리는 고인의 신앙유업을 이어가야 한다.

*사람의 죽음을 본 날에, 우리는 하나님 앞에서 결심해야 한다.

첫 성묘예배(5)

보좌 앞과 어린 양 앞에서

❋본문_계 7:9-12

흰옷은 성도의 성결과 의를, 종려가지는 승리와 기쁨을 상징한다. 구속받은 성도에게는 하나님 앞에서 누리게 되는 승리의 기쁨이 있다.

1. 구원하심이 하나님과 어린 양에게

우리는 천국에 가면 하나님 앞에서 큰 소리로 외쳐 구원하심이 보좌에 앉으신 우리 하나님과 어린 양에게 있다는 찬양을 하게 된다. 그런데 사람은 영적으로 죽어 있기 때문에, 스스로 회개하거나 믿음을 가질 수도 없음을 알아야 한다. 하나님께서 그의 눈을 열어주시고 깨달음을 주셔야만 회개하고 주를 믿을 수 있다.

2. 그의 능력으로 죽었던 영혼을

하나님께서 예수님을 구주로 믿는 믿음을 주셔야 구원에 이르게 된다. 하나님이 죄인이었던 고○○○님을 그의 기이한 방식으로 불러주셨고 그의 능력으로 죽었던 영혼을 살려주셨다. 그리고 이 땅에서 성도의 삶을 살게 하시다가 믿음을 지키고 거룩함의 열매를 맺게 하셨다. 성경은 구원이 오직 하나님께 달려 있다고 분명히 강조한다.

3. 하나님의 지혜와 능력의 일

천상에서 성도들이 찬송을 하면 천사들은 그 찬송에 화답한다. 천사들은 찬송을 위하여 하나님 앞에 있다. 하나님의 보좌 앞에서 그들은 구원이 참으로 하나님의 지혜와 능력의 일임을 노래한다. 이미 천국으로 가신 ○○○님은 지금 하나님을 찬송하고 계실 것이다. 사람의 구원은 궁극적으로 하나님께 달려 있다. 하나님은 우리의 아버지이시다.

*하나님께서 능력의 오른팔로 우리를 구원해 주셨음을 찬송하자.

첫 성묘예배(6)

더 나은 본향을 사모하라

❋본문_히 11:14-16

오늘, 고◯◯◯님이 하나님의 부르심을 받고, 본향에 가신 것을 감사하면서, 첫 성묘에서 예배하는 중에 임하는 복이 있기를 축원한다.

1. 천국을 소망으로

죽은 이의 영혼은 이미 천국에서 하나님의 품에 안겨계실 것이다. 우리가 알거니와 믿음의 선진들은 소망을 이 땅에 두고 살지 않았다. 그들은 언제나 예수님에 의하여 하나님이 예비해 주신 하늘의 한 성을 바라보며 살았다. 하늘의 예루살렘 성으로 곧 천국을 소망으로 살아갔다. 고인도 이 땅에 있는 순간에는 하늘나라를 바라보셨다.

2. 우리가 돌아가야만 하는 곳

본문에서 이 땅에 있는 생활터전보다도 더 나은 본향이 있다고 했다. 그 본향은 이 땅에 있어서 우리가 돌아가야만 하는 곳, 하늘에 있는 거룩한 처소를 말한다. ◯◯◯님의 몸을 흙으로 돌려보내면서 우리는 거룩한 다짐을 해야 한다. 믿음의 사람들이 그렇게 가기를 원했던 본향을 사모하는 믿음을 가지고 살아가야 한다.

3. 하늘의 본향에 우리를 위한 처소

그 본향이 눈에 보이는 곳이거나 지금 우리가 들어갈 수 있는 곳은 아니지만, 하나님께서 그 말씀으로 약속해 주셨다. 지금 우리가 살아가고 있는 장막과는 전혀 다른 하늘의 본향에 우리를 위한 처소가 있다는 사실을 믿고, 그 나라에 소망을 두어야 할 것이다. 천국의 본향으로 말미암아 유족들에게 하늘의 위로가 있기를 축원한다.

*주님께서 우리를 위해 예비하신 하늘의 본향을 바라보자.

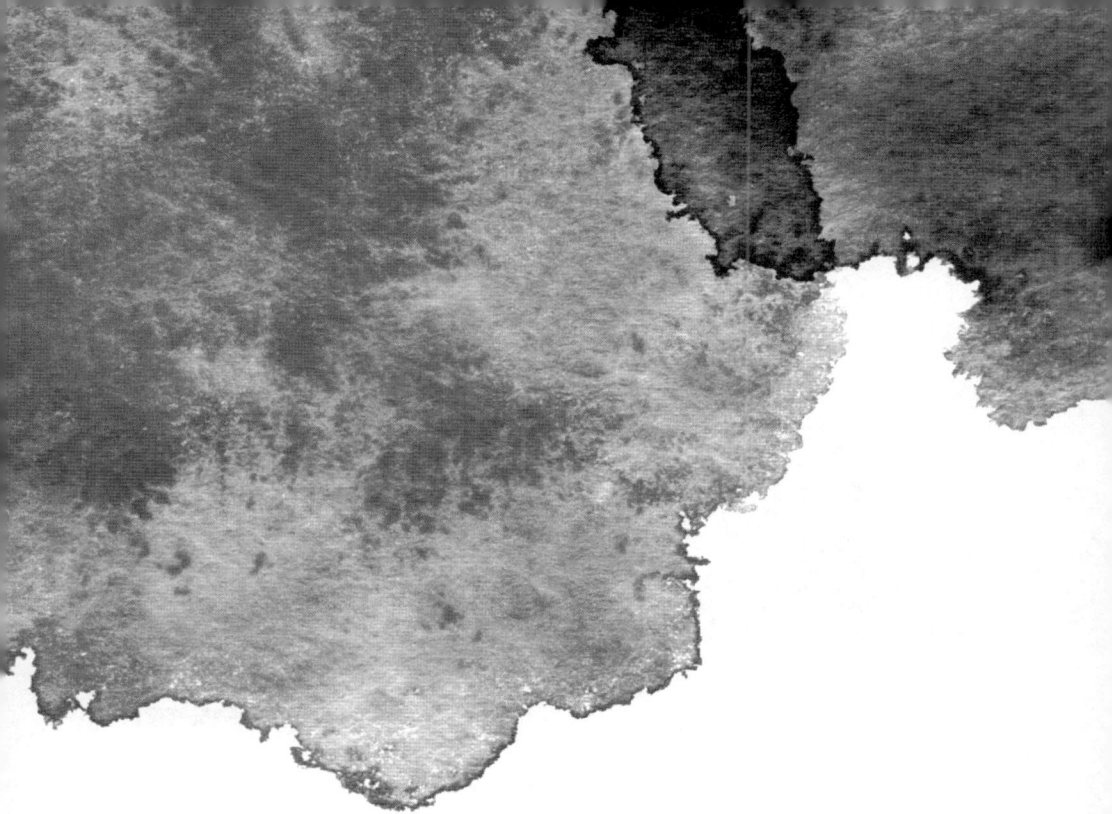

‖2‖
추모예배·장례예식 기도

‖2‖
추모예배·
장례예식 기도

설날 추모예배(1)

조상의 믿음을 물려받는 후손
기도를 이끌어주는 말씀 / 고전 15:20-22

고인의 후손을 한 자리로 모아주신 하나님,

하나님의 사랑이 고인의 후손을 한 자리로 모아 예배드리게 하셨습니다. 이제, 마음을 다하여 대속의 십자가를 지신 주님을 찬양하게 하옵소서. 이 시간의 모든 절차를 하나님께 영광이 되도록 인도해 주옵소서.

고인이 육체의 몸으로 살아계시던 동안에 보여주셨던 신앙의 모습이 대를 잇게 하셨습니다. 이 시간이 후손에게 새로운 은혜와 복이 되게 하시옵소서. 저희들의 삶이 날마다 은혜의 길, 소망의 길, 승리의 길이 되게 해 주시옵소서. 고인의 삶을 본받아 지내게 하시옵소서.

말씀이 선포될 때, 하나님의 능력이 함께 해주시옵소서. 고인이 평소에 하나님의 말씀을 간절히 사모하셨던 은혜를 후손에게 이어주시옵소서. 고인을 추모하는 저희들의 심령에 하나님의 온전하시고 기뻐하시는 뜻이 전달되며, 그 말씀에, 결단하는 역사가 일어나게 하시옵소서.

이제, 고인의 후손들을 축복합니다. 저들이 주님 앞에서 복된 하루하루를 보내게 하옵소서. 어머니의 뒤를 따라 믿음 안에서 성실한 삶을 살 수 있도록 인도하여 주옵소서. 고인을 추모하는 이 자리에서 저희들에게 신앙의 후손이 되겠노라는 큰 결단하는 은혜를 주시옵소서.

|이어서 이 가정 형편에 따른 하나님의 도우심을 구체적으로 간구한다.|
예배의 시간을 주신 예수님의 이름으로 기도드립니다. 아멘.

설날 추모예배(2)

주님 앞에서 바로 서는 후손
기도를 이끌어주는 말씀 / 엡 6:1-3

예배할 마음을 주신 하나님,

저희에게 신앙의 모범이 되셨던 고○○○(직분)님을 생각하면서 예배를 드립니다. 고인이 이 세상에 사는 동안 믿음을 지켜 본이 되는 삶을 살게 하셨음에 감사드립니다. 고인이 영원한 세계로 가신 날을 기억하면서 예배하게 하심을 감사드립니다. 저희에게 머리를 숙이도록 하셨으니, 모든 영광을 받으옵소서. 지금, 저희 모두가 주님께서 정해주신 연륜이 다하게 될 때 주님 앞에 바로 서겠다는 결단이 있게 하시옵소서.

고인이 이 세상에 사는 동안 믿음을 지켜 본이 되는 삶을 살게 하셨음에 감사드립니다. 이 시간이 유족들에게 새로운 은혜와 복이 되게 하시옵소서.

말씀을 전하실 목사님을 성령의 능력으로 붙들어 주실 줄 믿습니다. 이 시간에 들려지는 주님의 말씀을 하나님의 음성으로 들려주시옵소서. 그 말씀이 저희를 비추는 거울이 되어 우리의 흐트러진 모습을 발견하게 하시고, 고인에게 물려받은 신앙으로 바로 서게 하시옵소서.

고인에게 역사하시고, 동행하셨던 성령님의 충만하심이 자손들에게도 함께 하시기를 소원합니다. 귀한 가정의 자녀들도 영원한 세계로 들어가신 고인을 추억하며, 주님의 재림을 기다리게 하시옵소서.

|이어서 이 가정 형편에 따른 하나님의 도우심을 구체적으로 간구한다.|
높은 산성이신 예수님의 이름으로 기도드립니다. 아멘

설날 추모예배(3)

하나님의 영광에 집중하는 삶
기도를 이끌어주는 말씀 / 딤후 1:3

이제까지도 후손의 복을 누리게 하신 하나님,
  이 시간에, 영과 진리로 예배하기 원하오니, 하나님께 마음을 모으게 해 주옵소서. 주님의 이름을 높이며 이 자리에서 감사의 고백을 하게 하시옵소서. 고○○○님의 모습을 추억하도록 하시니 즐거워합니다. 고인은 아들과 딸을 두시는 후손의 복을 누리셨습니다. 그리고 살아계실 적에 자녀들과 더불어 하나님의 품을 누리셨습니다. 오늘, 저희들에게 그 은혜와 사랑을 추억하도록 도와주시옵소서.
  고인은 참으로 하나님께만 영광을 드리는 것에 집중하며 사셨습니다. 이 시간에 고인이 즐겨 부르시던 찬송을 할 때, 저희들에게 기쁨이 충만해지게 하시옵소서. 목사님께서 귀한 천국의 말씀을 전하실 때, 그 말씀으로 유족들이 힘을 얻고, 은혜를 받게 하옵소서.
  고인은 자녀들을 키우시느라 수고를 다하셨는데, 그들이 지금은 신실한 주님의 자녀들이 되었습니다. 저희를 긍휼히 여기사 주님의 위로와 하늘의 평강으로 채워주시옵소서.
  이 가정을 축복합니다. 고인이 늘 기도하셨던 간구가 자녀들 앞에서 응답되기 원합니다. 그 은혜로 이들을 더욱 굳센 신앙으로 채워 주시며 이 가정에 신앙의 전통이 계속 이어지도록 인도해 주시옵소서.

  |이어서, 이 가정 형편에 따른 하나님의 도우심을 구체적으로 간구한다.|
새 사람이 되게 하신 주, 예수님의 이름으로 기도드립니다. 아멘

설날 추모예배(4)

거룩한 부모, 거룩한 자손
기도를 이끌어주는 말씀 / 잠 14:32

거룩한 자손이 되기를 사모하게 하시는 하나님,
저희들의 모든 것이 되시며, 이 시간에 이르도록 복에 복으로 인도해주셨음에 감사드립니다. 주 안에서 잠자는 자가 된 고○○○님을 기억합니다. 고인은 하나님의 부르심을 받은 지 오래 되었으나 저희들은 여전히 고인을 대하는 느낌입니다. 은혜를 이어오게 하시니 감사드립니다.
귀한 지체들이 거룩한 자손이 되기를 사모하고, 하나님의 영광을 구하게 하셨습니다. 고인을 추억하면서 감사로 예배하는 한 시간이 되기 원합니다. 저희를 구속하여 자녀로 불러 주시고, 고인이 이 땅에 계셨을 때 같이 찬송하며 기도했던 시간들로 인하여 찬양을 드립니다.
부활의 소망이 되시는 하나님께 찬양으로 영광을 드립니다. 하나님의 부르심을 받은 종이 주님께서 다시 오시는 날에 잠에서 깨어나실 것을 소망하게 하시옵소서. 주님을 따라서 고인도 부활하실 것을 확신하게 해주셨음에 감사드립니다.
이 시간에, 고○○○님의 신앙을 보화처럼 여기고, 그 믿음으로 산 후손들을 축복합니다. 이 가정에 속해 있는 권속들을 대할 때마다 영광을 하나님께 드리게 하시옵소서. 땅에서 지낼 때의 고인의 간구가 다 응답되게 하시고, 형통한 자손의 삶을 보는 은혜로 인도해 주시옵소서.

|이어서, 이 가정 형편에 따른 하나님의 도우심을 구체적으로 간구한다.|
길이 되신 주, 예수님의 이름으로 기도드립니다. 아멘

설날 추모예배(5)

부모의 신앙을 보는 축복
기도를 이끌어주는 말씀 / 고후 5:1

복된 인생이 되도록 이끌어주시는 하나님,
  천국의 자녀 됨을 풍성하게 누리면서 살아오도록 해주신 여호와의 이름에 찬송을 올려드립니다. 오늘, 하나님 앞에서 부르심을 받으신 고○○○님을 추모할 때, 영광을 받으시옵소서. 이 시간에, 고인께서 주 안에서 복된 인생이 되셨던 은총을 저희에게 내려 주시옵소서. 고인과 함께 누렸던 천국의 복에 참여하여 그 누림을 더하게 하시옵소서.
  주님의 이름을 영화롭게 해드리는 한 시간이 되기를 소망합니다. 이 시간, 고인을 추모하며 예배하는 시간을 주셨으니 하나님의 시간임을 믿게 하시옵소서. 주님의 영화로우심을 찬미하는 경배를 받아 주시옵소서. 예배의 모든 순서로 아버지 하나님께 경배하게 하시옵소서.
  이제, 하나님 앞에서 고인의 후손들에게 힘써 대장부가 되는 은혜를 주시옵소서. 저가 사랑하셨던 하나님을 가까이 하고, 고인이 평소에 지키신 믿음의 길을 따라 살아가는 은혜를 보게 하시옵소서. 여호와의 명령을 지켜 그 길로 행하는 삶이 후손들의 것이 되게 하시옵소서.
  고○○○님의 신앙을 저희의 것으로 삼는 후손들이 되기를 다시 한 번 다짐하는 이 시간이 되게 하시옵소서. 고인이 생전에 약속을 받았던 자손에 이르는 복을 저희들이 누리게 하시옵소서.

|이어서, 이 가정 형편에 따른 하나님의 도우심을 구체적으로 간구한다.|
  방패가 되어주신 예수님의 이름으로 기도드립니다. 아멘

설날 추모예배(6)

조상의 신앙을 잇는 믿음
기도를 이끌어주는 말씀 / 딤후 4:7

하늘에 영광을 드리게 하시는 하나님,

이 땅에서 지내는 동안에 하나님의 사랑을 입으셨던 고○○○님을 추억하게 하시니 감사드립니다. 이 가정을 여호와께 올려드립니다. 거룩하게 구별함을 받은 식구들의 삶이 여호와께 맡겨지게 하시옵소서. 하나님께만 영광을 드림이 되게 하시옵소서.

사랑하는 식구들이 이 예배로 주님을 맞아들이게 하옵소서. 주님의 이름을 높여드리고, 자녀로서 아버지가 누리셔야 하는 영광을 바치기를 원합니다. 이 시간에, 마음으로 무릎을 꿇게 하시고, 하늘의 영광을 취하시옵소서. 조상의 신앙을 잇는 복을 경험하게 하시옵소서.

전에는 몰랐으나, 과연 하나님은 고○○○님으로 하여금 신앙의 본이 되도록 하셨습니다. 그 하나님의 이루심을 저희들도 보게 하시옵소서. 이 시간에, 성령님의 충만하심을 간구합니다.

생전의 고인과 함께 이 모습, 저 모습으로 예배하며 누리던 은혜를 이 시간에도 내려 주시옵소서. 복된 자녀들의 하나님을 소망하는 삶을 통해서 조상의 신앙을 잇는 믿음을 보는 은혜를 주시옵소서. 고인이 여호와께 맡겨 형통했던 삶의 은혜를 이 가정에 내려 주시옵소서. 자녀들도 여호와께서 이루어주시는 복을 누리는 생활을 하게 해 주시옵소서.

|이어서, 이 가정 형편에 따른 하나님의 도우심을 구체적으로 간구한다.|
망령된 행실을 끊게 해주신 예수님의 이름으로 기도드립니다. 아멘

한식 추모예배(1)

은혜의 보좌로 나아가는 자리
기도를 이끌어주는 말씀 / 계 14:13

사랑의 주 여호와여,

저희들에게 언제나 신앙의 모범이 되셨던 고◯◯◯(권사)님을 생각하면서 두 손을 모읍니다. 저희들의 삶이 날마다 은혜의 길, 소망의 길, 승리의 길이 되게 해 주옵소서. 고인의 삶을 본받아 지내게 하옵소서. '나를 따르려하거든 자기 십자가를 지고 따르라' 고 하신 말씀대로 사셨던 생전의 권사님을 뵈옵는 느낌입니다. 고◯◯◯권사님이 영원한 세계로 가신 날을 기억하면서 예배하게 하심을 감사드립니다. 저희에게 예배할 마음을 주셔서 머리를 숙이도록 하셨으니, 모든 영광을 받으옵소서. 고인에게 물려받은 신앙의 고백으로 예배하는 후손이 되게 하옵소서.

지금, 저희 모두가 주님께서 정해주신 연륜이 다하게 될 때 주님 앞에 바로 서겠다는 결단이 있게 하옵소서. 말씀을 전하시는 목사님께 더욱 성령님의 은혜를 나타내 주시옵소서. 저희들에게는 들을 귀를 열게 하시며, 복된 메시지가 되게 하시옵소서.

사랑하는 후손들은 어머니의 믿음을 본받아 살아가고 있습니다. 생전의 어머니처럼, 천성에 가는 길이 험하고 힘이 든다고 할지라도 고인의 생활, 그 믿음을 더욱 본받게 하시고, 숨질 때가 되도록 찬송하면서 주님 앞에 더 가까이 나아가기를 원합니다.

|이어서, 이 가정 형편에 따른 하나님의 도우심을 구체적으로 간구한다.|
죄인을 구하러 오신 예수님의 이름으로 기도드립니다. 아멘

한식 추모예배(2)

고인을 따라 믿음을 갖는 가족
기도를 이끌어주는 말씀 / 빌 1:20

우리의 인도자가 되시는 하나님,

저희들에게 복을 주시려고 고인과 함께 하도록 하셨음에 감사드립니다. 오늘, 이 자리에서 한 마음으로 예배하는 주님의 자녀들이 모두 고인을 따르게 하옵소서. 세상에는 넓은 길, 넓은 문이 있사오나 주님의 말씀처럼, 그리고 고인이 그렇게 사셨던 것을 본받아 '좁은 길, 좁은 문'을 통해서 하나님 나라에 이르게 해 주옵소서.

이 가정에서 주님의 귀한 말씀을 선포하실 목사님께 신령한 능력과 성령으로 충만케 하시옵소서. 그리하여 말씀을 통하여 주의 영광이 드러나게 하시고, 귀한 지체들에게는 결단으로 다짐하게 하시옵소서. 여호와께 존귀한 식구들에게 생명의 풍성함으로 이끌어 주시옵소서.

고○○○(권사)님이 그렇게 기다리시던 주님의 오심은 머잖아 이루어질 것입니다. 귀한 가정의 자녀들도 영원한 세계로 들어가신 고인을 추억하며, 주님의 재림을 기다리게 하시옵소서.

신앙을 유산으로 남기신 그 뜻을 받들어 하나님을 섬기는 가족들이 되게 하시옵소서. 불신자의 가정에서 살다가 주님을 영접하여 믿음의 반석을 세웠던 고인의 신앙을 이어가기에 조금도 부족함이 없는 식구들이 되게 하시옵소서.

|이어서, 이 가정 형편에 따른 하나님의 도우심을 구체적으로 간구한다.|
샤론의 꽃 예수님의 이름으로 기도드립니다. 아멘

한식 추모예배(3)

죽은 자의 부활
기도를 이끌어주는 말씀 / 히 11:16

여호와의 영광을 위해 살게 하시는 하나님,
이 시간에, 영과 진리로 예배하기 원하오니, 여호와 우리 하나님께 마음을 모으게 해 주옵소서. 지난 시간 동안에 저희들과 함께 하시고, 고○○○님에게 약속하셨던 복을 내려 주셨음에 감사드립니다. 후손들이 거룩한 믿음을 잇고, 하나님의 영광을 위해 살게 하시니 감사드립니다.

하나님의 부르심을 받으신 고인과 함께 예배하던 기억이 아직도 생생한데, 고인이 되어 저희들의 곁을 떠난 지 벌써 ○년을 맞이해 추모하면서 예배합니다. 그동안에 사랑하는 유족들에게 은혜를 더하신 여호와의 이름을 송축하게 하시옵소서.

고인은 주님의 축복의 통로가 되어 이 가정을 성소로 삼아주셨습니다. 자녀들이 여호와께 드림이 되어 헌신된 가정이 되게 하시옵소서. 주 안에서 아름다운 생애를 사셨던 ○○○님이 이기는 자가 되어 생명수 샘물을 마시는 복을 받으셨음을 믿습니다. 이제, 저희들도 사랑하던 종을 따라 세상을 이기는 믿음을 갖게 하시옵소서.

고인의 신앙을 본받아 하나님을 가까이 하며 지낸 자손들에게 형통의 복을 내려 주시옵소서. 고인을 추억하면서 자녀들과 친척들 그리고 성도들이 함께 예배하는 이 자리에 복을 내려 주시옵소서.

|이어서, 이 가정 형편에 따른 하나님의 도우심을 구체적으로 간구한다.|
소망이 든든하게 해주신 예수님의 이름으로 기도드립니다. 아멘

한식 추모예배(4)

대를 이어 피어내는 믿음의 꽃
기도를 이끌어주는 말씀 / 요 14:2

믿음을 유업으로 받아 잘 간직하게 하시는 하나님,
저희들의 모든 것이 되시며, 이 시간에 이르도록 복에 복으로 인도해주셨음에 감사드립니다. 이 좋은 날에, 온 가족이 모여 하나님의 은혜를 즐거워하며 고◯◯◯님을 추억하게 하시오니 감사드립니다. 돌이켜보니, 고인은 하나님께서 저희들에게 보내주신 선물이었습니다.
고인의 사랑과 헌신으로 자녀들이 잘 자라게 하시며, 믿음의 사람으로 성장하게 되었음에 감사드립니다. 자녀들은 고인이 남기신 믿음을 유업으로 받아 잘 간직하고 있으니 대를 이어 믿음의 꽃을 피우게 하시옵소서. 다른 세대가 되지 않도록 인도해주셨음에 감사드립니다.
이 시간에 사랑하는 가정에서 자녀들 각자가 하나님 앞에서 삶에 대한 새로운 결단을 하는 시간을 주시옵소서. 오늘, 예배하는 중에, 성령님께서 저희들의 심령에 고◯◯◯님을 따르겠다는 도전을 경험하게 하시옵소서. 저희들 각 사람에게서 고인의 믿음이 보여지게 하시옵소서.
이 시간에 저희들에게 의로운 결단의 은혜를 주시기 원합니다. 하나님의 사람이 되어 친구와 대면하듯이 여호와를 가까이 하는 은혜를 보게 하시옵소서. 성령님의 충만하심으로 구원에 이르게 해 주신 부르심과 택하심을 굳건하게 하시옵소서.

|이어서, 이 가정 형편에 따른 하나님의 도우심을 구체적으로 간구한다.|
밝은 빛이 되어주신 예수님의 이름으로 기도드립니다. 아멘

한식 추모예배(5)

여호와의 시간에 주시는 복
기도를 이끌어주는 말씀 / 계 7:17

복음으로 살기를 결단하게 하시는 하나님,

천국의 자녀 됨을 풍성하게 누리면서 살아오도록 해주신 여호와의 이름에 찬송을 올려드립니다. 한식날의 아침을 주시고, 주님의 사랑을 받는 지체들이 한 자리에 둘러앉게 하심에 감사드립니다. 하나님을 예배하는 이 자리를 거룩하게 해 주시고, 성령님의 역사가 있게 하옵소서. 성령님의 능력으로 예배하는 중에, 오직 복음으로 살기를 결단하게 하시옵소서. 고인을 추모하는 가족에게 생명의 말씀을 주심에 감사드립니다.

고인의 신앙이 저희들에게 그대로 물림이 되어, 저희 가정이 구원에 이르게 하시옵소서. 이 자리에 무릎을 꿇은 저희들 모두에게는 여호와의 시간에 주시는 복으로 풍성하게 하시옵소서.

지금, 여호와의 영광이 가득한 것처럼 저희들의 삶이 복 되게 해 주시옵소서. 고인이 생전에 사랑했던 하나님이 저희들의 하나님이 되셔서, 저희 모두가 여호와 앞에서 살아가게 하시옵소서. 오직, 예수님으로 사셨던 고인의 삶이 후손에게 이어지기를 원합니다.

늘 하나님 앞에 있음을 잊지 않게 하시고, 여호와의 말씀을 새김질하며 사는 저희 가족들이 되도록 이끌어 주시옵소서. 하나님의 말씀으로 위로를 받게 하시고, 여호와의 백성으로서 결단하게 하시옵소서.

|이어서, 이 가정 형편에 따른 하나님의 도우심을 구체적으로 간구한다.|
영원히 진리이신 예수님의 이름으로 기도드립니다. 아멘

한식 추모예배(6)

은혜를 묵상하는 복된 시간
기도를 이끌어주는 말씀 / 롬 8:18

영과 진리로 예배하게 하시는 하나님,

깨끗한 마음과 거룩한 소망으로 한식을 맞이한 첫 시간에 고인을 기억하면서 예배하게 하옵소서. 고인이 우리 곁을 떠나고 ○년이 지났지만 추모 예배의 시간으로 늘 고인과 함께 지내게 하셨음에 감사드립니다.

지난해에도 고인의 믿음을 본받아 살게 하시고, 이 시간에는 하나님의 뜻에 따라 살기를 다짐하게 하시오니 감사드립니다. 온 가족이 둘러앉았사오니, 영과 진리로 예배하도록 이끌어 주시옵소서. 오늘, 말씀을 전하시는 목사님께 성령님의 능력과 권세가 더하시기를 빕니다.

귀한 가문에 영생의 복을 주셨음에 감사드립니다. 고인을 흠모하면서 고인을 통하여 이 가정에 베풀어 주신 은혜를 묵상하는 복된 시간이 되게 인도해 주시옵소서. 오벧에돔이 하나님의 궤를 집에 모셨던 열심의 은혜가 고인을 통해서 이 가정에 있었던 것처럼, 이제는 자녀들이 그 믿음으로 살게 하시옵소서. 하나님을 가까이 하는 후손, 하나님의 말씀으로 살아가는 후손이 되게 하시옵소서.

오래 전에, 하나님의 부르심을 받으신 고○○○님의 믿음과 삶의 도리를 자손들이 본받기를 원합니다. 하나님께는 영광을 돌리고, 일가와 친척들에게는 즐거움이 되게 하시옵소서.

|이어서, 이 가정 형편에 따른 하나님의 도우심을 구체적으로 간구한다.|
은혜의 주, 예수님의 이름으로 기도드립니다. 아멘

추석 추모예배(1)

신앙의 발자취를 따르는
기도를 이끌어주는 말씀 / 계 22:2

영원부터 영원까지의 하나님,
주님의 이름을 높이며 감사의 고백을 하게 하옵소서. 고○○○ (직분)님의 모습을 추억하도록 하시오니 즐거워합니다. 하나님의 은혜로 고인은 아들과 딸을 두시는 후손의 복을 누리셨습니다. 오늘, 우리와 함께 지내던 고인이 아버지의 품으로 돌아가신 날을 기억하여 모였습니다.

고인은 참으로 하나님께만 영광을 드리는 것에 집중하며 사셨습니다. 이 시간에 고인이 즐겨 부르던 찬송을 할 때, 저희들에게 기쁨이 충만해지기를 소망합니다. 고인에게 주셨던 하나님을 향한 사모함이 후손에게 그대로 이어져 신앙의 역사를 잇게 하시옵소서.

귀한 목사님께서 천국의 말씀을 증거하실 때, 성령님의 역사하심으로 큰 감동이 있게 하옵소서. 그 말씀으로 유족들이 힘을 얻고, 저희들도 위로의 메시지에 은혜를 받게 하옵소서. 그 말씀의 은혜로 ○○(직분)님이 다시 시작하게 하시옵소서.

고인은 평생의 삶을 영으로 사신 것을 기억합니다. 고인이 하나님의 영광을 구하기 위해 늘 육신을 쳐 복종시키며, 성령님의 충만하심에 목말라 하던 모습을 기억합니다. 그 믿음이 후손들에게 이어지게 하시옵소서. 그 믿음을 후손들이 간직하게 하시옵소서.

|이어서, 이 가정 형편에 따른 하나님의 도우심을 구체적으로 간구한다.|
천성에 올라갈 약속의 주, 예수님의 이름으로 기도드립니다. 아멘

추석 추모예배(2)

소망으로 구원을 얻었으매
기도를 이끌어주는 말씀 / 롬 2:4

생사화복을 주관하시는 여호와여,
사랑하는 가족들을 위해서 간구합니다. 고인은 이 땅에서 계실 때, 자녀들을 키우시느라 수고를 다하셨지만, 그들이 지금은 신실한 주님의 자녀들이 되었습니다. 하나님 앞에서 연약한 저희들이 혹시 부족했던 것이 있었다면 모든 허물을 용서하여 주시기 바랍니다. 저희를 긍휼히 여기사 주님의 위로와 하늘의 평강으로 채워주시기를 간구합니다.
이 가정을 축복합니다. 고○○○ (직분)님을 이 가정에 있어서 복의 통로가 되게 하신 하나님께 감사드립니다. 하나님 아버지의 복으로 말미암아 자녀들이 예비 된 복을 누리게 하시옵소서.
고인에게 임했던 은총이 후손들에게 풍성히 나타나게 하시옵소서. 고인은 후손들을 복되게 하시려고 참으로 아름다운 신앙의 모습들을 많이 남겨주셨으니, 그 길을 따르는 자녀들이 되기를 빕니다.
언제나 넉넉하게 해주시는 은혜의 하나님을 소망하면서 간구하오니, 이 가정에 물질의 풍성함을 허락해 주옵소서. 고인이 천국에 가신 후부터 이제까지 이 가정을 도우신 하나님의 손길이 더욱 크기를 소망합니다. 자녀들이 장성하면서 점점 물질이 필요할 부분이 많사오니, 소용되는 대로 모자람이 없게 하옵소서. 하나님의 부요를 누리게 하옵소서.

|이어서, 이 가정 형편에 따른 하나님의 도우심을 구체적으로 간구한다.|
죄 사함을 받게 해주신 예수님의 이름으로 기도드립니다. 아멘

추석 추모예배(3)

너희의 심령이 새롭게 되어
기도를 이끌어주는 말씀 / 엡 4:22

온 가족이 머리를 숙이게 하신 하나님,

영과 진리로 예배하기 원하오니, 여호와 우리 하나님께 마음을 모으게 해 주시옵소서. 추석의 첫 시간에, 고○○○님의 자녀들이 여호와의 성호를 찬양합니다. 고인의 하나님을 저희들의 하나님으로 부르게 자손들을 지켜주신 은혜, 참으로 감사드립니다.

온 가족이 하늘의 하나님을 예배하고, 금년의 남은 시간을 위하여 소망을 간구하게 하시옵소서. 저희들에게 아름다운 믿음의 조상을 주셨으니, 고○○○님의 길에서 하나님을 찾는 저희들이 되게 하시옵소서.

기업을 주시는 하나님께 찬양으로 영광을 드립니다. 지금, 고인이 남겨준 신앙의 모습을 보는 은혜를 내려주시옵소서. 복된 후손들이 약속해 주신 말씀에 따라 번성하게 해 주시는 여호와의 손을 보게 하시옵소서. 하나님께서 이 가정에 복이심을 믿습니다.

금년의 남은 시간의 삶을 살아갈 때, 고인의 간구를 통해서 저희들에게 약속되어 있는 후손의 복을 받게 하시옵소서. 앞서 간 사람의 마지막 모습을 통해서 자손들이 하나님의 사람으로 더욱 굳게 세워지게 하시옵소서. 오늘의 예배로 저희에게는 하나님께 도전하는 거룩함을 경험하게 하시옵소서.

|이어서, 이 가정 형편에 따른 하나님의 도우심을 구체적으로 간구한다.|
잃은 자를 찾으러 오신 예수님의 이름으로 기도드립니다. 아멘

추석 추모예배(4)

믿음 안에서 사는 것이라
기도를 이끌어주는 말씀 / 갈 2:20

저희들의 모든 것이 되시는 하나님,
　이 시간에 이르도록 복에 복으로 인도해주셨음에 감사드립니다. 풍성한 날을 맞이해서 식구들이 모이게 해 주셨음에 감사드립니다. 오늘, 하나님께 영광을 드리게 하시옵소서.
　지난 시간 동안에도 형제와 자매들 그리고 자손들을 보호해 주신 여호와의 은혜를 기리게 하시옵소서. 제 각각 하나님 앞에서 주신 삶을 자신의 기업으로 삼아 살던 형제들이 모여 한 몸을 이루게 하신 즐거움으로 기쁘게 해 주시옵소서.
　이 시간에 후손에게서 고인의 신앙을 보게 되기를 원합니다. 그리하여 고인의 기도가 후손의 삶에서 응답 되는 것을 경험하게 하시옵소서. 간절히 바라오니, 여호와 앞에서 고인이 지녔던 믿음의 원칙을 따르는 후손들이 되게 하시옵소서. 고인이 이 땅에 계실 때 누렸던 복을 잇는 자손들이 되도록 이끌어 주시옵소서.
　하나님께서 고인을 복의 통로로 삼으셔서 이 가정에 시온의 대로가 열리게 하신 그 길을 간직하게 하시옵소서. 오늘의 풍성함으로 말미암아 다시 한 번 고인의 자녀들이 하나가 되게 하시고, 믿음의 조상을 기억하면서 동기간의 우애를 공고히 하도록 이끌어 주시옵소서.

　|이어서, 이 가정 형편에 따른 하나님의 도우심을 구체적으로 간구한다.|
　우리를 먼저 사랑해주신 예수님의 이름으로 기도드립니다. 아멘

추석 추모예배(5)

그의 구원을 기뻐하며
기도를 이끌어주는 말씀 / 사 25:9

추석의 절기를 주신 하나님,

천국의 자녀 됨을 풍성하게 누리게 하시면서 살아오도록 해주신 여호와의 이름에 찬송을 올려드립니다. 추석의 절기를 주신 하나님의 이름에 영광을 드립니다. 이 자리가 여호와께 제단이 되게 하시옵소서.

고○○○님의 자손들이 각자의 터전에서 흩어져 지내다가, 오늘 추석에 한 자리에 모여 하나님의 은혜를 즐거워하며 찬송을 드립니다.

사랑하는 지체들에게 추석의 즐거움을 주시고, 예배하게 하시니 영광을 드리게 하시옵소서. 오곡백과가 무르익고, 먹거리가 풍성한 날에, 고인을 추모하며 예배하게 하시옵소서.

고○○○님의 수고로 말미암아 이 집안이 이만큼 유지되었고, 자녀들 역시 잘 자랐사오니, 하나님의 은혜를 묵상하는 귀한 시간이 되게 하시옵소서. 고인이 생전에 가족을 위하여 평생을 헌신의 삶을 사셨사오니, 그 사랑의 수고를 잊지 않는 저희들이 되게 하시옵소서.

이 시간에, 간절히 구하옵기는 저희에게도 ○○○님의 믿음을 주시옵소서. 여호와의 복 주심을 소망하며, 그 복을 기다리며 수고를 다했던 삶을 저희의 것으로 삼게 하시옵소서. 저희들 또한, 가정과 자녀들을 위하여 기쁘게 헌신하도록 이끌어 주시옵소서.

|이어서, 이 가정 형편에 따른 하나님의 도우심을 구체적으로 간구한다.|
기쁨이 넘치게 해주신 예수님의 이름으로 기도드립니다. 아멘

추석 추모예배(6)

여기까지 우리를 도우셨다
기도를 이끌어주는 말씀 / 삼상 7:12

하나님께 열심을 내도록 인도하시는 하나님,

추석의 풍요로움을 주신 하나님의 은혜에 감사하면서 저희들에게 고○○○님을 기억하게 하시옵소서. 저희들의 기억 속에는 고인이 평생을 불평 한 마디 없이 가정과 자녀들을 위하여 사셨던 모습이 생생하게 남아있습니다. 그렇게 좋으신 분의 손길을 통하여 자녀들이 장성하도록 인도해 주신 하나님의 사랑 앞에서 결단하는 은혜를 주시옵소서.

다윗의 길에서 떠나지 않았던 아사를 따르게 하시옵소서(왕상 15:11). 저희들이 자라는 동안에 ○○○님이 평생의 삶에서 보여 주셨던 하나님께 열심이었던 그 신앙을 저희들의 것으로 삼는 은혜를 주시옵소서. 저희들의 말과 행실이 일평생 여호와 앞에서 온전하기를 사모하도록 이끌어 주시옵소서.

오늘, 하나님의 말씀으로 축복과 함께 위로의 시간이 되게 하시옵소서. 저희들 지체에게 꼭 필요한 말씀을 받게 하시옵소서.

고인을 기억하면서 명절의 즐거움을 누리려 할 때, 이 가정의 자손들에게 하나님 우편에 계신 주님을 바라보게 하시옵소서. 그리스도와 함께 살리심을 받은 지체들이 오직 하늘에 소망을 두도록 이끌어 주시옵소서. 믿음의 대를 이어가겠다는 결단을 하게 하시옵소서.

|이어서, 이 가정 형편에 따른 하나님의 도우심을 구체적으로 간구한다.|

영생복락이 되신 예수님의 이름으로 기도드립니다. 아멘

기일 추모예배(1)

그가 우리를 죽을 때까지
기도를 이끌어주는 말씀 / 시 48:14

하나님의 나라로 가신 ○○○님을 추모하도록 저희들을 한 자리에 모아주셨음에 감사드립니다. 그에게 약속되어 있는 하늘의 신령한 복과 땅의 기름진 것으로 이 집안의 권속들에게 베풀어 주신 여호와의 손길에 찬양을 드립니다.

고○○○ (직분)님께서 늘 기도하셨던 간구가 자녀들 앞에서 응답되기 원합니다. 고인을 축복의 통로로 사용하셨던 하나님께 찬미를 드리게 하시옵소서. 그 은혜로 이들을 더욱 굳센 신앙으로 채워 주시며 이 가정에 신앙의 전통이 계속 이어지도록 인도해 주시옵소서.

영생의 말씀을 듣게 하시오니 저희들의 심령을 하늘나라에 두게 하시옵소서. 그 말씀이 ○○(직분)님과 이 가정에 기쁨이 되고 믿음이 굳건해지게 하시옵소서. 말씀의 풍성함에 들어가도록 이끌어 주시옵소서.

이미 천국에 가 계신 고인으로 말미암아 저희들에게 하나님의 나라를 바라보는 소망을 주시옵소서. 영원한 세계로 갈 것을 그리워하면서 달려갈 길을 기쁨으로 가는 후손이 되게 하시옵소서.

이 땅에서의 삶을 허락받는 시간 동안에 신령한 은혜를 사모하며 지내도록 인도해주옵소서. 하늘의 문을 열어주셔서 예비 된 복을 누리게 하옵소서. 하늘의 천사들도 흠모할 신앙의 삶으로 살게 하옵소서.

|이어서, 이 가정 형편에 따른 하나님의 도우심을 구체적으로 간구한다.|
예수님의 이름으로 기도드립니다. 아멘.

기일 추모예배(2)

하나님을 가까이 하라
기도를 이끌어주는 말씀 / 약 4:8

하늘의 은혜에 소망을 두게 하시는 하나님,
저희에게 언제나 신앙의 모범이 되셨던 고○○○ (직분)님이 이 세상에 사는 동안 믿음을 지켜 본이 되는 삶을 살게 하셨음에 감사드립니다.
이 시간이 유족들에게 새로운 은혜와 복이 되게 하시옵소서. 예배하는 동안에, 성령님께서 이 가정을 복에 복으로 들어가게 하시옵소서. 고인을 추억하게 하는 자손들이 선조의 신앙을 따르게 하시옵소서.
고인의 삶을 유업으로 받아, 교회에서 봉사하는 종들이 되기 원합니다. 하나님의 일을 이루어드리고, 함께 지체된 성도들을 섬기면서 오직 우리 주님의 이름을 높여드리는 모습을 보이게 하시옵소서.
진리의 말씀을 대언하시는 목사님을 성령님께서 친히 인도해 주시옵소서. 그 말씀을 통해 ○○(직분)님의 가슴이 뜨거움으로 가득 차게 하시옵소서. 오늘도 ○○(직분)님과 이 가정의 지체들이 꿀 송이보다 더 단 주의 말씀을 사모하게 하시옵소서.
저희들은 다 하나님께로부터 왔다가 하나님께로 돌아가는 인생이옵나이다. 또한 하나님의 높으신 뜻을 다 이해하지도 못하고 하나님 앞에 의롭지도 못한 죄인들이옵니다. 저희들을 긍휼히 여기시고 우리의 허물을 용서하여 주시기를 간절히 간구합니다.

|이어서, 이 가정 형편에 따른 하나님의 도우심을 구체적으로 간구한다.|
생명이 되신 주, 예수님의 이름으로 기도드립니다. 아멘

기일 추모예배(3)

네 길을 여호와께
기도를 이끌어주는 말씀 / 시 37:5

저희 가정이 믿음의 반석 위에 지어지게 하시는 하나님,
이 시간에, 영과 진리로 예배하기 원합니다. 여호와 우리 하나님께 마음을 모으게 해주시옵소서. 일찍이 고○○○님이 구원을 받으시고, 여호와 앞에서 저희들에게 축복의 통로가 되게 해주셨음을 기억합니다. 그의 기도대로 저희 가정이 하나님을 섬기는 가정이 되었습니다.
이 가정이 믿음의 반석 위에 지어져 굳건하기를 소망합니다. 고○○○님의 생전에 저 자신을 위하여, 이 가족을 위하여 베풀어 주셨던 복을 누리는 자자손손이 되게 하시옵소서. 고인이 살아계시던 동안에 간구하셨던 것을 자손이 사는 날 동안에 다 받게 하시옵소서.
여호와 앞에서 경건하기를 소망했던 고인의 신앙적 열심이 자녀들에게 물려지게 하시고, 이제까지도 그 믿음을 보배로 간직해 온 자녀들에게 더욱 고인의 길을 따라 여호와 앞에 살아가도록 이끌어 주옵소서.
생명의 말씀을 기다립니다. 그 말씀을 받아, 고인의 믿음을 본받기를 바라시는 하나님의 뜻을 귀하게 여기는 저희들이 되게 하시옵소서.
간절히 구하오니 ○○○님을 하나님의 사람으로 지내게 하셨던 그 은혜가 여기에 모인 이들에게도 나타나기 원합니다. 저희 각 사람에게도 성령님의 만져 주심이 있어 고인과 같은 믿음의 반열에 세워 주옵소서.

|이어서, 이 가정 형편에 따른 하나님의 도우심을 구체적으로 간구한다.|
보혈로 거듭나게 해주신 예수님의 이름으로 기도드립니다. 아멘

기일 추모예배(2)

내가 깊은 곳에서 주께
기도를 이끌어주는 말씀 / 시 130:1

복에 복으로 인도해주시는 하나님,
저희들의 모든 것이 되시며, 이 시간에 이르도록 복에 복으로 인도해주셨음에 감사드립니다. 고○○○님이 영원한 세계로 가신 날을 기억하면서 예배하게 하심을 감사드립니다. 찬양을 받아주시옵소서.
저희에게 예배할 마음을 주셔서 머리를 숙이도록 하셨사오니, 모든 영광을 받으시옵소서. 감사하게도 저희에게 고인의 하나님을 자신의 하나님으로 부르게 하셨습니다. 이 예배가 고인의 신앙과 고인의 기도를 보여주신 하나님께 온전히 드리는 예배이기를 빕니다.
말씀을 전하시는 목사님께 은혜로 충만하게 하시옵소서. 오늘, 여기에 모인 이들에게 꼭 들려주실 하나님의 말씀을 듣기를 원합니다. 목사님의 음성에서 하나님의 심장을 보여주시옵소서. 저희들이 찬송을 할 때, 고인의 음성이 들려오는 듯합니다. 고인의 삶이 여호와께 열납 되셨던 것처럼 이 예배를 통해서 저희에게 결단의 은혜를 내려주시옵소서.
저희들 모두가 주님께서 정해주신 연륜이 다하게 될 때 주님 앞에 바로 서겠다는 결단이 있게 하시옵소서. 여호와 앞에서 공의를 구하고, 모든 경우에 겸손함으로 대하는 은혜를 주시옵소서. 지금, 저희들도 멀지 않아 천국에 가서 고인을 만날 것을 소망하게 하시옵소서.

|이어서, 이 가정 형편에 따른 하나님의 도우심을 구체적으로 간구한다.|
사랑으로 풍성하신 예수님의 이름으로 기도드립니다. 아멘

기일 추모예배(5)

세상을 이기는 승리는
기도를 이끌어주는 말씀 / 요일 5:4

예비하신 나라를 유업으로 받게 해주시는 하나님,
천국의 자녀 됨을 풍성하게 누리면서 살아오도록 해주신 여호와의 이름에 찬송을 올려드립니다. 고○○○님이 세상에 있을 때, 저를 사랑하시고 택하시어 구원을 얻게 하셨음에 감사드립니다. 저희들로 하여금 예수님께서 너희를 위하여 예비하신 나라를 유업으로 받으리라 약속하신 그대로 그 허락을 받게 하시옵소서. 고인을 추모하는 시간을 예배로 영광을 드리는 가족에게 하늘의 복을 내려 주시옵소서. 하나님을 인정하는 지체들에게 하늘로부터 존귀케 해주시는 은혜를 보게 하옵소서.
이 시간에, 말씀을 전해주시려고 세움을 받은 종에게 성령님의 능력이 더해지기를 빕니다. 저희들에게 생명의 진리를 베풀어 주시옵소서.
고인이 그렇게 기다리시던 주님의 오심은 머잖아 이루어질 것입니다. 귀한 가정의 자녀들도 영원한 세계로 들어가신 고인을 추억하며, 주님의 재림을 기다리게 하시옵소서. 그리하여 주님을 뵙게 될 시간에 슬기로운 다섯 처녀처럼 견고하여 졸지 않도록 이끌어 주시옵소서.
때가 저물면 날이 어두워질 것을 잊지 않고, 열심을 다해 사시는 이 가정의 지체들에게 은혜를 더하시옵소서. 여호와 앞에서 고인을 추모하는 이 가정의 식구들이 복의 공동체가 되게 하시옵소서.

|이어서, 이 가정 형편에 따른 하나님의 도우심을 구체적으로 간구한다.|
구속해주신 주, 예수님의 이름으로 기도드립니다. 아멘

기일 추모예배(6)

오직 나와 내 집은
기도를 이끌어주는 말씀 / 수 24:15

언제나 넉넉하게 해주시는 하나님,

하나님께 영광과 존귀를 드립니다. 우리에게 자비로우신 부모가 있게 하신 그 사랑에 감사하여 예배하는 저희들이 되게 하시옵소서. 부모가 있으므로 하나님께서 계신다는 확신을 갖게 하시옵소서. 고◯◯◯님이 저희들과 함께 살았던 시간들로 말미암아 감사드립니다. 고인은 영혼의 구원과 효도에 대하여 남은 저희들에게 큰 교훈을 주셨습니다.

고인은 참으로 하나님께만 영광 돌리는 것에 집중하며 사셨습니다. 이 시간에, 고인이 즐겨 부르던 찬송을 할 때, 저희들에게 기쁨이 충만해지기를 소망합니다. 고인과 함께 예배하였던 지난 시간을 추억하면서 찬미의 제사를 드리게 하시옵소서.

목사님께서 천국의 말씀을 전하실 때, 성령님의 역사하심으로 큰 감동이 있게 하시옵소서. 그 말씀으로 유족들이 힘을 얻고, 저희들도 위로의 메시지에 큰 은혜를 받게 하시옵소서.

언제나 넉넉하게 해주시는 은혜의 하나님을 소망하면서 간구하오니, 이 가정에 재정의 풍성함을 허락해 주시옵소서. 자녀들이 장성하면서 학비를 비롯하여 돈이 필요한 부분이 많으니, 소용되는 대로 모자람이 없게 하시옵소서. 이 가정을 도우신 하나님의 손길을 소망합니다.

|이어서, 이 가정 형편에 따른 하나님의 도우심을 구체적으로 간구한다.|
함께 눈물을 흘려주시는 예수님의 이름으로 기도드립니다. 아멘

성묘 추모예배(1)

주님의 말씀을 따르며 사는 후손
기도를 이끌어주는 말씀 / 왕상 2:3

여호와의 이름 앞에 겸손하게 하시는 하나님,

일찍이 고○○○ (직분)님을 복되게 하시고, 그 복으로 말미암아 이 집안의 식구들이 풍성한 삶을 살아왔습니다. 지금은 금방이라도 얼굴을 뵈올 것 같은 고인의 신앙을 이어받아 자손들이 더욱 복된 생활을 하도록 이끌어 주시기를 원합니다.

하나님의 성호를 찬양하면서 예배하게 하옵소서. 고인이 지난 날, 사랑하는 가족과 함께 했던 예배의 시간으로 인도해주시옵소서. 자기 백성을 버리지 않으시는 하나님의 열심에 영광을 돌리게 하시옵소서. 고인의 하나님을 저희들의 하나님으로 부르게 하시니 감사드립니다.

목사님께서 이 가정을 위해서 예비 된 말씀을 전하실 때, 성령 하나님의 복 주심과 위로하심의 역사하심이 나타나게 하옵소서. 그 말씀에 새로워지고, 힘을 얻게 하시옵소서. 이 시간에, 저희에게 주님의 나라를 소망하도록 인도해 주시기를 원합니다. 고인이 하늘의 영원한 기업을 누리게 하여 주신 그 은혜를 저희들의 것으로 잇게 하시옵소서.

이곳에 모인 저희들에게, 주는 곧 부활과 생명과 진리이심을 믿는 믿음을 주시옵소서. 누구든지 저를 믿으면 비록 죽어도 살고, 또한 살아서 믿는 자는 영원히 죽지 아니함을 체험하게 하시옵소서(요 11:25-26).

|이어서, 이 가정 형편에 따른 하나님의 도우심을 구체적으로 간구한다.|
우리를 위하여 상하신 예수님의 이름으로 기도드립니다. 아멘

성묘 추모예배(2)

소망의 기쁨과 위로가
기도를 이끌어주는 말씀 / 수 4:7

　가정에 구원의 은혜를 내려주신 하나님,
　이 시간에, 고○○○ (직분)님을 추억하게 하시오니 감사드립니다. 주님의 사랑이 오늘 이와 같이 모이도록 하셨음에 찬양으로 영광을 드립니다. 고인이 찬송을 부르던 목소리를 기억합니다. 저희들이 한 마음이 되어서 성묘할 수 있도록 도우셨으니 진심으로 감사합니다. 전능하신 하나님께 찬양을 드리고 예배하는 한 시간이 되게 인도하옵소서.
　저희들의 가슴 속에 아직도 생생한 모습의 고인을 사랑하며 지낼 수 있었음에 감사드립니다. 고인으로 말미암아 자녀들이 주님을 영접하게 하셨고, 오늘도 주님 안에서 부르시고 택하신 대로 살게 하심에 찬양을 드립니다.
　이 가정의 예배를 위해서 말씀을 전해주시는 목사님을 위해서 간구합니다. 성령님의 능력과 권세에 붙들리게 하시옵소서. 여호와 앞에서 존귀하신 ○○(직분)님을 회복하게 해주시는 말씀이기를 빕니다.
　복된 자손이 함께 예배하는 지금, 하늘의 영원한 복을 허락하옵소서. 그리하여 우리로 하여금 우리 주 예수 그리스도 안에서 성령의 인도하심을 받아 고인의 삶을 영원히 이어가며 하나님의 뜻을 이 땅 위에 널리 펴는 새로운 은혜를 베풀어 주시옵소서.

　|이어서, 이 가정 형편에 따른 하나님의 도우심을 구체적으로 간구한다.|
　기쁨이 되시는 주, 예수님의 이름으로 기도드립니다. 아멘

성묘 추모예배(3)

주 안에서 이기는 자손들
기도를 이끌어주는 말씀 / 창 28:13

위대하고 강하신 하나님,

고○○○님의 산소를 찾아 하나님께 마음을 모읍니다. 원근 각처에서 주어진 인생이라는 삶의 길을 가던 저희들이 다시 모였습니다. 위대하고 강하신 여호와를 마음의 깃발을 높이 들어 찬양합니다.

오늘은 하나님께서 일찍이 고인을 하나님 나라로 불러주신 날이어서 유족들과 고인과 관계된 모든 이들이 함께 모여 예배를 드립니다. 예배하는 이 자리가 복된 제단이 되어 산 제물을 드리는 은혜를 주시옵소서. 하나님을 영화롭게 해드리는 시간이 되게 하심을 믿습니다.

오늘도 하나님의 말씀이 위로가 되고, 즐거움이 되기 원합니다. 말씀을 전하시는 종에게 성령님의 능력이 더해지시기를 원합니다. 말씀의 권세로 붙들어 주시고, 선포되는 말씀에 아멘으로 응답하게 하시옵소서.

거룩한 지체들에게 생명을 주신 시간동안 저들의 삶이 주님께 드려지는 산 제물이 되기 원합니다. 이 예배로 인하여 또 다시 삶의 현장에서 살아갈 때, 힘이 되고, 용기가 되도록 이끌어 주시옵소서.

사랑하는 지체들에게 바른 생각과 바른 행동의 삶을 누리게 하시옵소서. 고인이 여호와 앞에 바른 신앙으로 살려고 했던 몸부림의 은총이 자손들의 것이 되게 하시옵소서.

|이어서, 이 가정 형편에 따른 하나님의 도우심을 구체적으로 간구한다.|
우리 곁에 늘 계시는 예수님의 이름으로 기도드립니다. 아멘

성묘 추모예배(4)

자손들에 의해 영광을 받으시는
기도를 이끌어주는 말씀 / 욥 1:21

가정을 의인의 처소로 삼으시는 하나님,

저희들의 모든 것이 되시며, 이 시간에 이르도록 복에 복으로 인도해주신 하나님께 감사드립니다. 저희들을 죽음에서 건져주신 주님의 이름을 예배합니다. 이 자리에서도 하나님 홀로 영광 받으시옵소서.

봄이 열리는 날에, 고○○○님의 후손과 친지들이 모였습니다. 이 땅에 계실 동안 사랑으로 섬겼던 어머니와 육신적으로 이별한 이후, 이제까지 지켜주신 하나님의 은혜를 감사합니다. 하나님을 향한 사랑과 충성으로 이 가정의 지체들을 세워주셨사오니 감사드립니다.

이제, 저희들의 마음을 비우게 하시옵소서. 생각을 내려놓고, 하나님의 말씀을 기다리게 하시옵소서. 위로하시는 하나님을 뵙기 원합니다. 하나님께서 생명의 주인이심을 새롭게 깨닫는 시간에 하늘의 하나님을 사모하게 하시옵소서. ○○의 지체들이 유족과 함께 진리로 예배하는 권속이 되게 하시옵소서.

고인의 사랑하는 자손들이 모여서 우리 하나님께 영광과 찬미를 올려드립니다. 이 가정을 의인의 처소로 삼으시고, 이 시간에, 고인을 추모하는 예배를 드리게 하셨음에 감사드립니다. 소망으로 가득하여 주님의 길에서 살아가는 가족들에게 평강의 은혜를 더하시옵소서.

|이어서 이 가정 형편에 따른 하나님의 도우심을 구체적으로 간구한다.|
우리의 보호가 되신 예수님의 이름으로 기도드립니다. 아멘

성묘 추모예배(5)

은혜로 구원을 받은 것이라
기도를 이끌어주는 말씀 / 엡 2:5

자손들의 삶을 형통하게 하시는 하나님,

천국의 자녀 됨을 풍성하게 누리면서 살아오도록 해주신 여호와의 이름에 찬송을 올려드립니다. 이 가정을 위하여 하늘의 문을 여시고, 이미 많은 복으로 살게 하셨음에 감사드립니다.

주님의 이름으로 예배드립니다. 고○○○님이 가지셨던 그 신앙으로 예배하는 자손이 되게 하시옵소서. 아버지 하나님의 자비로우심으로 살아온 날들을 기억하면서, 주님을 경배하게 하시옵소서. 주님의 성령으로 속마음을 더욱 강하게 만들어 주시기를 원합니다.

지금, 고○○○님에 대한 추모를 예배로 영광을 드릴 때, 가정에 복이 넘치고 자손들이 형통하게 하시옵소서. 지금, 마음을 모아 기도와 찬송을 드림으로써 주님께만 영광이 되기를 원합니다.

이 시간에, 하나님의 말씀을 높이 받들기 원합니다. 믿음에서 믿음으로 이르는 말씀을 주시옵소서. 저희의 심령을 진리로 채워 주시옵소서.

믿음으로 사는 일이 세상을 거절하는 것이기에 때로는 힘이 들기도 합니다. 고인이 사셨던 생활은 유혹과 핍박이 끊이지 않는 것이었습니다. 그러나 그 모든 유혹을 하나님 앞에서 물리치셨습니다. 저희들에게 고인의 신앙을 흠모하며 살아가도록 이끌어 주시옵소서.

|이어서 이 가정 형편에 따른 하나님의 도우심을 구체적으로 간구한다.|

기도의 문이 되어주신 예수님의 이름으로 기도드립니다. 아멘

성묘 추모예배(6)

찬송을 내 입에 두셨으니
기도를 이끌어주는 말씀 / 시 40:3

경배를 받으실 거룩한 이름의 하나님,
  고○○○님의 가정을 복되게 하셔서, 이 시간에 성묘하며 예배하게 하셨음에 감사드립니다. 마음 깊은 곳에서 우러나오는 믿음과 감격으로 하나님의 이름을 높여드립니다. 저희들로부터 경배를 받으실 거룩한 이름 아래 무릎을 꿇었으니 예배를 받으옵소서. 소제를 받으시고, 번제를 거두시는 하나님께 드리는 예배의 거룩한 시간이 되게 하시옵소서.
  여호와께서 이 가정에 복음의 빛을 비추어 주셨음에 감사드립니다. 이 집안의 지체들에게 거룩한 소명을 주셨으니, 저들이 각각 자신의 자리에서 성령님께 붙들려 복음의 일꾼으로 살게 하시옵소서. 믿음의 자손들이 여호와의 영광을 구하며 살게 하시고, 언제나 기도하는 은혜를 주시옵소서. 사랑하는 지체들에게 사탄이 틈을 타지 못하도록 보호해주시고, 하나님의 권속으로 강건하게 지내도록 인도해 주시옵소서.
  영광의 나라에 들어가셔서 영생복락을 누리고 계실 고인을 뒤따르기 바라오니, 하나님의 이름을 찬송하는 귀한 이 자리에 영광을 나타내 주시옵소서. 사랑하는 저희들, 후손을 새롭게 하여 주시는 하나님께 영원히 영광을 드리는 예배가 되기를 소망합니다. 마음을 다하여 하나님을 사랑하고, 정성으로 예배하게 하시옵소서.

|이어서 이 가정 형편에 따른 하나님의 도우심을 구체적으로 간구한다.|
  날마다 힘이 되어주시는 예수님의 이름으로 기도드립니다. 아멘

B. 장례예식

임종예배(1)

영생을 얻어 사망에서 생명으로
기도를 이끌어주는 말씀 요 3:16

영생의 소망을 주신 하나님,
주 안에서 한평생을 곱게 믿음을 지키며 살아오신 ○○○ (직분)님의 임종을 아름답게 하시옵소서. 모든 수고와 시련을 끝내고 주님의 품 안에서 영원한 안식을 얻도록 이끌어 주시옵소서. 하나님께서 사랑하시는 고인이 주님을 찬양하면서 병고를 견디어내게 하심을 감사드립니다.
주님을 사랑하고 교회를 위해서 수고를 아끼지 않은 ○○○ (직분)님을 축복합니다. 사랑하는 지체가 여호와께 아름다운 생애를 사셨음에 감사드립니다.
생명의 말씀을 주실 것을 기다립니다. 목사님께서 말씀을 강도하실 때, 미쁘게 듣는 귀를 갖게 해 주시옵소서. ○○○ (직분)님과 저희들에게 그 말씀을 귀하게 여겨 마음으로 받도록 하시옵소서. 믿음을 지키며 살아오신 종에게는 격려가 되는 말씀이 되고, 가족에게는 위로의 메시지가 되기를 원합니다.
우리가 주님의 높고 크신 경륜을 다 깨닫지 못하오나 저희들로 하여금 주님의 약속과 영생의 복음을 확실히 믿게 하시옵소서. 이 땅에서 환난과 역경을 이기며 하늘의 소망을 빼앗기지 않게 함께하여 주옵소서.

|이어서 장례예식을 치르는 가정에 채워질 하나님의 은총을 간구한다.|
슬픈 자의 편이 되신 예수님의 이름으로 기도드립니다. 아멘

임종예배(2)

수고를 그치고 쉬는 복
기도를 이끌어주는 말씀 / 고전 15:55-57

곧 주님의 품으로 안기시는 ○○○ (직분)님을 축복합니다. 저가 세상에 사는 동안에 하나님의 나라를 위해서 수고를 다하였사오니, 천국 창고에 쌓여있는 보배들을 보게 하시옵소서. ○○○ (직분)님이 주님 앞에 순복하며 주님을 구세주로 영접하여 영생을 얻어, 세상에 살 때 선한 모습으로 우리에게 본이 된 삶을 살게 하심을 감사드립니다. 우리도 그의 뒤를 따라 하나님의 영원한 나라의 유업을 받게 하여 주옵소서.

○○○ (직분)님이 오직 예수님만을 사랑하고 사셨던 그 삶을 후손들이 이어가게 하시옵소서. 지금까지 지내오시는 중에, 단 한 번도 믿음에서 떠나지 않고 자기를 지키신 그 모습이 이어지게 하시옵소서.

여호와께 존귀한 가정을 믿음의 가정으로 든든히 세워 주시옵소서. 슬픔과 낙망 속에 살지 않고 하늘나라의 소망을 갖고 살게 하시옵소서.

시간이 되어 그렇게 기다렸던 천성을 향한 길에 들어섰사오니, 천국 길에 함께 해주시옵소서. 힘이 있게 하시고 주님을 뵙게 될 시간에 슬기로운 다섯 처녀처럼 졸지 않고 천국으로 들어가기를 소망합니다.

이 장례 절차를 모두 주님께서 맡아 주관하시고, 이 가정을 위로하시며 또한 수고하는 모든 분들께 주님의 크신 은혜를 더하여 주시옵소서. 특별히 남아있는 가족을 붙들어 주시옵소서.

|이어서 장례예식을 치르는 가정에 채워질 하나님의 은총을 간구한다.|
왕의 왕이신 주, 예수님의 이름으로 기도드립니다. 아멘

임종예배(3)

하늘에 있는 영원한 집
기도를 이끌어주는 말씀 / 고후 5:1-3

하늘에 있는 영원한 집을 사모하게 하신 하나님,
여호와께서 주셨던 나그네의 삶을 신실하게 사셨던 ○○○님이 아버지의 집으로 찾아갑니다. 저가 이 땅에 있는 동안에 하늘에 있는 영원한 집을 사모하게 하셨사오니 감사드립니다.
이 시간에, 저희들을 위해 피를 흘려주셨던 주님의 십자가를 붙잡고 그리던 본향으로 가게 해주셨음에 감사드립니다. 천군과 천사들의 호위를 받으며 아버지의 나라에 들어감을 믿습니다. 믿음의 생활을 끝까지 지키도록 하신 은혜를 찬미하는 저희들이 되게 하시옵소서.
이 시간에 목사님께서 전해주시는 하나님의 말씀이 축복이 되기를 원합니다. 위로를 받고, 천국의 소망을 확신하게 하시옵소서.
하늘의 집에 이르게 하시는 여호와께 찬양을 올려드립니다. ○○○님이 이 땅에서 지내던 동안 그 기도를 들어주셨던 하나님께서 그 다정하신 팔을 벌려 영접해 주시옵소서. ○○○님이 천국의 문에 들어서는 시간에 영화로운 잔치가 열리게 해 주시옵소서.
하나님께서 허락해주셨던 동안 살았던 몸을 흙으로 돌려보내는 저희들에게 은혜를 내려 주시옵소서. 주 안에서 이루어지는 거룩한 장례식이 하나님께 영광이 되고, 유족들에게는 은혜의 행사가 되게 하옵소서.

|이어서 장례예식을 치르는 가정에 채워질 하나님의 은총을 간구한다.|
천국을 주신 주, 예수님의 이름으로 기도드립니다. 아멘

임종예배(4)

한 성을 예비해주신 하나님
기도를 이끌어주는 말씀 / 히 11:16

죽음을 준비하게 해주신 하나님,
한평생을 곱게 믿음을 지키며 살아오신 권사님의 임종이 아름답게 하옵소서. 주님의 품에서 죽음을 기다리는 ○○○ 권사님에게 힘을 주옵소서. 주님을 찬양하면서 병고를 견디어내게 하심을 감사드립니다.
많은 이들이 자신의 죽음 앞에서 원망하고, 불평하지만 ○○○ 권사님은 죽음을 감사함으로 맞이하고 계십니다. 성령님께서 그 육체를 지켜주시며 괴로움을 이기게 하셨고, 기도하게 하셨음에 감사드립니다. 인간적으로는 고통스러웠으나, 불평 한 마디 없이 견디셨음을 기억합니다.
이제, ○○○ 권사님은 모두가 사모하는 더 나은 본향으로 가심을 자랑스러워하는 가족이 되기 원합니다. 그렇게 천국을 사모하시던 권사님을 보내드리는 영광을 누리게 된 가족들에게 은혜를 주옵소서. 어머니의 신앙을 나의 신앙으로 이어받는 자녀들이 되게 하시옵소서.
말씀을 준비해주신 목사님께 영력을 더하여 주시옵소서. 그의 입술로 전해주시는 하나님의 말씀으로 천국을 바라보게 하시옵소서.
언제나 저희들에게 신앙의 도전이 되셨던 ○○○ 권사님과 헤어질 시간이 가까워졌습니다. 앞으로 남은 권사님의 임종과 장례 절차를 통해서 하늘의 은혜를 맛보게 하시옵소서.

|이어서 장례예식을 치르는 가정에 채워질 하나님의 은총을 간구한다.|
눈물을 닦아주시는 예수님의 이름으로 기도드립니다. 아멘

임종예배(5)

장막을 벗어날 때가 임박한
기도를 이끌어주는 말씀 / 벧후 1:13-14

천국을 바라보고 찬송을 부르게 하신 하나님,
육신의 생명이 다하는 이 시간에 감사를 드립니다. 주님께서 베풀어 주셨던 은총을 기억하시는 ○○○ 집사님으로 인하여 찬양을 드립니다. 모든 만물도 집사님의 임종에 주님의 사랑을 기뻐하여 찬양합니다.
인생을 향하신 성령님의 도우심과 위로의 역사가 있으시기를 소원합니다. ○○○ 집사님의 연약한 육체는 생명의 기운을 다하여 가족들이 서운해 하고 있지만, 집사님은 오히려 천국을 바라보고 찬송을 부르시니 저희들에게 위로와 용기를 주고 계십니다.
목사님께서 말씀을 전하실 때, 하늘의 신령한 은혜가 나타나고, 저희들은 영생을 향한 복스러운 소망으로 새롭게 되게 하옵소서. 집사님과 같이 하는 저희들에게 영생의 확신을 갖게 되는 시간이 되게 하옵소서.
사랑하는 가족을 위로합니다. 남편을 먼저 하나님의 품으로 보내고 혼자 살아가야 하는 성도님을 위로해 주옵소서. 육신의 아버지를 더 이상 볼 수 없게 된 자녀들을 위로해 주옵소서. 이제부터 하나님께서 친히 호주가 되셔서 이 가족들을 보살펴 주시기를 간절히 구합니다.
예배하는 동안에 하나님이 영으로 충만하게 하시옵소서. 하나님 앞에서 거룩한 예식으로 장례의 절차가 진행되도록 도와 주시옵소서.

|이어서 장례예식을 치르는 가정에 채워질 하나님의 은총을 간구한다.|
믿음으로 천국에 가게 해주신 예수님의 이름으로 기도드립니다. 아멘

임종예배(6)

생애에 약속되었던 복이
기도를 이끌어주는 말씀 / 시 23:1-6

생애에 약속되었던 복을 누리게 하신 하나님,

지금 이 가정에 주님의 긍휼이 있기를 원합니다. 날마다 큰 은혜 안에서 지내던 중, ○○○ 장로님의 임종을 위해서 머리를 조아렸습니다. 자신의 죽음 앞에서도 흔들림이 없으신 장로님의 모습에 감사합니다.

하나님 앞에서 의롭게 살아오셨던 ○○○ 장로님의 돌아가심을 앞에 놓고 예배합니다. 귀하게 쓰임을 받으시다가, 주 아버지의 품으로 돌아가시려 하오니 감사드립니다. 신앙의 본이 되셨던 장로님과 함께 예배를 드리던 시간을 기억하며 하나님께 영광을 드립니다.

장로님의 자손들과 성도들이 모여 예배하게 하시니 오직 영광을 받아주옵소서. 장로님의 손을 잡아주시며, 저의 평생에 선하심으로 인도하셨던 주님을 묵상하는 한 시간이기를 소망합니다.

거룩한 시간에, 사탄이 틈을 타지 않도록 막아주시옵소서. 슬퍼할 수밖에 없는 가족에게 천국을 소망하는 기쁨을 안겨주시옵소서.

천국의 복을 누리는 가정으로 ○○○ 장로님의 가족에게 은총을 내려주심에 감사드립니다. 장로님 부부가 신앙에 모범이 되게 하시고, 자녀들 역시 부모의 경건을 본받아 의롭게 살게 하셨습니다. 종의 생애에 약속되었던 복이 남김없이 유족들에게 이루어지게 하옵소서.

|이어서 장례예식을 치르는 가정에 채워질 하나님의 은총을 간구한다.|
위에 계신 친구, 예수님의 이름으로 기도드립니다. 아멘

위로예배(1)

시온의 대로가 있는 자
기도를 이끌어주는 말씀 / 시 84:4-7

하나님의 사람, ○○○ (직분)님이 이 땅에서 계실 동안에 주 안에서 하나님을 사랑하며 지내시다가 육신의 생명이 다하게 된 이 시간에, 감사드립니다. 사랑하는 지체를 위해서 예비하신 하늘의 복으로 고○○○ (직분)님과 이 가정을 둘러 주시옵소서.

한없이 연약한 인생을 긍휼히 여겨 주시옵소서. ○○○ (직분)님이 세상에 있을 때 예수님을 믿고 구원을 얻어 하늘의 영원한 기업을 누리게 하신 것을 감사드립니다. 평생의 삶을, 주님께서 베풀어 주셨던 은총을 기억하며 지내셨던 고인으로 인하여 저희들은 영광을 드립니다.

○○○ (직분)님을 위하여 말씀을 들려주실 목사님을 강건케 하시옵소서. 천국의 영권을 주시고 권능과 지혜로 함께 해주시옵소서. 그 말씀으로 저희를 깨우치시며, 저희들에게 기쁨과 은혜와 소망을 갖도록 인도해 주시옵소서.

지금, 모든 만물도 ○○○ (직분)님의 임종에 주님의 사랑을 기뻐하여 찬양할 줄로 믿습니다. 존귀한 성도의 영혼을 받으셨으니, 이제 저희들은 감사하면서 장례를 준비하게 하시옵소서. 이제, 고인이 하다가 남겨 놓은 일들이 있사오니, 저가 가졌던 열심을 저희들에게 주셔서 그 일을 잘 감당하게 하시옵소서.

|이어서 장례예식을 치르는 가정에 채워질 하나님의 은총을 간구한다.|
어둠이 없는 곳을 바라게 하신 예수님의 이름으로 기도드립니다. 아멘

위로예배(2)

거룩함에 흠이 없게
기도를 이끌어주는 말씀 / 살전 3:11-13

　고○○○ (직분)님은 믿음의 장부로 살아오셨고, 후배가 되는 저희들에게 신앙의 귀감이 되셨습니다. 주님의 거룩한 일이라면 시간과 물질 그리고 지혜로 수고를 다하셨던 그 모습은 저희들에게 고스란히 교훈이 되었습니다. 흠모할 만한 신앙의 삶을 사셨던 고인을 알고 있는 것으로 저희들은 즐거움이었습니다. 성령님과 동행하기를 즐거워했고, 성령님의 충만한 종이셨습니다. 그의 헌신과 수고로 말미암아 교회가 크게 부흥하였음에 감사드립니다.
　하나님의 말씀으로 권면하실 목사님께 성령님의 능력이 있기를 소원합니다. 이 가정을 축복하사 성도님의 심령이 하나님의 은혜로 충만하여 말씀을 붙들고, 세상을 이길 수 있는 힘을 얻게 하시옵소서. 고인의 신앙을 유업으로 물려받는 가족이 되게 해 주시옵소서.
　저희들에게 그동안, 참 즐거운 시간을 주셨음에 하늘의 소망을 둡니다. 교회 안에서 고○○○ (직분)님과 신앙생활을 할 수 있었음은 저희들에게 축복된 일이며 특권이었습니다.
　장례예식이 진행되는 기간에, 사탄이 일체 틈을 타지 못하도록 막아주시옵소서. 오직, 하나님께서 이 기간을 지켜주시옵소서.

　|이어서 장례예식을 치르는 가정에 채워질 하나님의 은총을 간구한다.|
　소망이 되신 주, 예수님의 이름으로 기도드립니다. 아멘

위로예배(3)

전통을 지키는 신앙
기도를 이끌어주는 말씀 / 고전 11:1-2

하늘의 문을 열어주시는 하나님,

한 몸이 되어 살았던 ○○○님을 하나님의 나라로 보내고 혼자 남겨진 것만 같은 서운함으로 힘들어 하시는 ○○○님을 위로해 주시옵소서.

저희들이 예배하는 지금, 영과 진리로 여호와를 주목하게 하시옵소서. ○○○님이 계시지 않아 텅 빈 것만 같은 이 가정에 성령 하나님의 은혜가 가득하게 임하게 하시옵소서. 고인을 추억하면서 그의 아름다웠던 신앙을 본받게 하시는 여호와께 찬양을 올려드립니다.

머리를 숙인 지금, ○○○님의 모습이 새롭습니다. 기쁘고 감격에 찬 모습으로 찬송을 부르시던 얼굴이 저희들의 가슴에 더욱 새로우니, 그 헌신의 모습을 저희들이 본받게 하시옵소서. 하나님의 말씀을 대하실 때는 언제나 아멘으로 받으시고, 그 말씀을 따르지 못할 때는 안타까움의 눈물을 보이시던 모습이 저희들의 것이 되게 하시옵소서.

이제는 생전의 ○○○님이 기도하시던 복이 하나님의 응답으로 나타날 것을 기다리는 자녀들이 되게 하시옵소서. 여호와의 복을 바라보는 유족들이 되도록 이끌어 주시옵소서. 장례의 기간에 하나님의 영으로 충만하게 하시옵소서. 사탄이 조금도 기웃거리지 않게 하시옵소서. 하나님께 영광을 드리는 시간이 되게 하시옵소서.

|이어서 장례예식을 치르는 가정에 채워질 하나님의 은총을 간구한다.|
우리를 위해 죽으신 예수님의 이름으로 기도드립니다. 아멘

위로예배(4)

재림하시는 그리스도
기도를 이끌어주는 말씀 / 살전 4:13-18

부활의 소망이 되시는 하나님,

○○○님이 남겨놓은 몸 앞에 사랑하는 지체들이 모였습니다. 저의 영혼이 하나님께 부름을 받은 그때로부터 하관예식이 진행되기까지의 장례절차를 하나님께 올려드립니다.

부활의 소망이 되시는 주 여호와의 이름을 높여드립니다. 이 시간의 예배가 여호와께 드리는 산 제사가 되기 원합니다. 예배의 한 시간으로 말미암아 저희들에게는 하늘에서부터 내려지는 은혜와 복을 받게 하시옵소서. 언제일지 몰라도 곧 다시 천국에서 기쁨으로 고인과 상봉하기를 고대하는 마음을 갖게 하시옵소서.

그동안에 고와 낙을 함께 했던 배우자를 주님의 품으로 보내고 혼자가 된 ○○○님을 위로해 주시옵소서. 부모 두 사람 중에 한 분만 남게 되었사오니, 자녀들에게는 더욱 ○○○님을 사랑해 드리고 공경하기를 다짐하도록 이끌어 주시옵소서. 이 가정을 복되게 하시옵소서.

이 자리에 함께 한 저희들에게는 다시금 인생은 흙으로 돌아간다는 엄숙한 경고의 음성을 듣는 은혜를 받게 하시옵소서.

장례예식이 진행되는 동안에, 사람에게나 어떤 일들로 말미암아 사탄이 틈을 타지 않게 하시옵소서. 하나님의 영이 다스려 주시옵소서.

|이어서 장례예식을 치르는 가정에 채워질 하나님의 은총을 간구한다.|
괴로움을 그쳐주신 예수님의 이름으로 기도드립니다. 아멘

위로예배(5)

여호와를 경외하는 자
기도를 이끌어주는 말씀 / 시 25:10-15

믿음의 생활을 하게 하시는 하나님,

저희들과 한 교회에서 지체가 되었고, 믿음의 생활을 한다는 것으로 행복했던 고○○○님을 생각하며 예배합니다. 해 아래서 사람은 누구나 죽음의 길을 가지만 고인의 죽음은 이 가족에게 너무 큰 슬픔입니다.

하나님의 경륜에 따라 ○○○○년에 세상에 보내져, ○○년 동안 사셨던 ○○○님을 기뻐합니다. 사랑하는 종과 함께 살았던 그동안의 시간은 저희들에게 축복이었습니다. 고인을 추억하면서 그의 몸을 보내드리는 일이 거룩한 장례 기간이 되게 하시옵소서.

고인이 이 땅에 남긴 몸을 저희들의 사랑과 수고로 본향으로 보낼 수 있게 하셨습니다. 슬픔 속에서도 하나님의 영광을 구한 유족들을 위로해 주시옵소서. 헤어짐의 눈물을 찬송으로 바꾼 저들의 마음을 어루만져 주시옵소서. 자녀에게 약속된 거룩함에 참여하게 하시옵소서.

이 시간에, 천국에서 만날 것을 바라보면서 예식에 참여한 저희들에게 은총을 내려 주시옵소서. 안타까운 마음으로 임종을 지키게 하시고, 그동안의 장례 절차를 지켜 주셨던 그 은혜로 이 예식이 진행되기를 소망합니다. 이 기간에도 저희들은 사탄을 대적하는 것을 잊지 않게 하옵소서. 사탄이 훼방하지 않고, 성령님께 충만한 예식이 되게 하옵소서.

|이어서 장례예식을 치르는 가정에 채워질 하나님의 은총을 간구한다.|
임마누엘의 주, 예수님의 이름으로 기도드립니다. 아멘

위로예배(6)

그리스도 안에서의 죽음
기도를 이끌어주는 말씀 / 살전 4:16

인생의 뜻을 깨닫게 하시는 하나님,
  참으로 오랫동안 저희들과 같이 지냈던 고○○○ 집사님을 기억합니다. 고인이 본향으로 돌아가셨으니, 삶의 진리를 확실히 깨달아 하나님은 주시는 분이시며, 취하시는 분이심을 잊지 않게 하시옵소서.
  흠모할 만한 신앙의 삶을 사셨던 고인을 알고 있는 것으로 저희들은 즐거움이었습니다. 그의 헌신과 수고로 말미암아 교회가 크게 부흥하였음에 감사드립니다. 이 자리에 있는 저희들은 영원한 집의 관문을 바라보게 하시옵소서. 우리들의 생명과 모든 소유와 복락과 자연도 다 하나님의 것임을 인정해드리게 하옵소서. 이 예배로 인하여 영광을 하나님께 드리고 인생의 뜻을 깨닫게 하시옵소서. 말씀으로 저희를 위로하실 목사님께 은총을 더하여 주시기를 소망합니다.
  고○○○ 집사님의 가족을 축복합니다. 고인이 주님의 사랑 안에서 자녀들을 훌륭하게 키울 수 있게 하셨사오니 감사드립니다. 귀한 자녀들이 믿음의 세계에서만 아니라, 세상에서도 머리가 되고, 남들을 지도할 만한 위치에 있게 하시옵소서.
  사랑하는 지체와 이별한 슬픔을 틈타서 사탄이 역사하지 못하도록 막아주시옵소서. 성령님께서 유족과 이 가정을 보호해 주시옵소서.

|이어서 장례예식을 치르는 가정에 채워질 하나님의 은총을 간구한다.|
나의 심령에 계신 주, 예수님의 이름으로 기도드립니다. 아멘

입관예배(1)

의의 면류관이 예비 되었으므로
기도를 이끌어주는 말씀 / 딤후 4:8

성령님의 사람으로 살도록 하신 하나님,
　인류의 역사와 개인의 생사화복을 주관하시는 하나님께 찬양과 영광을 돌려드립니다. 지금, 저희들은 이 세상을 떠나 하나님 앞으로 가신 고○○ (직분)님의 장례식을 거행하려고 이곳에 모였습니다.
　슬픈 마음을 가지고 하나님 앞에 머리 숙인 이 무리에게 위로를 내려 주시기를 기도합니다. 이 예식에 성령님의 위로하심과 은혜를 주심이 있기를 소망합니다. 고인과 이별하여 서운해 하는 가족들이 하나님께 영광을 드리는 예식이 되도록 입관의 모든 행사를 주관해 주옵소서.
　고○○○ (직분)님의 육신을 입관하면서 예배하오니 영광을 받아주옵소서. 세상에서의 불신과 부덕한 것으로부터, 만세반석 되시는 주님의 따뜻한 사랑의 품으로 들어가는 고인의 믿음을 저희들도 본받게 하시어 신앙의 승리자가 되게 하옵소서.
　하나님의 말씀을 기다립니다. 목사님께 성령님의 역사가 함께 하사, 말씀을 대언하실 때, 크신 은혜로 더하여 주시옵소서.
　영혼이 잘 됨 같이 범사가 잘 되고, 강건하기를 원하시는 하나님의 은혜가 이 가정에 넘치기를 소망합니다. 장례예식의 기간 내내 하나님의 영광을 보여주시옵소서.

|이어서 장례예식을 치르는 가정에 채워질 하나님의 은총을 간구한다.|
하늘을 소망하게 해주신 예수님의 이름으로 기도드립니다. 아멘

입관예배(2)

아침에 피어 저녁에 시드는 꽃
기도를 이끌어주는 말씀 / 시 90:1-6

성도의 죽음을 바라보시는 하나님,
　고○○○ (직분)님이 주님의 품에 고이 안기게 해주시옵소서. 주님의 보혈로 고인을 구원에 이르게 하셨고, 이 땅에서 사는 동안 주님의 제자로 살게 하셨사오니 입관의 예식에 찬양을 받으시옵소서. 이 예식에 성령님의 위로하심과 은혜 주심이 있기를 소망합니다. 저희들로 하여금 주님의 약속과 영생의 복음을 확실히 믿고 이 땅에서 환난과 역경을 이기며 하늘의 소망을 빼앗기지 않게 하여 주옵소서.
　고○○○ (직분)님이 믿음으로 주님 앞에 순복하며 주님을 구세주로 영접하여 영생을 얻어, 세상에 살 때 선한 모습으로 우리에게 본이 된 삶을 살게 하셨음을 감사합니다. 우리도 그의 뒤를 따라 하나님의 영원한 나라의 유업을 받게 하여 주옵소서.
　하나님의 말씀을 듣게 하시니 감사합니다. 말씀을 전하시는 목사님과 함께 하셔서 생명을 구원하는 능력의 말씀을 전하시도록 하옵소서.
　이 예식의 절차를 모두 주님께서 맡아 주관하시고, 이 가정을 위로해주시옵소서. 이 가문에 여호와의 은혜가 시온에서부터 흘러옴을 누리며, 수고하는 모든 분들께 주님의 크신 은혜를 더하여 주옵소서.

|이어서 장례예식을 치르는 가정에 채워질 하나님의 은총을 간구한다.|
　영생의 복을 주신 예수님의 이름으로 기도드립니다. 아멘

입관예배(3)

보좌 앞과 어린 양 앞에서
기도를 이끌어주는 말씀 계 7:9-12

천국을 소망하는 마음을 주시는 하나님,
　사랑하는 이와 헤어진 유족들에게 하나님의 손길로 만져 주심이 있기를 소망합니다. 어린 자녀들의 슬픔이 더욱 클 수밖에 없사오니, 성령님의 위로하심과 소망으로 만져 주심을 바랍니다. 저들에게 고○○○님이 먼저 가신 천국을 소망하는 마음을 주시옵소서.
　주의 가정에 천국에 입성하는 이가 있는 영광을 주셨으니 감사합니다. 유족과 함께 한 ○○의 지체들이 예배할 때, 하늘에서 천국과 천사들의 화답이 있으시기를 빕니다. 이 가정에는 영화로운 죽음을 보게 하셨사오니 저희들 모두 즐겁습니다. 고인은 믿음을 지키고 달려갈 길을 마치신 승리자가 되셨음에 그 자세를 본받는 이 자리가 되게 하시옵소서.
　복스러운 시간에 하나님의 말씀으로 위로하실 종에게 신령한 은총을 더하시옵소서. 그 말씀이 유족에게는 격려가 되고, 함께 신앙생활을 하다가 남은 자가 된 저희들에게는 위로가 되기를 소망합니다. 이제, 이후의 모든 절차에도 하나님의 영광이 나타나도록 하시옵소서.
　이 기간에도 저희들이 사탄을 대적하는 것을 잊지 않게 하시옵소서. 사탄이 훼방하지 않고, 성령님께 충만한 예식이 되게 하시옵소서.

|이어서 장례예식을 치르는 가정에 채워질 하나님의 은총을 간구한다.|
　우리의 천국의 소망이신 예수님의 이름으로 기도드립니다. 아멘

입관예배(4)

여호와께 귀중한 죽음
기도를 이끌어주는 말씀 / 시 116:12-16

죽음을 귀중히 보시는 하나님,
　존경을 받으셨던 고○○○님이 먼저 하나님의 부르심을 받으셨기에 감사드립니다. 짧은 시간이었으나 함께 지냈던 정이 새삼 그리워 눈물이 앞을 가립니다. 그의 정겨운 눈빛과 깊은 사랑의 목소리를 다시 들을 수 없다는 서운함이 저희들을 더없이 슬프게 합니다.
　죽음을 귀중히 보시는 여호와께 영광을 드리게 하시옵소서. 유족과 여기에 모인 이들에게 영과 진리로 예배하게 하시옵소서. 고인의 입관으로 하나님께서 취하실 영광을 바치게 하시옵소서.
　그러나 이 헤어짐의 슬픔도 잠깐 아버지의 품에서 다시 만날 기약을 생각할 때 위로가 됩니다. 여기에 있는 저희들보다 먼저 가서 천국의 기쁨을 누리실 것을 바라보니 마음이 든든해집니다.
　고○○○님이 평생의 삶을 통해서 저희들에게 남겨준 믿음의 본을 따르는 유족들이 되게 하시옵소서. 신앙의 모범과 아름다운 정절을 자기들의 것으로 삼게 하시옵소서. 고인에게 약속해 주셨던 후손에 대한 복을 풍성히 누리는 자손들로 이끌어 주시옵소서.
　예배하는 동안에 하나님의 영으로 충만하게 하시옵소서. 하나님 앞에서 거룩한 예식으로 장례의 절차가 진행되도록 도와주시옵소서.

|이어서 장례예식을 치르는 가정에 채워질 하나님의 은총을 간구한다.|
　영원한 집을 주신 예수님의 이름으로 기도드립니다. 아멘

입관예배(5)

아버지의 신앙을 물려받는 자손
기도를 이끌어주는 말씀 / 눅 16:22

부모의 신앙을 잇게 하시는 하나님,

고○○○님이 남기신 육체의 몸을 모시기 위해서 모였습니다. 이 예식에, 성령님의 위로하심과 은혜를 내려 주시옵소서. 이 예배에 하나님의 말씀을 듣게 하시니 감사합니다. 말씀을 전하시는 목사님과 함께 하셔서 생명을 구원하는 능력의 말씀을 전하시도록 해주시옵소서.

먼저, 간구하기는 유족들에게 은혜를 내려 주시옵소서. 고인이 믿음으로 살다가 그 생명을 하나님께 드렸음에 자부심을 갖게 하옵소서. 그리고 이 예식에 참여한 모든 이들로 거룩하게 하시옵소서.

이제, 저희들은 고인과 헤어져 슬픈 것이 아니라, 저희들이 그토록 바라던 천국에 고○○○님이 먼저 가셨기에 승리의 노래를 불러드립니다. 고인의 몸을 장례하는 일에 거룩하게 수종을 드는 저희들이 되게 하시옵소서.

지금, 고인의 몸에 한 번도 입지 않았던 새 옷을 입혀드리려 합니다. 그 옷을 통해서 저희들은 천국에서 주님께서 고인에게 입혀주신 영화로운 옷을 보게 하시옵소서.

거룩한 시간에, 사탄이 틈을 타지 않도록 막아 주시옵소서. 슬퍼할 수밖에 없는 가족에게 천국을 소망하는 기쁨을 안겨주시옵소서.

|이어서 장례예식을 치르는 가정에 채워질 하나님의 은총을 간구한다.|
기쁨의 근원이 되신 예수님의 이름으로 기도드립니다. 아멘

입관예배(6)

하나님께서 기억해주시는 성도
기도를 이끌어주는 말씀 / 창 3:19

평생을 하나님을 사랑하며 살게 하시는 하나님,
인간의 생사화복을 주장하시는 주님의 다스림 속에서 고○○○님이 살아오셨습니다. 하나님의 은혜를 입은 고인이 장수의 복을 누리시어 이제까지 살아오셨으니, 이제까지 붙들어 주신 여호와의 이름을 높여드립니다. 저의 생명이 다한 지금, 하나님께서 고인을 기억하여 주옵소서.
저희들의 곁을 떠난 고인을 생각할 때, 넛시의 하나님을 묵상하게 됩니다. 주님께서는 고인의 삶 속에서 승리하셨습니다. 평생을 하나님을 사랑하면서 사셨던 고인이 천국에서 승리의 찬양을 부르실 것이라 믿을 때, 감격스러움을 고백합니다.
인생의 끝에 질병으로 시달리셨으나, 주님의 신부처럼 단장하여 사셨던 고○○○님의 몸을 입관하려 합니다. 하나님께서 주신 거룩한 몸을 잘 보존했다가 흙으로 돌아가게 하셨으니 감사드립니다.
저희들에게 부활과 영생을 보증해 주셨음을 감사합니다. 주님께서 천사장의 나팔소리와 함께 영광의 몸으로 부활하게 하사 주님의 영광 속에 영원히 거하게 하시옵소서.
장례예식이 진행되는 기간에, 사탄이 일체 틈을 타지 못하도록 막아주시옵소서. 오직, 하나님께서 이 기간을 지켜 주시옵소서.

|이어서 장례예식을 치르는 가정에 채워질 하나님의 은총을 간구한다.|
면류관의 보장이 되신 예수님의 이름으로 기도드립니다. 아멘

장례예배(1)

더 나은 본향을 사모하라
기도를 이끌어주는 말씀 / 히 11:14-16

고○○○ (직분)님이 저희들에게 남기신 몸을 장사지내려고 이 자리에 모였습니다. (직분)님이 주님이 예비해주신 새 집으로 가셨기에, 저희들에게 예배하는 마음을 주시옵소서.

이 시간에, 유족들의 눈에 고인 눈물을 거두어 주시고, 가슴 속에 맺힌 답답한 아픔을 제하여 주시옵소서. 신령한 하나님의 나라를 똑똑히 바라보게 하옵소서. 이 자리에 함께 모인 이들에게 예비하신 나라를 유업으로 받도록 허락하옵소서.

저희들이 예배할 때, 성령님의 충만하심이 나타나게 하옵소서. 이 예배의 찬양을 담당하는 성가대원들의 찬양이 하늘에 울려 퍼지기를 원합니다. 목사님의 설교가 소망과 위로의 메시지가 되게 하옵소서. 말씀을 전해 주실 목사님에게 성령의 능력이 더하시기 바라며, 말씀 속에서 저희들이 거듭나게 하옵소서. 아버지 하나님께서 약속하신 말씀이 이루어지는 복된 시간이기를 소망합니다.

고인의 영혼을 받으시고, 장례의 모든 절차들이 진행되는 동안에 은혜를 베푸실 하나님의 손길을 유족과 성도들이 바라보게 하시옵소서.

거룩하고 복된 장례예식에, 사탄의 방해가 조금도 없게 하시옵소서. 하나님께 영광을 드리는 시간이 되게 하시옵소서.

|이어서 장례예식을 치르는 가정에 채워질 하나님의 은총을 간구한다.|
사랑하게 하시는 예수님의 이름으로 기도드립니다. 아멘

장례예배(2)

모든 눈물을 그 눈에서 닦아 주시니
기도를 이끌어주는 말씀 / 계 21:4

눈물을 그 눈에서 닦아 주시는 하나님,
한없이 연약한 인생을 긍휼히 여겨 주시옵소서. 지금 저희들은 이 세상을 떠나 하나님 앞으로 가신 고○○○ (직분)님의 장례식을 거행하려고 이곳에 모였습니다. 슬픈 마음을 가지고 하나님 앞에 머리 숙인 이 무리에게 위로를 내려 주시기를 기도합니다.
고○○○ (직분)님이 세상에 있을 때 하나님께서 사랑하시고 택하사 예수 그리스도를 믿어 구원을 얻고 하늘의 영원한 기업을 누리게 하여 주신 것을 감사합니다. 간구하기는 이 장례를 주께서 은혜로 주관하사 슬픔을 당한 이들에게 위로와 힘을 주시옵소서.
이곳에 모인 저희들도 하나님께 굳센 믿음을 가지게 하여 주옵소서. 이 예배에서 하나님의 말씀을 듣게 하시니 감사합니다. 생명을 구원하는 능력의 말씀을 전하시도록 목사님과 함께 하시옵소서.
고인의 자녀와 그의 식구들을 위해서 간구하오니, 슬픔을 당한 이들에게 위로와 힘을 주옵소서. 혹시 아직도 하나님을 섬기지 않는 골육친척이 있다면, 예수님을 구주로 영접하는 믿음을 갖기를 원합니다. 오늘, 저희들에게 천국을 사모함을 다시 한 번 새롭게 해주시옵소서. 영원한 하나님의 집에서 다시 만날 기약을 다짐하게 하시옵소서.

|이어서 장례예식을 치르는 가정에 채워질 하나님의 은총을 간구한다.|
품에 안아주시는 예수님의 이름으로 기도드립니다. 아멘

장례예배(3)

죽어도 주를 위하여 죽나니
기도를 이끌어주는 말씀 / 롬 14:8

죽은 자를 품에 안아주시는 하나님,

하나님 앞에서 사시던 고○○○님의 영혼을 받아주시니 찬양을 드립니다. 주 앞에 엎드린 저희들이 겸손으로 예배하는 한 시간이 되게 하시옵소서. 하늘에 영광을 돌리고, 땅에 위로를 베풀어 주시옵소서.

오늘, 고인은 하나님의 품에 안기셨습니다. 근심이나 걱정할 일이 없이 주님의 보좌 앞에서 영광을 드리고 계실 것을 믿으니 가슴이 벅차오릅니다. 이제, 성령님의 충만하심 안에서 낮빛보다 더 밝은 그곳을 사모하며 장례예식을 거행하게 하시옵소서.

고인의 죽음으로 말미암아 저희들을 돌아봅니다. 여기에 모인 이들 중에, 생명의 주권이 주께 있음을 깨닫지 못한다면 용서해 주시옵소서. 하나님을 믿는다 하면서도 죄악에서 떠나지 못한 이들을 불쌍히 여겨주시며, 저들을 사망에서 건져 의로운 생명을 얻게 하시옵소서.

이 시간에, 유족들의 눈에 고인 눈물을 거두어 주시고 가슴 속에 맺힌 답답함을 제하여 주시옵소서. 이 자리에 함께 모인 이들에게 예비하신 나라를 유업으로 받도록 허락해 주시옵소서.

장례예식이 진행되는 동안에, 사람에게나 어떤 일들로 말미암아 사탄이 틈을 타지 않게 하시옵소서. 하나님의 영이 다스려 주시옵소서.

|이어서 장례예식을 치르는 가정에 채워질 하나님의 은총을 간구한다.|
영원한 장막이 되시는 예수님의 이름으로 기도드립니다. 아멘

장례예배(4)

하나님의 나라를 소망하는 성도
기도를 이끌어주는 말씀 / 고후 4:18

인간의 생명권을 갖고 계신 하나님,
고○○○님이 저희들에게 남기신 몸을 장사지내려고 이 자리에 모였습니다. 고인은 주 예수님이 예비해주신 새 집으로 가셨기에, 하나님께 영광을 드리고 예배하기 위해서 모였습니다.
이 땅에서 사실 때, 늘 천국을 바라보고, 교회의 일에 몸을 드려 헌신하신 고인이시기에 저희들은 기쁘고 즐겁습니다. 주님 앞에서 행하는 이 예식이 신령한 천국의 잔치가 되기를 소망합니다. 고인의 곁에서 함께 하셨던 성령님의 은혜를 저희들이 누리기 원합니다. 온전한 마음을 주님께 바쳐서 경배하기 원합니다. 고○○○님에게 역사하신 전능하심을 추억하기 원합니다. 이 시간, 고인이 계셨던 자리를 후손이 물려받겠다는 결단의 은혜를 경험하게 하시옵소서.
이 시간을 하나님께 드려서 인생을 다스리시는 주님의 전능하심이 선포되기를 소망합니다. 목사님께서 천국의 메시지를 전하실 때, 아멘으로 응답하게 하시고, 유족에게는 부활의 소망을 갖게 하시옵소서. 주님을 찬양하고 유족을 위로하는 복된 시간이 되기를 축복합니다.
사랑하는 지체와 이별한 슬픔을 틈타서 사탄이 역사하지 못하도록 막아주시옵소서. 성령님께서 유족과 이 가정을 보호해 주시옵소서.

|이어서 장례예식을 치르는 가정에 채워질 하나님의 은총을 간구한다.|
오직 사모하게 하신 이름, 예수님의 이름으로 기도드립니다. 아멘

장례예배(5)

부활의 소망
기도를 이끌어주는 말씀 / 전 5:18

죽은 자를 다시 살리시는 하나님,
  고○○○님에게 영생의 면류관을 씌어 주셔서 감사드립니다. 고인은 주님의 십자가만을 바라보고 승리하셨습니다. 지금, 주님의 자녀들이 한 마음으로 주님을 기리고 찬송 드리게 하시옵소서. 고인 한 분의 삶을 자녀들이 나누어 갖도록 이끌어 주시옵소서.
  이 세상에 곤고한 일이 많고, 낙심될 만한 일들도 많았으나 고인은 믿음을 지키셨고, 때가 되어서 본향으로 돌아가셨으니 감사드립니다.
  저희들이 예배할 때, 성령님의 충만하심이 나타나게 하시옵소서. 목사님의 설교가 소망과 위로의 메시지가 되게 하옵소서. 말씀을 전해 주실 목사님에게 성령님의 능력이 더하시기 바라며, 말씀 속에서 저희들이 거듭나게 하시옵소서.
  슬픔의 그늘에서 위로를 필요로 하는 유족들에게 하나님의 은혜를 보여 주시옵소서. 사랑하는 유족에게 그 누구도 손 댈 수 없는 고난이 넘친다 해도 주님의 위로하심은 더욱 더 넘쳐흐를 것을 믿습니다.
  고인에게 함께 하셨던 하나님의 자비하심과 은총이 자녀들에게로 이어지기를 간구합니다. 그리하여 힘에 지나도록 심한 고통과 슬픔을 당해도 죽은 자를 다시 살리시는 하나님만 의지하게 하시옵소서.

  |이어서 장례예식을 치르는 가정에 채워질 하나님의 은총을 간구한다.|
  변함이 없으신 사랑의 주 예수님의 이름으로 기도드립니다. 아멘

장례예배(6)

흰 옷을 입을 것이요
기도를 이끌어주는 말씀 / 계 3:5

흰 옷을 입혀주시는 하나님,

고○○○님의 영혼을 거두어 주시니 감사드립니다. 고인이 생전에 믿었던 믿음을 지키고, 천국에 가심으로써 하나님께 영광이 되고, 유족들에게는 소망이 되었습니다. 오늘, 고인의 장례예배를 성령님께서 주관해주시고, 영광을 받으시옵소서.

주님의 보좌 앞에서 예배할 때, 천지의 만물이 우리 하나님의 위엄을 찬송하기 원합니다. 하나님, 유족과 함께한 저희에게 말씀하시옵소서. 저희는 그 말씀을 듣겠습니다. 목사님께서 전해주시는 말씀의 축복 속에 저희 모두가 격려를 받게 하시옵소서.

유족을 위해 간구합니다. 함께 살던 이를 먼저 천국으로 보내신 후, 슬픔 가운데 있는 저들을 주님의 품으로 품어주시옵소서. 간절히 비오니 죽음으로 인하여 슬퍼하는 이들의 마음을 위로해 주시옵소서. 하나님의 영이 이제보다 더욱 갑절로 이들에게 함께해주심을 믿습니다.

고인과 함께 삶을 나누었던 지체들을 축복합니다. ○○교회 안에서 성도의 교제를 통해 한 몸의 삶을 살았던 이들이 안타까움 속에 고인과의 정을 가슴에 묻습니다. 이제, 주의 자비하심과 보호를 받게 하시고, 주 하나님의 영원한 하늘나라에서 기쁜 얼굴로 만나게 하시옵소서.

|이어서 장례예식을 치르는 가정에 채워질 하나님의 은총을 간구한다.|
편히 쉬게 해주시는 예수님의 이름으로 기도드립니다. 아멘

하관예배(1)

천국을 소망하는 시간
기도를 이끌어주는 말씀 / 고후 5:1

고◯◯◯ (직분)님에게 영생의 면류관을 씌어 주셔서 감사드립니다. 고인은 주님의 십자가만을 바라보고 승리하셨습니다. 지금, 주님의 자녀들이 한 마음으로 주님을 기리고 찬송을 드리게 하옵소서. 이 땅에서 지내는 동안에 성령님의 사람으로 사셨던 성도님을 기억합니다.

주님께서 천사장의 나팔 소리와 함께 고인을 영광의 몸으로 부활하게 하사 주님의 영광 속에 영원히 거하게 하시옵소서. 그때, 우리들이 다시 만나 하나님을 찬양하는 아름다운 시간을 예비해 주시기를 소망합니다.

목사님께서 하나님의 말씀을 대언하실 때, 하나님의 능력과 은혜가 드러나게 하시고, 저희들은 거룩함을 입혀 주시옵소서. 고◯◯◯ (직분)님과 이 가정에 속해있는 지체들에게 성령님의 능력으로 충만하게 역사하시옵소서.

하나님께서는 분명히 의뢰하는 자녀들을 사랑하셔서 큰 사랑 중에서 우리를 건져내셨고 또 건져내실 줄 믿습니다. 고인이 사셨던 생활은 유혹과 핍박이 끊이지 않는 삶이었습니다. 그러나 그 모든 유혹을 하나님 앞에서 물리치셨습니다.

자녀들에게 고인의 삶을 이으려는 다짐을 주시옵소서. 저희에게는 고◯◯◯ (직분)님의 신앙을 흠모하겠다는 결단으로 이끌어 주옵소서.

|이어서 장례예식을 치르는 가정에 채워질 하나님의 은총을 간구한다.|
천국을 예비해주신 예수님의 이름으로 기도드립니다. 아멘

하관예배(2)

주님께서 예비해 놓으신 처소
기도를 이끌어주는 말씀 / 요 14:1-4

고인의 유해를 흙으로 돌려보내게 하시는 하나님,

고○○○ (직분)님의 하관예식을 받아주옵소서. 그의 육신을 흙으로 돌려보내려고 이곳으로 인도해 주셨습니다. 이미, 아버지의 품에서 영원한 삶을 시작하신 고인을 묵상하면서 예식을 진행하게 하옵소서.

주님 안에서 고인의 하관예식을 맞이하여 예배합니다. 마음과 뜻과 힘을 다하여 경배드리오니 받아주옵소서. 주님 앞에서 저희들의 마음이 피어나는 꽃 같으니, 오직 하나님께만 향기 드리기를 원합니다. 고인의 몸을 여기에 묻으면서 저희들 모두에겐 고인의 삶을 한 조각씩 나누어 갖는 은혜를 경험하게 하시옵소서.

이 시간에, 말씀을 전하실 목사님께 함께 하사 저희들의 마음에 믿음의 선한 씨앗들이 심겨지는 은혜를 경험하게 하시옵소서. 그 말씀으로 먼저, 저희들의 심령에 하나님의 나라가 이루어지게 하시옵소서.

주님께서 천사장의 나팔 소리와 함께 고○○○ (직분)님을 영광의 몸으로 부활하게 하사 주님의 영광 속에 영원히 거하게 하옵소서. 그때, 우리들이 다시 만나 하나님을 찬양하는 아름다운 시간을 예비해 주시기를 소망합니다. 이 땅에 남아 있는 우리들로 하여금 진실한 마음으로 믿음을 지키게 하옵소서.

|이어서 장례예식을 치르는 가정에 채워질 하나님의 은총을 간구한다.|

은혜를 주시는 주, 예수님의 이름으로 기도드립니다. 아멘

하관예배(3)

열조에게로 돌아가는 인생
기도를 이끌어주는 말씀 / 창 25:7-10

인생을 열조에게로 돌아가도록 하시는 하나님,
  평생을 하나님의 은혜에 감사하며 사셨던 고○○○님의 유해를 저가 온 곳으로 보냅니다. 이 시간에, 사랑하고 존경하던 이를 육신적으로 다시 볼 수 없어서 슬퍼하는 유족들에게 하늘의 문이 열려진 곳을 보게 하시옵소서. 예배할 때, 하나님께만 영광을 드리게 하시옵소서.
  열조에게로 가게 하시는 여호와의 이름을 높여드립니다. 고인은 여호와 앞에서 하나님께 합한 사람으로서의 삶을 다하셨고, 주 안에서 형제 된 저희들에게는 좋은 나무가 되어 살게 하셨습니다. 오래오래 함께 하고 싶은 사람으로 저희들과 같이 하도록 하신 여호와의 은혜에 찬미의 제사를 드립니다.
  이제, 저의 유해가 성도들의 존경과 유족들의 사랑을 받으며 땅에 묻힐 시간이 되었습니다. 고인의 몸을 흙으로 보내지만, 그의 신앙과 삶을 저희들의 가슴에 묻게 하시옵소서. 고인의 삶이 여기에 모인 이들에게 각각 나누어져서 저희들의 가슴이 되게 하시옵소서.
  이 자리에 성령님의 은혜가 충만히 임하게 하시옵소서. 고인의 유해가 흙으로 돌아갈 때, 하늘에서 천군과 천사의 찬송이 울러 퍼지게 하시옵소서. 그 승전가를 가슴으로 받는 은혜를 내려 주시옵소서.

|이어서 장례예식을 치르는 가정에 채워질 하나님의 은총을 간구한다.|
  피난처가 되어주신 예수님의 이름으로 기도드립니다. 아멘

하관예배(4)

나팔 불 때 살아나는 성도들
기도를 이끌어주는 말씀 고전 15:50-53

  나팔 불 때 살아날 것을 믿게 하시는 하나님,
  여호와의 은혜로 ○○○님의 남겨졌던 몸을 흙에 묻게 되었습니다. 지금, 사랑하고 존경했던 저의 몸을 이곳에 안장하지만, 정은 가슴에 묻게 하시옵소서. 주님께서 심판의 주로 다시 오시는 그날 아침에, 부활의 몸으로 다시 만날 것을 기약하면서 흙을 덮게 하시옵소서. 부활을 고대하게 하시는 여호와께 찬양으로 영광을 드리게 하시옵소서.
  고인의 몸이 이곳에 잠들어 있는 동안에 천사들을 동원하여 지켜주실 하나님을 바라봅니다. 그 은총으로 유족들을 보호해 주시옵소서. 기왕에 고○○○님의 간구를 받으시고 복과 은혜를 내려 주셨던 그 자비하심이 계속되게 하시옵소서. 남겨진 가족들이 하나님의 부르심을 받은 이를 기억하면서 믿음의 세대를 이어가기를 다짐하고 있사오니, 이 가정에 예비하였던 여호와의 복이 내려지기를 소망합니다.
  복스럽기 그지없었던 고인의 장례예식을 위하여 수고한 손길들마다 큰 은혜가 임함을 보게 하시옵소서. 사랑하는 종이 하나님의 영광을 구했던 ○○ 교회와 성도들에게 복을 내려 주시옵소서.
  하관예식이 진행되는 시간에, 사탄이 일체 틈을 타지 못하도록 막아주시옵소서. 오직 하나님께서 이 예식이 거룩하도록 지켜 주시옵소서.

|이어서 장례예식을 치르는 가정에 채워질 하나님의 은총을 간구한다.|
  우리의 영혼을 받아주시는 예수님의 이름으로 기도드립니다. 아멘

하관예배(5)

썩지 아니할 것으로
기도를 이끌어주는 말씀 / 고전 15:42-43

부활의 영광을 약속해주신 하나님,
금방이라도 하늘을 잡을 만한 이곳에 고인의 몸을 묻게 하시니 참 감사합니다. 우리 인생은 하나님께로부터 왔다가 하나님께로 돌아갈 존재들입니다. 주님의 십자가의 사랑으로 우리를 구속하시고 부활과 영생을 보증해 주셨음을 감사합니다. 주님 안에서 고○○○님의 하관예식을 맞이하여 예배합니다. 주님 앞에서 저희들의 마음이 피어나는 꽃 같으니, 오직 하나님께만 향기 드리기를 원합니다.
이제, 주님께서 천사장의 나팔 소리와 함께 고인을 영광의 몸으로 부활하게 하사 주님의 영광 속에 영원히 거하게 하심을 믿습니다. 그때, 우리들이 다시 만나 하나님을 찬양하는 아름다운 시간을 예비해 주시기를 소망합니다.
고인의 몸을 흙으로 보내면서 인생의 주인이 하나님이심을 확인하게 하셨습니다. 거룩한 하관예식에서 하나님의 뜻이 이루어진 것에 감사하게 하시옵소서. 이 예식이 진행되는 동안에 성령님으로 알게 하시고, 깨닫게 하신 진리에 순종하겠다는 결단의 은혜를 주시옵소서.
오늘, 저희들에게 천국 사모함을 다시 한 번 새롭게 해주시옵소서. 영원한 하나님의 집에서 다시 만날 기약을 다짐하게 하시옵소서.

|이어서 장례예식을 치르는 가정에 채워질 하나님의 은총을 간구한다.|
영생을 약속해주신 예수님의 이름으로 기도드립니다. 아멘

하관예배(6)

친히 그들과 함께 계신 하나님
기도를 이끌어주는 말씀 / 계 21:3

친히 함께 계시는 하나님,
고○○○님의 몸을 하관하려 할 때, 찬송으로 영광을 드립니다. 저희들이 그동안 고인을 사랑했던 심정으로 하관예식에 참여하게 하시고, 흙으로 돌아가는 그의 육체를 거룩하게 바라보게 하시옵소서.

지금은 슬픈 마음으로 서운하지만 그리스도 안에서 감사드립니다. 고인은 이제, 유한한 세상, 눈물의 세상에서 천국으로 이사하셨습니다. 천사들과 더불어 지낼 곳으로 옮겨주신 주님의 이름을 기립니다.

예배를 집례하시는 목사님을 큰 능력으로 붙드셔서 은혜로 인도하시도록 도와주시옵소서. 별세한 모든 성도들이 주님께서 다시 오시는 날, 부활할 때 만날 것을 바라보는 위로의 말씀을 듣게 하시옵소서. 이 땅에서 살아야 하는 거룩한 사명의 말씀을 듣게 하시옵소서.

고○○○님이 누리셨던 재물의 복에 자손들이 동참하게 하옵소서. 고인의 하나님이 자손들의 하나님이 되셔서 이들에게 재정의 부요케 하심을 보게 하시옵소서. 하나님께서 이 가정의 가장이 되어주셔서 모든 시련을 극복하여 나갈 수 있도록 함께하시옵소서.

사랑하는 지체와 이별한 슬픔을 틈타서 사탄이 역사하지 못하도록 막아주시옵소서. 성령님께서 유족과 이 가정을 보호해 주시옵소서.

|이어서 장례예식을 치르는 가정에 채워질 하나님의 은총을 간구한다.|
찬양을 드리게 하시는 예수님의 이름으로 기도드립니다. 아멘

귀가예배(1)

거짓이 없는 믿음이 있음을
기도를 이끌어주는 말씀 / 딤후 1:5

지금까지 삶을 지켜 주신 하나님,
 예배하러 모인 저희들로 주님께 영원히 감사하게 해주시옵소서. 하나님과 동행하셨던 고인의 남은 육체를 땅에 묻었던 저희들이 집으로 돌아왔습니다. 지금까지 모든 장례절차를 주관해주셨음에 감사드립니다. 고인의 자녀들이 하나님께 영광을 드리는 시간이 되게 하시옵소서.
 저희들을 성도로 선택해 주시고, 고○○○ (직분)님과 함께 신앙생활을 하게 하셨음에 감사드립니다. 예수님 안에서 저희들이 사는 것이나 죽는 것이나 하나님의 은혜와 뜻이 되게 하시고, 영생의 소망이 있음을 붙잡고 살아가도록 인도해 주시옵소서.
 이제, 고○○○ (직분)님을 위하여 말씀을 들려주실 목사님을 강건케 하시옵소서. 목사님께 영권을 주시고 권능과 지혜로 함께 해주시옵소서. 그 말씀으로 저희를 깨우며, 저희들에게 기쁨과 은혜와 소망을 갖도록 인도해 주시옵소서.
 유족들에게 천국에 대한 확실한 소망을 품게 하시고, 고인의 신앙을 이어 믿음의 장부들로 만들어 주시기를 간구합니다. 온 성도들이 전심으로 예배할 때, 하나님께 영광을 돌리고 유족들에게는 은혜가 임하기를 원합니다.

|이어서 장례예식을 치르는 가정에 채워질 하나님의 은총을 간구한다.|
 보배로우신 주, 예수님의 이름으로 기도드립니다. 아멘

귀가예배(2)

하나님과 그 어린양의 보좌가
기도를 이끌어주는 말씀 / 계 22:3-4

천국 백성으로 살아가려 다짐하게 하시는 하나님,
  저희들로 하여금 예배하게 하셨사오니, 가장 복된 시간과 자리가 되게 하옵소서. 사랑하는 고○○○ (직분)님을 천국으로 보내드린 저희들이 된 것에 감사드립니다. 오늘, 거룩한 예배를 드리는 이 가정의 식구들에게 큰 영광이 되기를 소망합니다.
  천국을 사모하는 저희들에게 고인으로 말미암은 아름다운 신앙의 유산을 주셨음에 감사드립니다. 여호와를 경외하는 고인의 마음이 저희들과 저희 교회의 것이 되기를 소망합니다.
  고인의 아름다운 신앙에 동참하는 삶이 되도록 은혜를 주시옵소서. 그리고 죽음 저 편에 있는 하늘나라에 대한 소망을 품게 하시옵소서.
  지금, 이 가정을 위해서 말씀을 준비하여 설교를 하시는 목사님께 영력을 더해 주시기를 원합니다. 진리의 말씀을 반가워하고, 순종함으로써 성령님의 열매를 맺는 은혜를 보게 하시옵소서.
  어머니를 일찍 하나님의 품으로 보내었기에, 아직도 결혼을 하지 않은 자녀들에게 하나님께서 친히 어머니의 손이 되어주시기를 간절히 바랍니다. 혼자서 자녀들의 뒷바라지를 하면서 지내시는 ○○○ 집사님을 위로해 주옵소서. 하나님께서 유족과 친히 함께 하시기를 소망합니다.

|이어서 장례예식을 치르는 가정에 채워질 하나님의 은총을 간구한다.|
  천국에 이르도록 보장해주신 예수님의 이름으로 기도드립니다. 아멘

귀가예배(3)

육신의 장막을 벗는 축제의 시간
기도를 이끌어주는 말씀 / 고후 5:4

'좁은 길, 좁은 문'을 찾게 하시는 하나님,

평생을 경건하게 살아오신 고○○○님이 이 땅에서의 달려갈 길을 영광스럽게 마치셨음에 감사드립니다. 저희들은 하나님의 말씀에 순종해서 그의 몸을 흙으로 돌려보내고 왔습니다. 고인은 천국에 대한 소망을 갖고 지내셨음을 기억합니다. 임종 앞에서도 고인의 환희에 찬 모습에서 오히려 저희들이 위로를 받았습니다.

고○○○님은 자신의 가족들뿐만 아니라, 교회의 성도들에게도 믿음의 본을 보여 왔습니다. 저희들이 살아가는 세상에는 넓은 길, 넓은 문이 있지만, 주님의 말씀처럼 비록 힘들지라도 '좁은 길, 좁은 문'을 통해서 하나님 나라에 이르게 해주시옵소서.

사랑하는 유족과 저희들에게 고인을 통해서 하늘나라가 분명히 있음을 깨닫게 해주시니 감사합니다. 저희들에게 고인의 죽음은 천국이 있음을 깨닫게 하는 선물이 되었습니다. 죽음의 강 요단을 건너 영원한 안식의 나라로 옮겨진 고인을 바라보게 하시옵소서.

고인의 영혼이 하나님의 품에 안겨 계심을 믿습니다. 이 시간에, 주님께서 다시 오시는 그날까지 주님만 의지하는 저희들이 되겠다는 거룩한 다짐을 하도록 도와주시옵소서.

|이어서 장례예식을 치르는 가정에 채워질 하나님의 은총을 간구한다.|
고인과 다시 만나게 해주실 예수님의 이름으로 기도드립니다. 아멘

귀가예배(4)

하늘에 있는 영원한 집
기도를 이끌어주는 말씀 / 고후 5:1

장례예식에서 뜻을 성취하시는 하나님,

생명을 취하시는 여호와의 이름에 머리를 숙여 경배 드립니다. 고인의 몸이 흙으로부터 왔기에 흙으로 돌려보내면서 인생의 주인이 하나님이심을 확인하게 하셨습니다. 지금까지의 거룩한 장례예식에서 하나님의 뜻이 이루어진 것에 감사하는 저희들이 되게 하시옵소서.

가정으로 돌아와서 드리는 이 시간에, 성령님으로 알게 하시고, 깨닫게 하신 진리에 순종하겠다는 결단의 은혜를 주시옵소서.

고인이 떠난 자리의 허전함으로 유족들은 슬픔에 잠겨있습니다. 그러나 슬프지만 않은 것은 부활의 소망을 갖고 있기 때문입니다. 저희들도 장차 하나님의 부르심을 받을 때, 천국에서 다시 만날 것을 소망합니다. 주님 안에서 죽음을 맞이한 고○○○님은 주님께서 다시 오시는 날, 부활할 것을 믿사옵고 하나님께 감사드립니다.

범죄한 인간들이 의로우신 주님 앞에 설 수 없사옵고 썩을 몸으로 영원히 살 수 없사오니, 주님의 십자가의 사랑으로 우리를 구속하시고 부활과 영생을 보증해 주셨음을 감사하며 예배하게 하시옵소서.

사람이 이 세상에 와서 잠시 사는 것이나 세상을 떠나는 것도 하나님의 섭리 안에 있는 것임을 믿습니다. 남은 자들을 위로해 주시옵소서.

|이어서 장례예식을 치르는 가정에 채워질 하나님의 은총을 간구한다.|

충성하게 하시는 예수님의 이름으로 기도드립니다. 아멘

귀가예배(5)

수고를 그치고 쉬리니
기도를 이끌어주는 말씀 / 계 14:13

고인의 가족을 붙잡아 주시는 하나님,

여호와께서 존귀한 가정에 베풀어주신 은혜에 감사드립니다. 평생을 믿음을 지키며 살아오셨던 고○○○님의 육신을 땅에 묻어드리고 돌아왔습니다. 저희에게 하나님의 섭리에 순종하여 엄숙하게 이 예식을 치러 오게 하셨음에 감사드립니다.

예배하는 이 시간에, 고인과 사랑하는 유족, 그리고 함께 지내던 성도들이 마음과 뜻과 힘을 다하여 경배하오니 받아주시옵소서.

고인은 오랜 세월을 주님 없이 사셨으나, 주님을 구주로 영접한 후로는 지금까지 신령하게 지내오셨습니다. 고인은 믿음의 장부로 살아오셨고, 후배가 되는 저희들에게 신앙의 귀감이셨습니다. 주님의 거룩한 일이라면 시간과 물질 그리고 지혜로 수고를 다하셨던 그 모습은 저희들에게 고스란히 교훈이 되었습니다. 이 가정과 친척들에게 하나님의 말씀이 생명의 진리가 되어 더욱 크신 은총과 복으로 채워주시옵소서. 함께한 성도들에게도 영광의 시간이 되기를 소망합니다.

이제, 고인과 함께 신앙생활을 하는 중에 주셨던 모든 은혜와 선물을 귀중히 간직하도록 도와주시옵소서. 저희들도 언젠가는 하나님 앞에 설 텐데, 언제나 순종하는 마음으로 하나님 앞에 서게 하시옵소서.

|이어서 장례예식을 치르는 가정에 채워질 하나님의 은총을 간구한다.|
어린양 예수님의 이름으로 기도드립니다. 아멘

귀가예배(6)

해보다 더 밝은 천국
기도를 이끌어주는 말씀 / 계 21:23

영원한 삶을 약속해주신 하나님,
　장례의 모든 일들을 마치게 해주신 여호와의 이름을 높여드립니다. 지금, 고○○○님과 함께 지내도록 하셨던 은혜를 기뻐하면서 예배하는 이들에게 복된 시간이 되게 역사하시옵소서.
　이제, 고인의 유해마저도 다시 볼 수 없다는 사실이 저희를 서운하게 합니다. 그렇지만 목사님의 설교가 소망과 위로의 메시지가 되게 하시옵소서.
　고인과 함께 나그네 길의 삶을 나누었던 지체들을 축복합니다.
　고○○○님의 자녀들의 심령이 연약할 때 더욱 강건케 하여 주시옵소서. 고인이 땅에서 지내는 동안 간구했던 모든 기도가 자녀들의 사는 날 동안에 다 이루어지기를 축복합니다.
　이 시간에, 이 자리에 함께 모인 이들에게 거룩한 결단의 은혜를 허락하옵소서. 과연 저희들은 주님께서 부르실 때, 어떻게 나아가겠는가를 묵상하게 하셔서, 저희들이 잊고 지내는 것을 깨달아 알기를 원합니다. 영원한 삶을 약속해 주시고 있을 곳을 예비해 두신 주님을 기쁜 얼굴로 대하게 하시옵소서.

|이어서 장례예식을 치르는 가정에 채워질 하나님의 은총을 간구한다.|
　천국의 확증을 주신 예수님의 이름으로 기도드립니다. 아멘

첫 성묘예배(1)

거지의 죽음, 부자의 죽음
기도를 이끌어주는 말씀 / 눅 16:19-24

죽음이 또 다른 시작이 되게 하시는 하나님,
고○○○ (직분)님의 영혼을 거두심으로써 인생의 유한함을 깨닫게 하셨습니다. 사람의 생사화복이 주님의 손 안에 있음을 분명히 알게 하셨습니다. 주님께서 오라 하시면 그 누구도 거절할 수 없사오니, 이 땅에 사는 동안 늘 죽음을 준비하는 지혜를 주시옵소서.
고인의 유해를 흙으로 돌려보내고, 첫 성묘를 왔습니다. 저희들에게 고인에 대한 추억을 담게 하시옵소서. 저에게 원하셨던 믿음의 모습들이 산 자들에게로 이어져서 그가 못 다한 신앙의 삶을 살기를 원합니다.
언제 어디서든지 영원한 하나님의 집 관문에서 다시 만날 기약을 잊지 않게 하시기 원합니다. 만세반석이신 주님의 품에 고이 안겨서 삶에 충성을 다하는 저희들이 되도록 인도해 주시옵소서.
하나님의 말씀으로 권면하실 목사님께 성령님의 능력이 있기를 소원합니다. 이 가정을 축복하사 유족의 심령이 하나님의 은혜로 충만하여 말씀을 붙들고 세상을 이길 수 있는 힘을 얻게 하시옵소서.
하나님의 나라를 위해서, 교회를 위해서 그리고 가족을 위해서 간구하시던 기도를 잇게 하옵소서. 하늘의 신령한 복과 땅의 기름짐이 풍성하게 나타나게 해주시옵소서.

|이어서 이 가정에 개인적으로 요구되는 하나님의 도우심을 간구한다.|
소망으로 이기게 하시는 예수님의 이름으로 기도드립니다. 아멘

첫 성묘예배(2)

예비 된 의의 면류관
기도를 이끌어주는 말씀 / 딤후 4:6-8

의의 면류관을 소망하게 하시는 하나님,
고○○○ (직분)님의 몸을 땅에 묻었으나 주님께서 다시 오실 때, 잠자던 자들이 일어나는 영광을 보게 하옵소서. 천국에서 고인을 다시 만남을 기다리며 믿음을 지키는 저희들이 되도록 인도해 주시옵소서.
고○○○ (직분)님이 먼저 가신 그 나라에 저희들도 갈 것을 준비하면서 살기를 원합니다. 천국 문에 이르러 기다리던 성도들과 만날 때, 참 즐거운 모임을 갖게 되는 벅찬 감격을 기대하도록 하시옵소서. 이제, 믿음으로 살다가 달려갈 길을 마치신 고○○○ (직분)님을 닮기를 소원하는 저희들이 되게 하옵소서. 모든 슬퍼하는 이들의 마음을 위로하여 주시고 믿음과 소망을 더욱 굳세게 하여 주시옵소서.
이제, 복된 시간을 기다립니다. 이 가정을 위해서 예비 된 말씀을 목사님께서 전하실 때, 성령 하나님의 복을 주심과 위로하심의 역사하심이 나타나게 하옵소서. 그 말씀에 새로워지고, 힘을 얻게 하시옵소서.
고인의 신앙을 통해서 이 가문이 그리스도를 구주로 영접하게 하시고, 신앙의 2세대가 되게 하셨으니 반석 위에 세워지는 집안이 되게 하시옵소서. 고○○○ (직분)님의 자녀들과 그 후손들이 예수님을 구주로 받았은즉, 그리스도 안에서 살아가도록 이끌어 주시옵소서.

|이어서 이 가정에 개인적으로 요구되는 하나님의 도우심을 간구한다.|
위로가 되시는 예수님의 이름으로 기도드립니다. 아멘

첫 성묘예배(3)

주를 기쁘시게 하는 자
기도를 이끌어주는 말씀 / 고후 5:8-10

신앙을 물려받게 해주신 하나님,
여호와께서 사랑하시는 저희 가정에 좋은 어버이를 주셨음에 감사드립니다. 이 시간에, 생전의 고○○○님이 사랑했던 하나님을 예배하기 원합니다. 자녀들의 양육을 위해 애써오다가 여호와의 부르심을 받은 종을 묵상하도록 이끌어 주시옵소서.
산소를 조성하고, 첫 예배를 드리게 해주셨음에 영광을 올려드립니다. 돌아가신 이를 그리워하며, 함께 신앙생활을 했던 시간들을 돌아보게 하시옵소서. 고인은 가정의 자녀들에게나 교회의 성도들에게 참으로 유익된 지체였습니다. 저는 여호와를 기쁘시게 해드리는 자가 되려고 기도하며 헌신을 했던 모습을 저희에게 남겨 주었사오니 감사드립니다. 저희들은 고인에게 신앙적으로 빚진 자가 되기도 했던 바, 저의 삶에서 보인 은혜를 저희들의 것으로 여기도록 인도해 주시옵소서.
이미, 아브라함의 품에 안긴 고인을 기억하면서 저의 몸이 묻힐 이 산소를 돌아보는 은혜를 내려주시옵소서. 이 자리가 슬프다거나 쓸쓸하지 않게 해 주시고, 하늘나라를 바라보는 잔치의 자리가 되게 하옵소서.
장차, 하나님께서 부르시면 저희들도 갈 것입니다. 저희들을 천국으로 부르시는 날에, 고인과 다시 상면하는 자녀들이 되게 하시옵소서.

|이어서 이 가정에 개인적으로 요구되는 하나님의 도우심을 간구한다.|
우리 주 예수님의 이름으로 기도드립니다. 아멘

첫 성묘예배(4)

주 외에 누가 내게
기도를 이끌어주는 말씀 / 시 73:25

우리에게 주가 되시는 하나님,

사랑하는 ○○○ (집사)님의 산소를 찾은 날, 주 하나님의 이름에 합당한 영광을 드립니다. 고인을 추억하면서 예배하는 유족들을 받아주옵소서. 위로받아야 하는 주님의 자녀들을 도와주시옵소서.

고인의 유해를 장사지냈던 이곳을 다시 찾은 유족을 축복합니다. 하나님만을 희망과 위로로 삼아 말씀대로 살아가는 믿음을 허락하시고, 주님의 영광을 드러내는 믿음을 갖게 하옵소서. 고인의 신앙을 최고의 유산으로 받아 하나님께 영광을 드리는 유족에게 복을 내려 주옵소서.

고인의 시신을 장사했던 이 자리를 쳐다봅니다. 그의 육신은 흙이라 흙으로 돌아갔으나 그의 영혼은 하나님께서 받아주셨음을 믿습니다.

기도를 들으시는 여호와께 소망을 둡니다. 이 땅에 남아 있는 저희들로 하여금 진실한 마음으로 믿음을 지키도록 도와주시옵소서. 천국을 소망하면서 이 땅에서의 삶을 진실 되게 살아가게 하시옵소서.

사랑하는 유족에게 하나님을 더욱 사랑하는 마음을 주시옵소서. 앞으로 이들 앞에 어떠한 시련이 닥쳐오더라도 흔들리지 않는 마음과 고요한 확신으로 맞게 해주시기를 빕니다. 우리를 구원하신 주 예수님께 충성을 바치는 유족의 삶이 되게 하시옵소서.

|이어서 이 가정에 개인적으로 요구되는 하나님의 도우심을 간구한다.|
복을 주시는 이름, 예수님의 이름으로 기도드립니다. 아멘

첫 성묘예배(5)

우리가 항상 주와 함께
기도를 이끌어주는 말씀 / 살전 4:17

믿음의 장부들로 만들어 주시는 하나님,

주님의 자녀들이 한 마음으로 주님을 기리고 찬송을 드리게 하시옵소서. 주 안에서 잠드신 고○○○님의 첫 성묘 자리에 성령님의 위로의 역사, 긍휼의 역사가 있기를 소망합니다. 여호와의 백성에게 성령님의 위로하심을 누리는 시간이 되게 하시옵소서.

저희들이 예배할 때, 성령님의 충만하심 안으로 들어가게 해주시옵소서. 아버지 하나님께서 사랑의 오른팔을 펴서 약속하신 말씀이 이루어지는 복된 시간으로 인도해 주시옵소서. 목사님의 말씀에 저희들은 하늘의 위로를 받아 큰 힘을 얻게 하시옵소서.

고인이 지니고 살아오셨던 육신의 장막이 무너진 그 때, 그의 영혼은 하나님께서 지으신 하늘의 영원한 집으로 들어가셨음을 믿습니다. 유족에게 천국에 대한 확실한 소망을 품게 하시고, 고인의 신앙을 이어 믿음의 장부들로 만들어 주시기를 원합니다. 사랑하는 가족을 먼저 주님의 품으로 보냈기에 영광스럽기는 하지만, 한편으로는 서운함으로 마음이 아플 것입니다. 사랑하는 유족이 언제나 변함이 없이 하나님의 자비로우심으로 성도답게 살게 하시옵소서. 이 시간에 전심으로 예배할 때, 하나님께 영광을 돌리고, 은혜가 넘치고도 넘치게 해주시옵소서.

|이어서 이 가정에 개인적으로 요구되는 하나님의 도우심을 간구한다.|
새 생명의 주, 예수님의 이름으로 기도드립니다. 아멘

첫 성묘예배(6)

굳건하게 서서 전통을 지켜라
기도를 이끌어주는 말씀 / 살후 2:13-15

온 세계 위에 영광이 되시는 하나님,
　아버지의 품으로 가신 고○○○님의 묘소를 찾은 이 복된 날에, 하나님의 영광이 온 세계 위에 높아지기를 원합니다. 고인의 가정을 사랑하기에 모인 저희들입니다. 영광으로 주님을 찬송하게 하시옵소서. 저희들의 눈에 보이는 것은 고인의 몸이 누워있는 산소이지만, 하늘에 계실 고인의 영혼을 바라보게 하시옵소서.
　이 시간에, 시간과 사건 속에서 영원토록 주의 이름이 영광 받으시기 원합니다. 예배의 순서마다 거룩하심의 은혜가 있게 하시고, 참여하는 성도들을 복되게 해주시기를 빕니다. 목사님께서 주님의 말씀을 선포하실 때, 능력으로 함께 하시옵소서. 유족이 한결같이 주님의 뜻대로 사는 종들이 되기를 소망합니다. 예배를 통해 천국을 상속받기 위해 경건하게 살려는 다짐이 있게 하시고, 주님의 백성답게 지내기를 원합니다.
　고인의 신앙을 최고의 유산으로 받아서 하나님께 영광을 드리는 유족에게 복을 내려 주시옵소서. 고인이 생명의 열매로 남기신 자녀들이 하나님께 영광을 드리는 시간이 되게 하시옵소서.
　이제, 우리 하나님께 유족의 삶을 부탁드립니다. 사랑하는 지체들이 여호와 앞에서 살아가는 것과 이 땅에서의 생활을 책임져 주시옵소서.

|이어서 이 가정에 개인적으로 요구되는 하나님의 도우심을 간구한다.|
　생명의 길을 주신 예수님의 이름으로 기도드립니다. 아멘

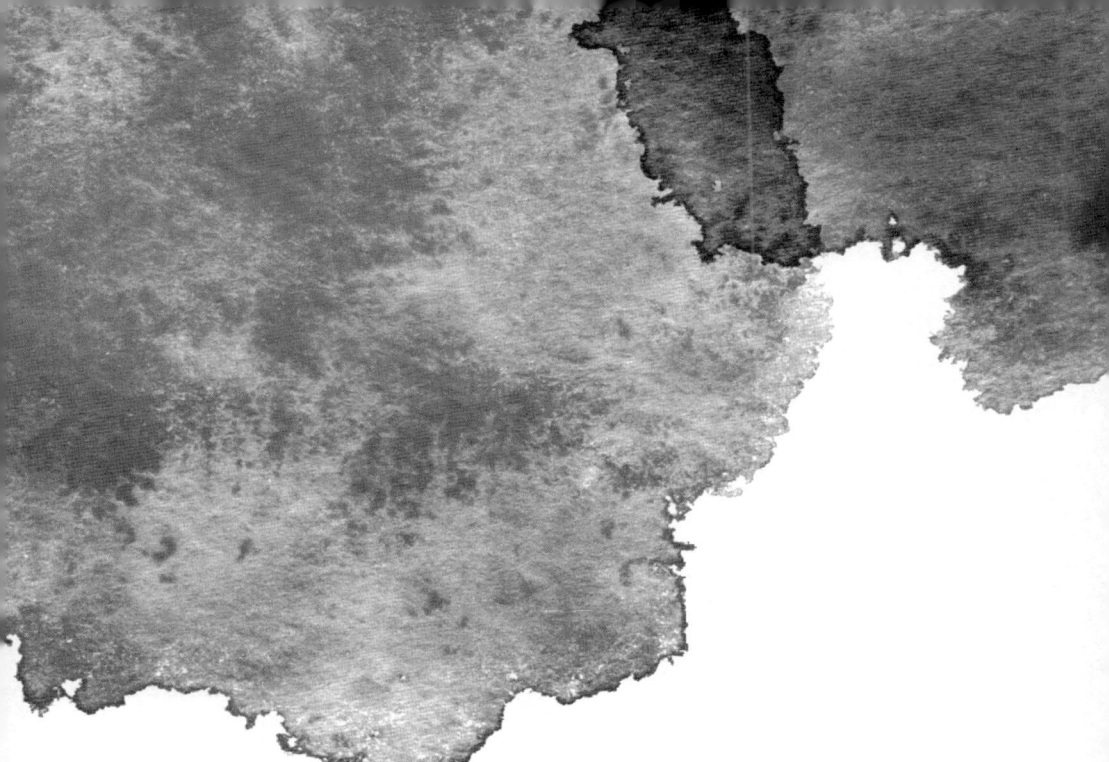

2편

'고인-불신자' 가정
추모예배 · 장례예식 설교와
대표기도

∥1∥ 추모예배 · 장례예식 설교

설날 추모예배(1)

흰 옷을 입은 성도들

❋본문_계 7:9-14

많은 사람들이 흰 옷을 입고 종려나무 가지를 들고서 큰 소리로 환호하였다. 그들은 큰 환난에서 승리하고, 죄 씻음 받아 구원 얻은 것을 감사하고 있다. 마음으로, 찬양으로, 물질을 드려 감사하자.

1. 감사한 내용

흰 옷 입은 성도들은 구원을 받아 천국에 들어온 것을 감사하였다. 이들은 큰 환난에서 나오는 자들인데 어린 양의 피에 그 옷을 씻어 희게 되었다. 예수님은 영원한 지옥 형벌에서 구원해 주셨다. 이 큰 구원이 흰 옷 입은 사람들의 감사이다.

2. 감사한 대상

그들은 보좌에 앉으신 우리 하나님과 어린 양에게 감사하였다. 흰 옷 입은 사람들의 감사의 대상은 하나님과 예수님이었다. 바울은 "나를 능하게 하신 그리스도 예수 우리 주께 내가 감사"(딤전 1:12)한다고 하였다. 우리가 하나님께 드릴 찬송의 주제는 감사이다.

3. 감사의 결과

그들의 감사는 널리 퍼지게 하는 영향력을 끼쳤다. 그들이 감사한대로 "찬송과 영광과 지혜와 감사와 존귀와 권능과 힘이 우리 하나님께 세세토록"(12) 있게 되었다. 그 감사는 천사들, 장로들, 네 생물이 보좌에 엎드려 경배하도록 확산되었다. 성도의 삶은 여호와 앞에서 감사이다. 우리의 감사도 확산되도록 해야 한다. 이것이 하나님의 은혜이다.

*나의 지식이 아니라 하나님의 지혜로 상황을 분별하기를 사모하자.

설날 추모예배(2)

빛들의 아버지께로부터

❖본문_약 1:17-18

사람에게 땅을 정복하고 생물들을 다스리도록 지혜와 능력을 주셨는데, 이것이 바로 하나님이 주신 선물들이다.

1. 열심을 내자

하나님과 함께 했던 이들의 공통적인 특징을 꼽으라면 열심이다. 그러나 하나님께로부터 버림을 받았다든지, 자기를 의지하고 살았던 이들에게서는 열심을 발견할 수 없다. 열심을 내어 살았던 이들의 삶은 하나님 안에 거하였다는 증거가 된다.

2. 소망을 크게 하자

하나님의 사람들은 그들의 마음이 소망으로 가득하였다. 그들은 눈에 보이는 것으로 살지 않고, 눈에 보이지 않는 소망을 있는 것으로 여겼다. 그 삶에 의해서 하나님의 영광을 드러냈고, 열매를 맺었다. 하나님께서는 지금, 소망으로 살려고 힘쓰는 이를 찾으신다.

3. 위를 바라보자

우리가 누리게 되는 온갖 좋은 은사를 하나님께서 주셨다고 하였고 온전한 선물도 하나님께서 주셨다고 하였다. 하나님은 하늘에서 우리와 함께 하신다. 이 세상에 있는 동안에, 승리자로 살았던 이들은 하늘에 마음을 두고 살았다. 비록 그 시간이 오래 걸릴지라도 하늘을 바라보았다. 지금, 우리에게도 하나님께서는 여러 모양으로 좋은 은사를 주신다. 우리에게 요구되는 모든 것에 대하여 하나님의 베풀어주심을 기다리자.

*오늘, 하나님의 말씀으로 살아가는 한 날이기를 사모하자.

설날 추모예배(3)

재림하시는 그리스도
❊본문_살전 4:13-18

성도는 죽음으로써 그의 생명을 그치지 않는다. 우리가 죽으면 영혼이 천국으로 들림을 받고 육신은 흙에 묻히지만, 주님께서 다시 오시면 무덤이 문이 열리고 신령한 몸으로 부활하게 된다.

1. 성도에게 소망이 되는 부활
바울은 자는 자가 깨듯이 죽은 자도 마지막 날에 부활할 것을 알지 못함을 원하지 않는다고 하였다. 예수님이 부활하신 것은 단순히 그분의 부활사건이 아니다. 성도의 부활에 대한 약속이며, 보증이 된 것이다.

2. 죽은 성도의 부활
죽은 자가 부활한다는 진리는 성도들이 알아야 할 진리요, 소망의 내용이다. 죽은 성도들은 예수님의 죽음과 부활을 통해 이루어진 죄 씻음과 새 생명 주심의 사역으로 말미암아 부활한다. 하나님께서는 예수님을 구주로 믿고 죽은 성도들을 주님으로 말미암아 저와 함께 데리고 오셔서 부활시키신다.

2. 불신자는?
이 세상에서 살 때, 불신자로 살다가 죽는 이들은 소망이 없다. 그들은 내세(來世)나 부활이나 영생에 대한 소망을 갖지 못하고 죽음을 인생의 끝으로 마치고 만다. 그들은 소망이 없기에 죽음 앞에서 슬퍼할 뿐이다.

*부활의 소망을 가진 성도는 믿는 가족이나 다른 성도의 죽음 앞에서 슬퍼하지 않는다. 영광스러운 천국의 안식에 들어갔다가 주님의 재림을 기다려 부활할 것을 소망한다.

설날 추모예배(4)

여호와 앞에 서는 은혜
※본문_대하 31:2-10

우리는 개인적으로 척결해야 되는 우상의 모습을 살펴야 한다.

1. 우상을 척결하는 은혜

히스기야는 유다의 여러 성읍에 있는 주상들과 아세라 목상들을 없앴다. 그리고 우상에게 제사하는 산당들과 제단들도 없앴다. 사실, 우상은 하나님이 아닌 것을 하나님처럼 섬기는 것이다. 그는 여호와만을 섬길 것을 결심하고 하나님께서 미워하시는 것을 없애는 데 최선을 다하였다. 이로써 이스라엘 백성들의 마음에 하나님만을 섬기도록 하였다.

2. 하나님의 종들을 섬기는 은혜

히스기야는 여호와 앞에서 하나님께 구별된 직분의 사람들을 보호하였다. 백성들에게 제사장들과 레위 사람들 몫의 음식을 주도록 하였다. 이로써 제사장들과 레위 사람들이 여호와의 율법에 힘쓰도록 하였다. 제사장들과 레위 사람들이 하나님의 말씀에 충실하면, 그만큼 이스라엘에는 여호와의 말씀이 이루어지고, 평안하게 된다.

3. 순종하여 섬기는 은혜

히스기야의 명령에 유다 사람들은 제사장과 레위 사람의 몫을 구별하였다. 그들은 자신들의 소유를 드리기에 힘썼다. 본문 5절을 보니, 그들은 수확한 것을 풍성하게 드렸다고 하였다. 그리고 모든 것의 십일조를 가져왔다. 하나님께 구별된 종들을 섬기는 것은 우리의 몫이다. 그들을 섬김은 곧 하나님께 우리 자신을 드리는 것이 된다.

*하나님 앞에서 살아간다고 할 때, 우상의 요소가 되는 것을 버리자.

설날 추모예배(5)

온전한 사람을 이루는 가정
※본문_엡 4:13-16

성도는 하나님의 말씀으로 그리스도의 장성한 분량이 충만한 데까지 이를 때, 온전해짐을 이루게 된다. 온전함을 사모해야 한다.

1. 장성한 분량이 충만한 데까지
아이들이 자라는 것처럼 하나님의 자녀들 역시 성장해야 한다. 우리는 가정에서 하나님의 은혜를 누리며 자라가야 한다. 부모와 자녀는 성령님의 충만하심에 따라 성숙한 신앙인이 되어야 한다. 그렇게 성장하여 온전함을 이룰 때, 하늘의 아버지를 기쁘시게 해드리는 삶이 된다.

2. 믿는 것과 아는 것
가정에서 최고의 은혜는 더 이상 어린아이와 같지 않고 자라는 것에 있다. 자녀들은 부모에 의해서 육체적인 성장만 경험하지 않고, 신앙의 성장도 경험해야 한다. 부모들은 자녀들의 자람에서 자신들의 성장도 경험해야 한다. 이로써 하나님의 아들을 믿는 것과 아는 일에 하나가 되어 온전한 사람이 되는 은혜에 주목하자. 이것이 하나님의 은혜이다.

3. 어린 아이의 일을 버림
자란다는 의미가 무엇인가? 어릴 때의 생각과 행동을 버리는 것이다. 어린 아이 때의 모습을 버려야 자라게 된다. 자녀가 젖먹이 시절의 모습을 버리지 않으면, 유년기와 소년기를 경험하지 못한다. 청년이 될 수도 없다. 우리의 신앙성장에도 비유되는 교훈이다. 우리는 예수님을 처음 믿었을 때의 어린 아이 같음을 버려야 한다.

*하나님의 자녀가 되어, 온전한 사람이 되는 것에 목표를 두자.

설날 추모예배(6)

주 안에서 기뻐하라
※본문_빌 4:1-4

우리는 주님의 피로 하나님의 사신 바가 된 인생이 되어야 한다.

1. 주 안에서의 기쁨

바울은 성도들에게 주 안에서 기뻐하라고 하였다. 그리고 계속해서 항상 기뻐하기를 소망하였다. 그는 빌립보 교회의 성도들이 자신의 기쁨이라고 하였다(1). 바울이 그들에게 기쁨을 말하고, 기쁨으로 살기를 권면한 이유는 자신이 기쁨의 삶을 살았기 때문이다. 그가 누렸던 기쁨은 예수님과 이웃을 사랑하는 데서 얻은 기쁨이었다.

2. 기쁨-성령의 열매

기쁨은 성령의 열매이다(갈 5:22-23). 바울은 하나님의 은혜로 주 안에서 기뻐하고 기뻐하는 삶을 살았다. 그의 기쁨은 빌립보 교회 성도들의 모습에서 더욱 넘쳤다. 곧 같은 마음, 한 뜻으로 서로 권면하고 성령으로 교제하며 남을 긍휼히 여기며 사는 것이 자신에게 기쁨이 된다는 것이다. 성도들의 열매를 맺는 삶은 전도자에게 기쁨이다.

3. 협력하는 기쁨

빌립보 교회 성도들이 하나님의 기쁘신 뜻을 자기의 소원으로 삼으며 사는 것도 기뻐할 일이 되었다. 또한 바울을 위해서 목숨을 아끼지 아니하고 헌신한 에바브로디도도 기쁨이 되었다. 에바브로디도는 예수님의 마음을 품은 일꾼으로 바울을 섬겼다. 우리는 하나님의 교회를 위해서 서로에 대하여 헌신해야 한다.

*기쁨의 근원이 되시는 예수님을 구주로 모시고, 성령님께 맡기자.

한식 추모예배(1)

자기의 관을 보좌 앞에 드리며

※본문_계 4:9-11

하나님께서는 사람의 죽음으로 말미암아 영광을 거두신다. 흙(육체)은 흙으로 돌아가고, 티끌은 티끌로 돌아간다.

1. 천국에서의 예배

본문에서는 천국의 모습을 미리 보여주고 있다. 이를 통해 최고의 축복, 최고의 영광이 무엇인지를 보여준다. 신앙생활의 궁극적인 목표는 천국에 가는 것이다. 성도가 소망하는 축복의 최절정의 모습이 여기 있다.

2. 영광스러운 곳

"자기의 관을 보좌 앞에 드리며"(계 4:10). 이는 천국에 가서 받은 상급까지도 다 하나님께 드리는 것을 의미한다. 천국이 너무 영광스러워서 자기의 관이 아깝지 않았기 때문이며, 자기들이 천국의 영광을 누림은 오직 하나님의 은혜임을 깨달았기 때문이다.

3. 받은 것이 축복임

우리가 받은 것을 축복으로 알고 감사하는 것도 복된 모습이다. 거기에서 나아가 우리가 하나님께 드릴 수 있는 것은 더욱 복되다. 우리의 입술, 우리의 삶, 우리의 찬양으로 하나님을 영광스럽게 해드리는 것은 이루 말할 수 없는 행복이다.

성도가 천국으로 들어가야겠다는 목표는 결코 변개(變改)되지 말아야 한다. 축복의 절정이요, 최고의 은혜가 천국입성이다. 하나님을 기뻐하며, 하나님께 영광이 되는 삶을 살아가라!

*하나님께 넉넉하게 드림을 선택하고, 드림으로 인한 복을 누리자.

한식 추모예배(2)

믿음으로 된 열국의 어머니
❋본문_히 11:11-12

사라는 믿음으로 아들을 낳았다. 사라의 믿음의 대상은 하나님이었고, 믿음의 근거는 하나님의 약속이었다. 하나님은 미쁘시다. 그 믿음이 하나님을 기쁘시게 했고, 그 믿음으로 상을 받았다.

1. 그녀의 믿음 앞에 벽이 있었음
아브라함과 사라에게 아들을 주시겠다고 약속하실 때 사라는 웃었다. 아브라함은 "이스마엘이나 하나님 앞에 살기를 원하나이다"(창 17:18)라고 했다. 그러나 하나님은 약속하신 대로 그들에게 아들을 주셨다. 믿음의 벽이 은혜가 되었던 것이다.

2. 그녀의 믿음의 대상이 하나님이심
사라는 약속하신 하나님을 믿었다. 생리가 끊어진 그녀가 아들을 낳았다. 그녀의 믿음의 대상은 하나님이며, 근거는 하나님의 약속이었다. 하나님은 미쁘시기 때문에 약속을 이루실 것을 확신하였다. 그 믿음의 응답으로 아들을 낳았다. 최선을 다하여 달리는 자에게 상을 주신다.

3. 그녀의 믿음은 보상을 받음
사라는 약속하신 하나님을 믿음으로 상을 받았다. 그녀는 잉태할 수 있는 힘을 얻었고, 하늘의 허다한 별과 해변의 무수한 모래와 같이 많은 후손이 번성하는 보상을 받았다. 우리는 그리스도 예수 안에서 하나님이 부르신 부름의 상을 위하여 달려가야 한다(빌 3:14). 환난도 박해도 위험도 칼도 그 길을 막지 못한다.

*우리를 구원하시려고 자기의 목숨을 내놓으신 주님을 묵상하자.

한식 추모예배(3)

믿음의 본을 보인 성도들
❈본문_살전 1:2-10

데살로니가 교회의 성도들은 고상하였다. 믿음의 역사와 사랑의 수고와 우리 주 예수님께 대한 소망의 인내를 보였기 때문이다. 이것은 이 땅에서 살아가는 동안에 우리가 보여야 할 삶의 자세이기도 하다.

1. 믿음의 역사
그들에게는 우상을 버리고 하나님께로 돌아오는 믿음의 역사가 있었다. 성도에게는 과거의 우상을 숭배하던 삶을 버리는 역사가 있어야 한다. 우리 가정에서도 신앙의 아름다움이 있기를 사모해야 한다.

2. 사랑의 수고
그들은 사랑의 수고로 하나님을 섬겼다. 우리가 주님을 섬김에 있어 사랑이 넘치면 계산하지 않는다. 사랑이 있으면 전적으로 헌신할 수 있다. 성도는 사랑의 수고로 주님을 섬겨야 한다. 하나님께 칭찬받을 만한 사랑의 습관 갖기를 기도해야 할 것이다.

3. 소망의 인내
그들은 주님의 오심을 소망으로 기다리고 있었다. 수많은 박해 가운데 재림에 대한 소망을 잃지 않았다. 우리는 소망을 갖고 인내하며 서로를 격려하면서 주님을 기다릴 줄 알아야 한다. 오늘도 하나님의 뜻을 행한 후에 약속하신 것을 받을 만한 인내의 은혜를 소망하자.

*고인은 이 땅에서 지내시는 동안에 믿음의 역사와 사랑의 수고와 소망의 인내를 지니셨다. 우리는 이 땅에서 지내는 동안에 매일 매일의 삶에서 그리고 매순간을 통하여 신앙의 진보를 보이자.

한식 추모예배(4)

항상 있을 것 세 가지
❋본문_살전 5:16-18

모든 것이 여호와로 말미암음이니, 언제나 기뻐하고 기도하며 감사해야 한다. 지금은 잠시 힘들게 하는 일도 합력해서 선을 이루게 됨을 믿자.

1. 기뻐하라
성도의 가정에서 가족들이 가져야 하는 첫째의 마음은 기쁨이다. 본문 16절에 "항상 기뻐하라"고 하였다. 이 말씀은 기뻐할 것이 있어서 기뻐하라는 것이 아니다. 지금, 여기에서 기뻐하라는 것이다. 자녀는 부모가 있음에 기뻐해야 한다. 또 가정에서는 오늘이 있음을 기뻐해야 한다.

2. 기도하라
성도가 가정에서 경험하는 것에 대한 첫째의 반응은 기도이다. 우리는 아침을 시작할 때, 부족한 것, 마땅치 못한 일들로 인하여 짜증이 날 수 있다. 이때, 그러한 상황에 대한 반응이 기도로 이어져야 하는 것이다. 하나님께서 못마땅한 것을 보여주심은 그 문제를 하나님이 해결해 주시겠다는 신호이다. 오늘, 기도할 수 있도록 은혜를 구하자.

3. 감사하라
성도가 가정에서 경험하는 것에 대한 첫째의 고백은 감사이다. 오늘, 사랑하는 가족들과 아침을 맞이해서 감사해야 한다. 부부가 서로 사랑하고 있음에 감사해야 한다. 자녀들이 자라고 있음에 감사를 드려야 할 것이다. 나의 기도가 응답될 것을 기다림에 감사하고, 또 구하지 않았는데 얻게 된 것이 있음에 감사해야 한다. 오늘도 감사하자.

*성도가 하루에 해야 할 3대 강령-기쁨, 기도, 감사로 살아가자.

한식 추모예배(5)

은혜와 평강이 있기를

※본문_계 1:4-6

사도 요한은 아시아에 있는 교회들에 편지를 쓰면서 은혜와 평강이 있기를 축복하였다. 이 은혜와 평강은 예수님으로 말미암은 것이다.

1. 요한이 받은 계시

요한이 쓴 계시록은 하나님께서 속히 이루실 일에 대하여 기록한 것이다. 하늘에 계신 주님께서 요한에게 나타나 장차 이루어질 일들에 대하여 쓰도록 강권하셨다. 그리하여 요한은 성령님의 감동하심에, 뜨거운 그 시대를 살아가는 성도들에게 자신이 받은 말씀을 전하려 하였다.

2. 은혜와 평강

먼저, 요한은 아시아에 흩어져 있는 일곱 교회에 은혜와 평강이 있기를 축복하였다. 은혜는 예수님 안에서 누리게 된 새 생명의 삶이며, 평강은 하나님께서 주시는 평안이다. 이 땅에 있는 그 무엇으로도 누릴 수 없는 오직 하늘에서 임하는 즐거움의 평강이다. 요한의 축복은 우리 모두가 서로를 향해서 축복의 메신저라는 것을 깨닫게 한다.

3. 일곱 영

요한이 축복하는 은혜와 평강은 일곱 영으로 말미암았다. 일곱 영은 일곱 천사를 가리키는 것이다. 이 천사들은 세상을 구성하고 있는 요소들을 지키기도 하고, 나라들을 보살피기도 한다. 따라서 이들이 주는 은혜와 평강은 현실의 삶을 구성하는 요건들을 지켜주는 축이다. 하나님께서 자기 백성에게 주시는 사람이 사는데 꼭 필요한 복이다.

*나에게 은혜와 평강을 주시며, 나의 삶을 복 되게 하심을 사모하자.

한식 추모예배(6)

주신 복을 즐거워하라
※본문_신 16:9-12

이스라엘 백성들이 농사를 짓고, 거두어들인 수확의 즐거움을 축제로 지내게 하심은 하나님의 위로였다. 하나님은 즐거움을 주신다.

1. 복을 주신 하나님

이스라엘 백성들은 칠칠절을 지키면서 여호와께서 복을 주심을 즐거워해야 하였다. 그들은 하나님께서 베풀어주신 것을 헤아리며 감사하였다. 그래서 복을 주신 대로 힘을 헤아려 자원하는 예물을 드렸다. 우리를 위하시는 은혜로 지금까지 생명을 허락하신 것과 가정을 주신 것, 일할 수 있는 재능과 재물을 주신 것에 감사해야 할 것이다.

2. 예물을 드림

그들은 하나님의 은혜에 감사하여 예물을 구별하여 드렸다. 하나님께 드리는 감사는 예물을 드림으로써 이미 받은 은혜에 대하여 고백하고, 송축하는 것이다. 그러므로 감사의 예물은 힘을 다하여, 자원하는 부담이 되도록 해야 한다. 하나님께 드림을 자원한다는 것은 신앙을 고백하는 표현이며, 힘을 다해 드림은 진심을 나타내는 것이다.

3. 여호와 앞에서 즐거워함

이스라엘 백성에게 칠칠절은 하나님의 은혜에 대한 즐거움의 축제이다. 그들은 감사의 예물 드리는 것을 즐거워하였다. 여호와를 위한 헌신은 즐거운 일이다. 여호와께 하는 봉사는 감사의 한 표현이다. 하나님의 은혜를 생각하면서 충만한 기쁨과 즐거운 마음으로 예물을 드려야 한다.

*이미 나에게 주신 복을 헤아리며, 감사로 예물을 드리자.

추석 추모예배(1)

은혜와 평강이 있기를

❋본문_계 1:4-6

주님께서는 아시아에 흩어져 있는 일곱 교회에 은혜와 평강을 주시기 원하셨다. 이에 밧모섬에 있던 요한에게 나타나셨다. 요한은 아시아에 있는 교회들에 편지를 쓰면서 은혜와 평강이 있기를 축복하였다.

1. 요한이 받은 계시

하늘에 계신 주님께서 요한에게 나타나 장차 이루어질 일들에 대하여 쓰도록 강권하셨다. 그는 소아시아에 있는 일곱 교회에 편지를 쓰게 되었다. 요한은 성령님의 감동하심에 따라, 뜨거운 그 시대를 살아가는 성도들에게 자신이 받은 말씀을 전하려 하였다.

2. 은혜와 평강

은혜는 예수님 안에서 누리게 된 새 생명의 삶이며, 평강은 하나님께서 주시는 평안이다. 이 땅에 있는 그 무엇으로도 누릴 수 없는 오직 하늘에서 임하는 즐거움의 평강이다. 요한의 축복은 우리가 서로를 향해서 축복의 메신저라는 것을 깨닫게 한다.

3. 일곱 영

요한이 축복하는 은혜와 평강은 일곱 영으로 말미암았다. 일곱 영은 일곱 천사를 가리키는 것이다. 이 천사들은 세상을 구성하고 있는 요소들을 지키기도 하고, 나라들을 보살피기도 한다. 하나님께서 자기 백성에게 주시는 사람이 사는데 꼭 필요한 복이다. 성령님께서 주시는 은혜와 평강은 현실의 삶을 구성하는 요건들을 지켜주는 축이다.

*나에게 은혜와 평강을 주시며, 나의 삶을 복 되게 하심을 사모하자.

추석 추모예배(2)

지극히 높으신 하나님의 제사장
※본문_히 7:1-3

멜기세덱은 살렘 왕이요 지극히 높으신 하나님의 제사장이다. 그래서 그는 당연히 아브라함에게서 예물을 받아야 하였다. 그리고 아브라함은 그에게 드릴 예물을 구별해야 하였다.

1. 지극히 높으신 하나님의 제사장
멜기세덱은 살렘, 지금의 예루살렘 왕이었다. 또한 그는 지극히 높으신 하나님의 제사장이었다. 제사장은 대신하는 자이다. 하나님을 대신하고 죄인을 대신하는 자이다. 살렘 왕과 하나님의 제사장이라 하여 메시아의 예표임을 보여주었다.

2. 의의 왕이요 평강의 왕
이 호칭은 그리스도를 가리킨다. 멜기세덱은 그 이름에서도 그리스도의 예표임을 확인시켜 준다. 아브라함이 멜기세덱에게 십일조를 바쳤다. 이는 하나님께 순복과 모든 소유가 하나님의 것임을 고백하는 것이다.

3. 시작과 끝이 없음
그는 "시작한 날도 없고, 생명의 끝도 없어, 하나님의 아들과 닮아서 항상 제사장으로"(3) 있는 분이라 하였다. 이런 점에서 예수님의 대제사장직과 유사하다. 그는 영원 전부터 선재하신 하나님의 아들 그리스도를 닮았다. 하나님은 창세기에서부터 멜기세덱으로 말미암아 그리스도의 예표를 보여주셨던 것이다. 하나님은 계획을 세우시고, 그 계획을 시간에 따라 나타내신다.

*오늘, 나를 향하신 하나님의 계획에 감사하자.

추석 추모예배(3)

주 안에서 함께 된 종
❊본문_골 4:7-8

두기고를 골로새 교회에 보낸 목적은 그들의 사정을 파악하고, 둘째는 그들을 위로하게 하기 위함이었다. '위로한다'는 말은 위로한다는 뜻 외에도 '격려한다, 권면한다'는 뜻을 가지고 있다.

1. 사랑받는 형제
'사랑받는 형제'라는 명칭은 교회가 사랑의 공동체이며, 성도의 관계가 서로 사랑하는 관계임을 보여주는 아름다운 명칭이다. 우리는 모두 서로 사랑하는 형제자매여야 한다. 이것은 주 예수님이 주신 새 계명이다(요 13:34). 교회 공동체에서 사랑을 받는 지체가 되시기를 빈다.

2. 신실한 일꾼
'일꾼'이라는 칭호는 '집사'와 같은 말로서 '섬기는 자, 봉사자'라는 뜻이 들어있다. 그리고 '신실한'이라는 형용사는 '충성된'이라는 의미를 전해주는 낱말이다. '신실한 자'란 봉사자에게 더없이 가치 있는 묘사이다. 봉사자에게 꼭 필요한 한 가지는 충성이다.

3. 주 안에서 함께 된 종
바울은 두기고를 가리켜 '종'이라 부르기를 기뻐하였다. 종은 완전한 복종을 나타내는 겸손한 호칭이다. 교회의 직분자들은 다 주 안에서 함께 종 된 자들이다. 오늘, 이 가정의 식구들이 주 안에서 함께 종 된 자들이 되었음에 감사한다. 여호와께 존귀한 종으로 지내시라. 하나님의 종들은 교인을 위로하고 격려하고 권면하는 임무를 가지고 있다.

*복음의 능력이 나를 주님의 일꾼으로 만들었으니 충성을 결단하자.

추석 추모예배(4)

전도의 아름다운 수고

※본문_몬 1:8-10

하나님께서는 구원하시려고 작정된 영혼들이 여호와께 돌아오기를 기다리고 계신다. 죄인을 구원하기 위해 충성을 다해야 한다.

1. 감옥에서도 전도하는 바울

바울은 감옥에 갇혀 있으면서도 전도하였다. 옥중에서 전도하는 바울은 많은 해산의 수고를 하였을 것이다. 감옥에서 그가 전하는 복음을 듣고 처음에는 잘 받아들이지 않다가 후에 복음을 영접하고 변하여 새사람 되는 것을 볼 때, 그 기쁨이 얼마나 컸었겠는가 묵상하자.

2. 오네시모를 위한 부탁

빌레몬에게는 오네시모라는 종이 있었다. 오네시모는 자기 주인의 재산을 탈취해서 로마로 도망을 갔다가 바울이 전한 복음을 듣고 자신의 죄를 회개하고 예수님을 영접하였다. 바울은 그를 빌레몬에게 돌려보내면서 거룩한 마음으로 한 통의 편지를 썼다. 오네시모가 주 안에서 형제가 되었으니, 그를 형제처럼 받아달라는 부탁이었다.

3. 전도자의 기쁨

영적 자녀를 낳는 전도는 누구나 할 수 있다. 나이가 많아도, 옥중에 있어도, 영적 자녀를 낳을 수 있으니 전도할 수 없는 사람은 아무도 없다. 바울은 복음 전도에 힘써 오네시모와 같은 아들을 얻는 기쁨을 누렸다. 전도자들은 누구나 믿음의 아들을 얻는 기쁨을 누릴 수 있다. 이 기쁨은 생명을 구하는 전도자만이 누릴 수 있는 특권이다.

*매일, 매순간의 삶이 세상에 대하여 구령의 전도자이기를 사모하자.

추석 추모예배(5)

가족 안에서의 윤리

❋본문_삼하 13:10-14

가정의 질서를 파괴하며, 패륜을 행한 암논의 이야기는 우리에게 경고가 된다. 가정에서 식구들은 여호와의 율례로 살아야 한다.

1. 가정의 보호

하나님께서는 가정을 세우시고, 여호와 앞에서 거룩하게 하신다. 가정에는 부모와 자녀들이 모여 가족사회를 이루는데, 여기에서는 지켜야 하고, 보호해야 하는 윤리가 있다. 하나님께서는 사회적인 윤리와 도덕의 보루가 가정에 있음을 아시고, 가족의 윤리에 관심을 가지셨다. 구약의 계명들을 보면 가족에 대한 내용들이 많이 있다.

2. 다말을 욕보인 암논

다윗의 아들 암논은 배다른 누이인 다말을 연모하였다. 그는 다말에 대한 욕정이 타올라 그녀를 침실로까지 유인하였다. 그리고 오빠를 위해서 음식을 가져온 다말을 겁탈하였다. 다말은 암논을 말렸으나 본문 14절을 보니, "암논이 그 말을 듣지 아니하고 다말보다 힘이 세므로 억지로 그와 동침하니라"라고 하였다. 패륜을 행한 것이다.

3. 화를 불러옴

이 일로 말미암아 다윗의 가정에 화가 되었다. 이어지는 21절을 보니, "다윗 왕이 이 모든 일을 듣고 심히 노하니라"라고 하였다. 자녀는 부모를 기쁘게 해드려야 하는데, 암논은 아버지에게 근심이 되었던 것이다. 그리하여 다윗의 가정, 하나님의 가정에 화평이 깨졌다.

*가족을 사랑하시고, 가정을 지키시는 하나님의 뜻에 순종해야 한다.

추석 추모예배(6)

형제를 사랑하는 자

�֍본문_요일 3:13-19

형제를 사랑함이 구원을 받은 증거라면, 우리는 가정에서 지체를 서로 사랑해야 한다. 부모와 자녀들이 사랑으로 섬기기를 원해야 한다.

1. 구원을 받은 증거

사도는 성도들이 서로를 형제로 받아 사랑하기를 원하였다. 형제를 사랑함으로 사망에서 옮겨 생명으로 들어간 줄을 알게 되기 때문이었다. 그러므로 가정에서도 서로를 주 안에서 형제로 받아 사랑해야 한다. 사랑을 통해서 스스로 구원의 확증을 갖고 더욱 믿음의 삶을 살게 된다.

2. 영생이 없는 사람

15절에, "그 형제를 미워하는 자마다 살인하는 자니 살인하는 자마다 영생이 그 속에 거하지 아니하는 것을 너희가 아는 바라"라고 하였다. 성도가 성도를 미워하는 것은 자신이 하늘에 속한 사람이 아니라는 증거가 된다. 우리는 성령님의 충만하심을 사모하고, 그 안에서 형제를 사랑하기에 힘써야 한다. 가정의 식구들은 사랑해야 될 지체이다.

3. 목숨을 버려라

형제 사랑의 표준이 있다. 그것은 사도가 16절에서 말씀하는 바와 같이, 형제들을 위하여 목숨을 버리는 것이 마땅하다고 하였다. 예수님께서 우리를 위하여 목숨을 버리셨으니 우리가 이로써 사랑을 알게 되었기 때문이라고 했다. 사람이 친구를 위하여 목숨을 버리면 이에서 더 큰 사랑이 없다고 하셨다.

* 주님께로부터 받은 사랑으로 식구들을 섬기도록 하자.

기일 추모예배(1)

덕에 반대되는 세 가지

※본문_요삼 1:9-10

　디오드레베는 사도들을 대접하지도 않고, 대접을 하려고 하는 성도들까지도 내쫓아버리는 악한 인물이었다. 높아지고자 하는 자는 낮아지고 낮아지고자 하는 자는 높아진다고 하였다

1. 으뜸 되기를 좋아하는 악함

　사람에게는 교만과 명예심이 있다. 이는 남들이 자기를 알아주기를 바라고 다른 사람들보다 높아지기를 원하는 마음이다. 이것은 인간의 죄악성의 본질적 요소이다. 주님은 교만과 명예심을 정죄하신다.

2. 남을 비난하는 악함

　악한 말로 요한과 동료 사역자들을 부당하게 비난하였다. "악한 말로 비방하다"(10)는 말은 '부당하게 비난하다'는 뜻이다. 교회 안에서 다른 지체에 대해서는 정당한 비난도 조심하고 삼가야 한다. 그러므로 복음 사역자들에 대한 부당한 비난은 매우 악한 일이다.

3. 주의 종들을 영접하지 않음

　요한과 그의 형제들 즉 주의 종들을 영접하지 않았다. 심지어 영접하려 하는 자들을 금하고 교회에서 내쫓기까지 하였다고 말한다(10). 이것은 주님을 배척하는 참으로 악한 행동이었다. 요한은 그를 가리켜 "오히려 부족하여"라고 하였다.

　* 우리는 하나님 앞에서, 오직 덕을 세우는데 소용되는 대로 선한 말을 하여 듣는 자들에게 은혜를 끼쳐야 한다. 나를 복된 인생이 되게 하시려는 하나님께 순종으로 응답하자.

기일 추모예배(2)

그리스도인의 안식
✤본문_히 4:1-11

현대인들은 안식을 잃어버렸다. 좋은 집은 지었으나 그 속에는 쉼이 없다. 부유한 자나 가난한 자나 모두 수고와 고통 속에서 허덕인다. 이러한 우리에게 가장 필요한 것은 안식이다.

1. 안식: 하나님의 창조의 완성
안식은 하나님께서 창조하신 은총이요, 하나님께서 인간에게 주신 축복이다. 하나님께서 우리를 구원하신 것도 안식을 주기 위해서이며, 구원받은 성도가 누릴 수 있는 최고의 축복도 바로 안식이다. 우리를 행복하게 살게 하기 원하심으로 안식의 복을 계획하셨다.

2. 안식에 대한 하나님의 약속
이스라엘 백성을 가나안으로 인도한 사람은 여호수아였다. 여호수아는 '구원자'라는 뜻인데, 그에게 이끌림을 받은 사람들만이 가나안 땅에 들어갔다. 오직 믿음의 사람들만이 누릴 수 있는 축복이다. 우리는 안식에 들어가기 위해 예수님을 구주로 믿어야 한다.

3. 안식에 들어가기를 힘써야
안식에 들어가려면 자기 노력을 포기하고 하나님에 대한 전적인 신뢰가 필요하다. 전적으로 하나님을 의지할 때 마음에 안식을 얻고 하나님께서 이루시는 크고 놀라운 일들을 경험하게 된다. 우리가 걱정하고 불안한 것은 내가 하려고 하기 때문이다. 우리는 안식을 약속 받고 있다. 하나님께서 그분의 자비로우심으로 우리를 안식하게 하신다.

* 모든 문제를 주님께 맡기고 참된 안식을 누릴 수 있기를 바란다.

기일 추모예배(3)

예수님을 기다리는 사람들
※본문_빌 3:18-21

빌립보 교회의 성도들은 하늘에 속한 사람들이었다. 그들은 십자가로 말미암아 완성된 구속의 은혜를 누리면서 살아야 했다.

1. 우리의 시민권

주님의 십자가가 전해 주는 신비스러운 복음 외에 그들에게 더 요구되는 것은 없다. 그러므로 바울은 성도들로 하여금 결코 십자가의 원수로 행하는 사람들을 본받지 말라고 하였다. 바울은 자기를 본받으라고 하면서 우리의 시민권을 하늘에 있다고 강조하였다.

2. 재림을 기다림

바울은 그들이 또 하나의 시민권을 가진 천국 백성임을 환기시켰다. 천국의 시민은 바른 교리를 믿으며, 바른 삶을 사는 사람들이다. 사도 바울은 본문에서 천국 시민권을 가진 사람들에게 주님의 재림을 강조하였다. 예수님의 재림에 대한 소망은 우리의 삶에 큰 영향을 끼치게 된다. 이처럼 주님의 재림을 기다릴 때, 한눈을 팔지 않고, 복음의 증인으로 살게 된다.

3. 영화의 사람들

성도의 몸이 주님의 영광 된 몸의 형체와 같이 변화되는 것을 '영화'라고 한다. 하나님의 은혜로 성도는 영화에 참여하게 된다. 이 일은 성도들이 죽을 때에 이루어지며, 또 주님이 오실 때에 이루어지기도 한다. 성도들이 영화롭게 되면 만물도 새로워진다.

*바울은 십자가의 원수로 행하는 사람들을 본받지 말라고 당부하였다.

기일 추모예배(4)

여호와의 명령을 따라

※본문_민 9:15-23

이스라엘 백성을 인도하신 하나님은 오늘, 말씀으로 우리를 인도하신다.

1. 하나님의 인도

이스라엘 자손들이 광야를 행진하는 길에는 군대를 편성해 하나님을 위해 싸우는 과정이 준비 되어 있었다. 그리고 그들의 움직임에 하나님의 인도하심이 있었다. 하나님의 백성들에게는 안내자가 계시는데, 바로 하나님 자신이시다. 우리는 우리와 함께 하시는 그분의 임재 안에서 하나님의 인도하심을 반드시 기억해야 한다.

2. 구름의 인도

17절에 "구름이 성막에서 떠오르는 때에는 이스라엘 자손이 곧 행진하였고 구름이 머무는 곳에 이스라엘 자손이 진을 쳤으니"라고 하였다. 이스라엘 백성들은 구름의 주도 아래서 진행되었다는 것이다. 하늘의 구름은 하나님의 임재라는 의미에서 하나님을 상징한다. 우리는 하나님께서 보호하시기를 구하며 매일 매일을 살아가야 한다.

3. 인도하시는 하나님

이스라엘 백성들의 인도자로 나타난 구름은 하나님의 임재를 가리킨다. 21절을 보자. "혹시 구름이 저녁부터 아침까지 있다가 아침에 그 구름이 떠오를 때에는 그들이 행진하였고 구름이 밤낮 있다가 떠오르면 곧 행진하였으며"라고 하였다. 하나님은 자기 백성들을 이끌어 주신다. 이스라엘 자손들은 하나님의 안내를 받으면서 가야 할 길을 갔던 것이다.

*오직 여호와의 말씀에 순종하여 걷는 삶이기를 다짐하자.

기일 추모예배(5)

주의 인자하심이

❋본문_시 90:12-17

성도가 하나님 앞에 바랄 것이 많되, 근본적인 것은 여호와의 인애이다.

1. 지혜로운 시작

12절에 "우리에게 우리 날 계수함을 가르치사 지혜로운 마음을 얻게 하소서"라고 하였다. 지혜는 새롭게 반짝하는 두뇌의 힘을 가리킨다. 낡은 생각, 실의에 빠진 마음을 어제라는 날과 함께 버리는 은혜를 구해야 한다. 어제까지의 실패와 죄책감을 다 주님께 맡겨 버리자. 새로운 소원, 결단을 다짐하면서 지혜를 구하는 자가 되어야 한다.

2. 기대하는 시작

14절에 "아침에 주의 인자하심이 우리를 만족하게 하사 우리를 일생 동안 즐겁고 기쁘게 하소서"라고 하였다. 믿음으로 사는 사람에게는 언제나 좋은 일, 즐거운 일이 생길 줄 믿어야 한다. 우리 하나님 아버지는 좋으신 아버지이시다. 우리는 하나님께 기대를 가지고 출발해야 한다. 하나님을 의지하고 큰 꿈을 이루어주심을 기대해야 한다.

3. 믿음으로의 시작

17절에 "주 우리 하나님의 은총을 우리에게 내리게 하사 우리의 손이 행한 일을 우리에게 견고하게 하소서"라고 하였다. 바울은 "나의 하나님이 그리스도 예수 안에서 영광 가운데 그 풍성한 대로 너희 모든 쓸 것을 채우시리라"(빌 4:19)고 고백하였다. 하나님께서 이루어주심을 믿고, 그 믿음으로 지내는 은혜를 구하자.

*우리의 삶에, 날마다 주의 인자하심이 있기를 구하며 살아가자.

기일 추모예배(6)

언제나 온유하라
※본문_마 5:5

하나님께서 인도하실 것을 믿을 때, 마음이 너그러워진다. 그리고 하나님을 향한 신뢰함은 이웃에 대하여 온유함으로 나타난다.

1. 예수님의 온유
온유하다는 말은 예수님의 마음을 가리킨다. 주님께서 사람의 모양으로 이 세상에 오셔서 죽으신 것은 그의 온유하심과 겸손을 잘 나타내주는 것이다. 예수님은 "나는 마음이 온유하고 겸손하니 나의 멍에를 메고 내게 배우라"(마 11:29) 하셨다. 온유하신 주님의 마음을 품어야 한다.

2. 부족을 아는 사람
하나님 앞에서 자신의 부족함을 아는 사람이 온유한 사람이다. 우리는 하늘로부터 온유함의 은혜를 받아야 한다. 하나님이 없는 사람은 자신이 부족하다고 말하지 않는다. 예수님의 은혜가 없는 사람은 자신을 으스대기 마련이다. 자신의 부족함을 모르는 사람은 온유한 마음을 가질 수 없다. 하나님의 은혜로 부족함을 깨닫고 여호와의 은혜를 구하자.

3. 죄에 대한 두려움
성도가 하나님 앞에서 온유할 때, 죄의 두려움을 깨닫는다. 우리의 온유는 사람들에게 나타나기 전에, 하나님을 향해서 보여야 한다. 온유한 마음 안에는 죄가 거할 자리가 없다. 죄를 늘 경계하고 두려워하기 때문이다. 복 있는 사람은 악인들의 꾀를 따르지 않고, 죄인들의 길에 서지 않고, 오만한 자들의 자리에 앉지 않는다(시 1:1).

*자신의 삶을 여호와께 맡기고, 그를 의지하며 살아갈 것을 도전하자.

성묘 추모예배(1)

소속의 구분

❋본문_요일 4:1-6

하나님은 영이시다. 영이신 하나님은 모든 사람에게 영을 부여하셨다. 영의 세계는 성령과 마귀의 세계로 구분된다. 사람의 심령도 성령의 전이 될 수도 있고, 마귀의 전이 될 수도 있다.

1. 성령은 진리의 영, 마귀는 거짓의 영

하나님의 영, 성령은 진리의 영으로 참된 것을 말씀하시고 우리들을 진리 가운데로 인도하시는데, 마귀는 거짓의 영이기 때문에 거짓말을 하여 그릇된 길로 이끌어간다. 생활 가운데서 진실과 참된 삶을 살 때에 성령의 인도를 받게 된다.

2. 성령은 믿게 하는 영, 마귀는 의심하게 하는 영

성령께서 역사하실 때 불같은 믿음의 역사가 일어나고 주를 시인하게 된다. 예수님께서 육체로 오신 것을 시인하는 영마다 하나님께 속한 것이라고 했다(2절). 그러나 시인하지 않는 영은 하나님께 속하지 않았다.

3. 성령은 살리는 영, 마귀는 죽이는 영

성령운동은 살리는 운동이다. 그러나 마귀운동, 악령운동은 죽이는 운동이다. 성령님께서 역사하실 때에는 악한 병마는 물러가고 병에서 치료함을 받게 되지만, 마귀가 역사할 때는 병마가 찾아오고 병에 억눌리게 된다. 성령은 죄를 책망하지만, 마귀는 할 수 있는 대로 성도의 심령에 역사하여 죄를 짓도록 유도하고 유혹한다. 성령은 기도하게 하지만, 마귀는 기도를 방해하므로 성도는 이를 잘 분별해야 한다.

*나를 하나님의 자녀가 되게 하신 예수님을 죽기까지 따르고 믿자.

성묘 추모예배(2)

완고하게 되지 않도록 하라
❋본문_히 3:12-19

하나님을 영화롭게 하기 위해서, 자신이 스스로 미혹되지 않기 위하여 여호와 앞에서 완고해지는 것을 삼가는 습관을 가져야 한다.

1. 삼가는 은혜
12절에 "형제들아 너희는 삼가"라고 하였다. '삼가'라는 것은 자신을 살펴서 조심한다는 의미이다. 그렇다면 우리가 여호와 앞에서 무엇을 삼가야 하는가? 악한 마음을 품어서 하나님에게서 떨어질까 조심해야 한다. 이렇게 자신을 삼가는 것은 하나님의 은혜이다.

2. 권면하는 은혜
13절에 "매일 피차 권면하여"라고 하였다. 교회 안에서 지체들을 서로 섬겨 한 몸을 이루어야 한다. 서로가 겸손으로 허리를 동여 상대방에게 주님께서 지시한 윤리를 권면하고 잘 이해할 수 있도록 해야 한다. 우리는 서로 세워주어야 한다.

3. 끝까지 견고히 잡는 은혜
"끝까지 견고히 잡고 있으면"(14). 무엇을 견고히 잡고 있어야 하는가? 예수님을 구주로 영접하기 시작했을 때의 믿음을 가리킨다. 그 믿음은 하나님이 주셨다. 처음으로 하나님을 아버지라 부를 때, 가졌던 믿음으로 살아야 한다. 이 믿음을 버리게 되면 하나님께 불순종한다. 사실, 이미 하나님께로부터 버림받은 사람은 아무런 양심의 가책을 느끼지 않는다. 하나님의 자녀 된 나의 심령을 지켜야 할 것이다.

*자기를 먼저 살피고, 삶에서 하나님의 은혜를 나타내려 애를 쓰자.

성묘 추모예배(3)

성령 충만

❋본문_엡 5:15-21

사람에게 성령이 충만하면 성령이 일하시는 무대가 되고, 악령이 충만하면 악령이 일하는 무대가 된다. 또한 사람에게 성령이 충만하면 하나님의 사업을 하게 되고, 악령이 충만하면 마귀의 일을 하게 된다.

1. 왜 성령이 충만하지 못한가?

심령이 성결하지 못하고, 불순종하며, 기도하지 않기 때문이다(약 4:2-3). 성령은 기도해야 주신다고 약속하셨다. 성령은 거룩한 영이요 성결의 영이다. 거룩하지 못한 심령에 임하시지 않는다. 사랑하지 아니하는 심령에 임하지 아니하신다.

2. 왜 성령의 충만을 받아야 하는가?

지혜로운 하나님의 사람이 되기 위해서이다. 지혜로운 사람은 선악을 분별하며, 하나님을 사랑하고 사람을 사랑한다. 지혜로운 처녀는 신랑을 맞이하고 미련한 처녀는 신랑을 맞이하지 못하였다(마 25:1-13). 성령의 충만을 받아야 한다.

3. 성령의 충만을 받으면

술 취하지 않는다. 세상 향락에 취하지 않고 성령에 취한다. 오직 성령의 도구가 되기 위하여 구한다. 주님을 위하여, 교회를 위하여 간구한다. 그리고 믿음으로 구한다. 우리가 믿음으로 주님 앞에 나아가면 자동으로 성령님의 충만이 있게 된다.

*성령님의 사람은 주님을 따라 하나님의 일을 한다. 하나님의 나라를 건설하고 확장한다. 이것이 우리의 목적이다.

성묘 추모예배(4)

이스라엘에 계신 하나님
※본문_왕하 1:1-8

하나님을 알지 못하니까 우상을 하나님으로 섬기게 된다. 하나님을 바로 알고, 바로 믿게 하셨음에 감사하는 자들이 되어야 한다.

1. 신을 찾는 마음

오늘의 말씀에서 은혜를 받는 교훈이 있다. 첫째는 사람에게 하나님을 찾는 종교성이 있다는 것이다. 아하시야는 병들어 죽게 되자, 그 두려움으로 바알세붑에게 물으려 하였다. 바알세붑은 우상인데, 그를 찾아가 자신의 병이 어떻게 될는지를 물었다. 그는 하나님을 찾아야 하는 종교성을 우상을 찾는데 사용하는 어리석음을 저질렀던 것이다.

2. 우상을 섬기지 말라

둘째 교훈은, 거짓 신에 불과한 우상을 섬겨서는 안 된다는 것이다. 여호와의 사자가 엘리야에게 나타나 아하시야를 책망하도록 하였다. 여호와의 사자는 그가 침상에서 내려오지 못하고 죽는다고 하였다. 만일 아하시야가 바알세붑을 버리고, 하나님을 찾았다면 구원해주시는 은혜로 살 소망이 생겼을 것이다.

3. 하나님이시다!

셋째 교훈은, 우리가 섬겨야 하고 도움을 요청할 신은 오직 하나님이시라는 것이다. 아하시야의 죽음은 하나님을 섬기지 않고 우상을 섬긴 죄의 대가였다. 이 땅에서 인생이 하나님만 섬겨야 생명의 복을 누리고, 땅에서도 흥하는 복을 받는 것이다.

*살아가면서 여호와의 이름을 사모하고, 하나님만 바랄 것을 다짐하자.

성묘 추모예배(5)

손바닥에 새기시는 하나님
❈본문_사 49:14-17

하나님은 우리를 자녀로 삼아주시고, 우리가 늘 여호와 앞에 있도록 보호해주시는 아버지이시다. 하나님의 은혜에 감격하기를 축복한다.

1. 소망의 음성
15절에 보니, 여인이 젖 먹는 자식을 잊지 못함과 같이 하나님께서는 이스라엘 백성들을 잊지 않으신다고 하셨다. 그들을 향하신 하나님의 사랑을 손바닥에 새겼다는 비유의 말씀으로 확인시켜 주셨다. 이 말씀은 이스라엘 백성에게 소망의 음성, 구원해주시겠다는 언약이 되었다.

2. 사랑의 확증
하나님께서 이스라엘 백성들을 손바닥에 새겼다는 것은(16) 하나님의 편에서 그들을 사랑하신다는 확증이다. 손바닥에 새긴 것은 결코 지워지지 않는다. 그 흔적은 어떤 경우에도 남아 있게 된다. 이스라엘 백성을 지키시는 하나님의 사랑은 그의 손바닥에 있다. 그래서 언제나 가장 귀한 곳에 자기의 자녀들을 간직하고 계시다는 의미이다.

3. 하나님께 쓰임
본문 16절에, "너의 성벽이 항상 내 앞에 있나니"라고 하였다. 성벽에서 하나님은 자기 백성을 만나주시고, 소원에 응답해주신다. 성벽을 통해서 하나님은 이스라엘 백성을 받아주셨다. 이스라엘 백성들을 손바닥에 새겼다는 것은 하나님의 손으로 잡고 쓰시겠다는 의미의 표현이다. 토기장이의 손에 있는 진흙은 토기장이에게 쓰임을 받는다.

*사랑으로 나를 하나님의 손바닥에 새겨주셨음에 감사드리며 지내자.

성묘 추모예배(6)

의에 주리고 목마르라
※본문_마 5:6

세상에서 사는 동안에 먹고 마시는 것에만 마음을 써온 죄를 고백해야 한다. 하나님의 의를 추구하지 못한 죄도 고백해야 마땅하다.

1. 하나님의 자녀가 되는 조건
성도는 의로 하나님의 자녀가 된 신분을 갖는다. 우리에게 영원히 의가 되시는 예수님의 보혈로 죄 씻음을 받고, 하나님의 친 백성이 된 것이다. 예수님으로 인한 의는 천국민의 필수적인 조건이다. 그러므로 우리는 의에 주리고, 목이 마름으로써 예수님을 사모하며 지내야 한다. 언제나 매일, 주리고 목마름으로 예수님을 사모하시기 바란다.

2. 하나님의 요구
하나님은 우리가 의를 추구하기를 바라신다. 하나님은 완전하신 분이시므로 그 분이 우리에게 요구하시는 의는 완전한 의이다. 하나님은 거룩하신 분이시기 때문에 하나님께서 우리에게 구하시는 의는 온전히 거룩한 의라는 것을 잊지 말아야 한다. 우리가 의에 주리고 목이 말라서 하나님의 의를 먹고 마시게 된다면 다시는 주리지 않는다.

3. 배부름의 복
하나님께서 우리에게 의에 주리고 목이 마르기를 바라심은 우리로 하여금 배부르게 해주시려는 데 그 목적이 있다. 그러면, 결코 다시는 주리거나 목마르지 않게 된다. 하나님께서는 이런 의를 준비하시고, 의에 주리고 목마른 자들에게 더욱 더 풍성하게 의를 주신다.

*하나님 앞에서 의를 구하고, 의에 나의 소망을 두도록 하자.

B. 장례예식

임종예배(1)

사망을 이기는 능력
❋본문_고전 15:55-57

우리는 흙에서 왔으니 겸손하게 흙으로 돌려보내야 한다.

1. 죽음의 본질

모든 생명체는 죽음을 증오하는데, 그러면 이 죽음의 본질은 무엇인가? 죽음은 죄로 말미암아 우리 가운데 역사하는 인류 최대의 원수이다. 그러나 예수님을 믿는 믿음으로 말미암아 이 죽음을 이기고 부활의 영광에 이른다. 그러므로 믿는 자에게 이 죽음은 더 이상 원수일 수가 없다. 오히려 평안한 안식의 길로 인도하는 길이 되어준다.

2. 죽음을 이기는 힘

"우리 주 예수 그리스도로 말미암아 우리에게 승리를 주시는 하나님"(57)이라고 하였다. 주님은 인간의 몸을 입으시고 죽음을 맛보셨지만, 죽음이 그를 억류할 수 없었다. 그 죽음을 이기시고 부활하셨기 때문이다. 그리고 그는 그를 믿는 모든 자에게 영원한 생명의 원천이 되셨다. 예수님께서 부활하심으로써 죽음을 물리치시고 승리하신 것이다.

3. 죽음을 기다리는 담대함

예수님을 믿는 자들은 이 땅에서 죽음이 와도 당황하거나 떨지 않고 담담히 그것을 기다리며 환영할 수가 있다. 그러므로 우리는 "나는 가노라, 저 영광의 세계로/ 죄여, 이제는 안녕/ 죽음이여, 이제는 안녕"이라고 노래할 수 있다. 예수님의 죽으심과 부활은 성도의 부활이므로 사망을 이기는 것이다. 예수님을 영접하여 죽음을 정복하자.

*사망을 물리치는 은혜가 나에게 있기를 사모하자.

임종예배(2)

전통을 지키는 신앙
※본문_고전 11:1-2

하나님께서 사람을 세우시고, 일을 하시는 방법은 역사에 있다. 하나님의 역사는 그 시대에 국한하지 않고, 다음 세대로 연결이 된다.

1. 그리스도를 본받은 바울
바울은 그리스도를 직접 대하거나 주님께로부터 배우지는 못하였어도 성령님의 역사로 주님을 본받은 자가 되었다. 자신이 그리스도를 통해서 주 안에서 세워졌기에 성도들에게 자신을 본받으라고 권면하였다. 우리 주님은 이상적인 인격의 모범이 되신다.

2. 전해 받은 말씀으로
주님은 하나님의 영광을 구해야 하는 삶의 본보기이시다. 주님을 배운 바울은 고린도 교인들이 자기가 전한 교훈과 규례를 잘 지키고 있음을 칭찬하였다. 하나님은 우리를 가르치시는 방법으로, 전해 들음을 사용하신다. 우리는 믿음의 조상들이 살았던 삶을 내 것으로 해서, 여호와 앞에서 칭찬받는 삶이 되어야 한다.

3. 다음 세대로 이어지는
하나님께서는 우리에게 행하신 일을 통해서 다음 세대의 사람들에게도 동일한 은혜를 주신다. 우리가 받은 교훈대로 믿고 실천한다면 하나님과 사람 앞에서 칭찬을 받는다. 성경에 계시된 하나님의 모든 뜻을 믿고 실천하는 자들이 되기 바란다. 하나님께 대한 순종은 성경 66권의 말씀을 지키는 것이다.

*유업으로 말미암아 아름다운 역사를 잇는 자녀들이 되기를 결단하자.

임종예배(3)

너희 생명이 무엇이냐

※본문_약 4:13-17

인간은 살면서 여러 시련과 고통으로 인해 기쁨을 누리지 못한다.

1. 안개와 같은 인생

안개는 잠깐 있다가 아침 해가 돋을 때 순간적으로 사라지고 만다. 우리 인생이 바로 이와 같다고 하였다. 살아있으니까 죽는다는 것이다. 천년만년 살고 지는 것 같지만 그렇지 못하다. 자신도 모르는 사이에 늙고 죽어야만 하는 존재가 우리 인간이다. 안개와 같은 우리 인생일지라도 하나님을 의지할 때, 보람 있고 가치 있는 삶을 살게 된다.

2. 인생의 목적

인생이 안개와 같다 할지라도 분명한 목적의식이 있을 때 그 인생은 아름답다. 만일, 생의 목적도 없이 살아간다면 의미가 없을 것이다. 그러면 어떻게 목적의식을 정립할 수 있는가? 인생의 목적은 하나님을 영화롭게 하고 그를 영원토록 즐거워하는 것이다. 인간이 이 같은 거룩한 목적에 따라 살아간다면, 결코 실패하는 법이 없을 것이다.

3, 인생의 의무

안개와 같은 인생이라도 예수님으로 말미암아 거룩해진 영혼은 이 땅에서 거룩한 의무를 부여받았다 그러므로 이웃을 위해 하나님을 위해 열심히 섬기며 봉사하는 일을 해야 한다. 안개와 같은 인생이지만 예수를 영접한 자는 영원한 삶을 약속받았으며 하나님의 아들로서 사는 것이다. 예수님을 구주로 영접하고, 영생을 얻었으니 감사하자.

*하나님 앞에서 삶의 목적을 성취하는 인생이 되자.

임종예배(4)

여기가 아니라 저기에

❋본문_신 12:9-10

우리는 안식을 기대하기 쉬우며, 잠시 후에 썩어 없어질 것에서 만족을 기대하기가 쉽다. 그러나 천상에 영원한 가나안이 있다.

1. 만족이 없는 세상

여기에 있는 인생들은 모든 면에서 제한을 받고 있다. 진토에 앉은 거지도, 백만장자도, 평민도, 주권자도 만족을 얻지 못하고 피곤한 삶을 살고 있다. 모든 인간은 자신의 운명을 못마땅한 듯이 바라보며 보다 더 나은 것을 얻고자 분주하게 버둥거리고 있다. 그렇기 때문에 이 땅에서는 무엇을 얻는다 해도 심령에 참 만족이 없는 것이다.

2. 멸망되어 가는 여기

전능자는 목적에 따라 이 세상을 창조하시고 그 목적이 끝났을 때 보다 새로운 목적을 위하여 새 창조를 하실 것이다. 그때가 되면 이 지구는 불에 타 없어지고 하늘은 큰 소리를 내며 떠나갈 것이다. 이로 보아 우리의 영원한 안식은 분명히 여기가 될 수 없다. 여기가 아닌 다른 곳에 있다. 우리에게 안식을 주는 곳은 천국이다.

3. 저기에 살도록 요구하시는 하나님

우리가 세상적인 즐거움에 도취되어 제멋대로 살 때, 하늘에 계신 우리 아버지는 슬퍼하신다. 우리는 분명히 여기가 아니라 천국에 목적을 두고 살아야 한다. 그때 우리의 삶은 보다 고상해지고 거룩해지며 하나님이 기쁘게 받으실 만한 존재가 된다.

*영원한 곳, 천국을 바라보면서 이 땅에서 살아가기를 결단하자.

임종예배(5)

사람에게 정해진 죽음
※본문_히 9:27-28

하나님께 죄를 지은 사람에게는 죽음의 형벌이 내려졌기 때문에 생령의 상태에서 다시 흙의 상태로 돌아가야 한다.

1. 육신이 죽은 후에
인간은 범죄한 후에 타락함으로 그 상태로는 하나님의 나라를 유업으로 받을 수 없는 몸이 되었다. 인간은 생령이었지만 그 근본은 흙으로 만들어졌다. 흙의 상태로 돌아가는 육체의 죽음은 범죄에 대한 1차적인 심판이다. 인간의 심판은 흙으로 돌아간 후에, 말하자면 육신이 죽은 후에, 그 영혼이 하나님 앞에 가서 받는 심판을 의미한다.

2. 행위에 따른 영원한 심판
죽음 이후에는 그의 행위에 따른 영원한 심판이 있다. 사람은 근원적으로 다 죄인이라는 사실 때문에 죽지만, 예수님은 죄가 없는 자로서 오히려 많은 사람들의 죄를 짊어지시고 죽으셨다. 주님의 죽으심으로 말미암아 우리는 죄 사함을 받고, 구원의 길이 열렸다.

3. 이 땅에서 예수님을 영접하면
육신의 옷을 입고 이 땅에 사는 동안에 예수님을 영접하면 하나님의 자녀라 불러주신다. 그리고 물과 성령으로 거듭나면 우리의 영혼이 하나님 나라로 옮겨지는 은혜를 받게 된다. 이제, 마지막에는 죽지 아니할 부활한 몸이 되어 최종적으로 하나님의 나라를 유업으로 받는다. 유가족은 하나님의 백성들임을 명심하고 생활하기를 바란다.

*하나님께서 우리를 자녀로 삼아주셨음에 감사하자.

임종예배(6)

영원히 죽지 아니하리니

※본문_요 11:21-27

예수님께서 "나는 부활이요 생명이라"고 하시며, 자신이 죽은 자를 다시 살릴 수 있으며 생명의 원천임을 스스로 증명하셨다.

1. 부활과 영생에 대한 말씀

예수님은 두 가지의 사실을 약속하셨다. 그것은 하나님의 나라와 권세에 속해있는 신비스러운 일로서 부활과 영생에 대한 언약의 말씀이다. 첫째, 그를 믿는 자는 비록 몸이 죽을지라도 다시 살 것이라는 약속이다. 둘째, 살아서 믿는 자는 영원한 죽음, 곧 성경에 '둘째 사망'이라고 표현한 그 죽음을 당하지 않을 것이라는 약속이다.

2. 생명의 구주 예수님

주님이 부활이며, 생명이 되신다는 것은 영혼과 육체에, 또 현세와 내세에 다 적용되는 진리이다. 예수님은 참으로 놀라운 생명의 구주이시다. 예수님은 인간의 죽음에 대한 영원한 해결자가 되신다. 실로, 이것은 죽음을 두려워하는 자들에게 놀라운 소식이며, 희망을 주는 복음이다. 우리는 이 복음을 기뻐하고, 이 복음으로 살아야 한다..

3. 부활이요 생명이신 예수님

생명은 하나님의 고유적 속성이다. 하나님은 스스로 있는 자, 곧 여호와 하나님이시다. 모든 생명은 그로부터 창조되었다. 그러므로 하나님의 아들 그리스도 예수께서 부활과 생명이 되는 것은 당연한 이치이다. 그는 부활이요 생명이다. 인간의 죽음의 문제 해결책이 여기에 있다.

*부활과 생명이 되셔서 영원히 죽지 않게 하시는 주님 안에서 살자.

위로예배(1)

상을 받도록 달음질하라

※본문_고전 9:24-27

성도의 삶을 마친 후에는 상급을 주신다고 약속하셨다. 하나님께서 우리를 위하여 상급을 예비해 주셨으니 달려갈 길을 잘 달려야 한다.

1. 목표가 분명한 달음질

바울은 성도의 삶을 운동장에서 달음질하는 것과 같다고 하였다. 그러므로 우리가 사는 날 동안에, 뚜렷한 목적의식을 가지고 살아갈 것을 당부하였다. 성도에게는 하나님의 자녀로서 마땅히 삶의 의미가 있다. 삶의 목표를 분명히 해야 한다.

2. 어려움을 이겨내는 달음질

승리를 하느냐, 못하느냐는 인내가 결정한다. 달음질은 결코 쉽지 않다. 그가 달리는 도중에는 외부적인 환경의 장애와 내부적인 장애가 돌출한다. 이때, 장애를 극복하고 달려야 한다. 참된 승리자가 되려면 온갖 어려움과 갈등을 반드시 이겨내야 한다. 자기에게 주어질 영광의 상을 바라보고, 그 어려움을 극복해야 한다.

3. 자신을 쳐 복종하는 달음질

성도의 영광을 시기하고 파멸로 이끄는 세력이 있다. 바로 사탄의 궤계이다. 사탄은 우리를 죽이고 멸망시키려 하기에, 우리로 하여금 달음질을 하지 못하도록 방해한다. 이때, 우리의 가장 약한 부분을 참소하고 훼방하는 것이다. 그러므로 우리에게는 자신을 치는 은혜가 있어야 한다. 바울은 자신을 쳐서 복종시켜야 한다고 했다.

*세상의 정욕과 안목의 자랑으로부터 자신을 쳐 복종시키자.

위로예배(2)

흙 속에 잠들 무렵

※본문_고전 10:1-4

하나님께서 아담을 만드실 때 흙으로 빚어 만드셨다. 인간은 일생동안 흙과 더불어서 살아가다가 결국에는 다시 흙으로 되돌아간다. 그것이 이 세상에 대한 하나님의 주권을 설명하는 것이다.

1. 슬픔의 시간

첫 사람의 범죄 이후에, 죽음의 형벌이 내려졌다. 인간은 때가 되면 흙으로 되돌아 갈 수밖에 없는 운명적인 존재가 되었다. 이제, 예수님 안에서 죽음을 정복한 우리는 죽음 때문에 슬퍼만 할 것이 아니다. 주님의 보혈로 열려진 영원한 세계를 바라볼 수 있어야 한다.

2. 부활을 기약함

주를 믿는 신자의 죽음이 복된 이유는 부활의 새 아침을 기약하기 때문이다. 그렇기 때문에 신자의 '죽는다'는 표현은 '잔다'라는 표현으로 바꾸어야 온당하다. 신자는 육신의 죽음으로 그의 삶이 끝나지 않고, 새로운 삶의 세계로 들어가게 된다.

3. 영원한 생명 세계로의 전이

신자의 죽음은 삶의 종지(終止)가 아니라 새로운 세계로 들어가는 첫 단계이다. 그러므로 우리는 육신의 생명을 청산할 때 조금도 두려워하지 않고, 승리의 찬송을 부를 수 있다. 죽음 너머에 열리는 영원한 세계를 보면서 죽음을 이기자. 천국은 이 땅과 비교할 수 없기 때문이다.

*죽음은 육신적으로 슬픈 일이지만, 성도된 우리는 다시 부활하여 영원한 천국에 들어가도록 해주셨음을 감사하자.

위로예배(3)

너는 힘써 대장부가 되고
❋본문_왕상 2:1-4

"무엇을 하든지, 어디로 가든지 형통하게 해주시겠다"고 위로해주신다. "하나님 여호와의 명령을 지켜 그 길로 행하라"고 하셨다.

1. 대장부 다윗

다윗의 생애는 대장부의 삶이었다. 골리앗을 물리침으로부터 시작된 그의 이스라엘을 위한 삶은 늘 위기가 있었으며, 적을 물리쳐야 했다. 그는 그 수많은 적들을 물리치기 위해 대장부가 되어 이스라엘의 주변국들을 물리치고, 이스라엘 왕국을 통치하였다.

2. 대장부가 되어야 할 솔로몬

다윗은 이스라엘의 왕위를 솔로몬에게 물려주면서 그에게 절대 요구되는 것은 대장부라는 것을 강조하였다. 자신을 이어서 하나님의 왕국을 다스려야 했기 때문이다. 다윗의 신앙적인 해석으로는 솔로몬이 이스라엘을 다스린다는 것은 하나님의 왕국을 유지하는 것이었다. 대장부가 됨으로써 누리는 복은 그의 길이 형통하게 된다는 것이다.

3. 대장부가 되어야 될 우리

지금, 우리는 하나님의 왕국을 다스리라는 위임을 받고 있다. 개인적으로는 나 자신이 하나님의 왕국이 되어야 한다. 나를 다스려야 한다. 만일 대장부가 되지 못하고 졸장부에 머무른다면, 세상의 흐름이나 상황에 따라 나의 인생이 요동되도록 내어 맡겨지게 되고 만다. 때로는 외톨이가 되지만 대장부가 되어 약속의 땅에 들어가야 한다.

*여호와 앞에서 하나님의 대장부로 살아가겠노라 다짐하자.

위로예배(4)

깨어있는 것을 보면
❋본문_눅 12:36-40

하나님께서 "깨어있는 종들에게 복이 있을 것이라"는 약속을 해주셨다. 예수님께서 제자들에게 "너희도 준비하고 있으라"고 하셨다.

1. 예수님과 성도의 관계-주인과 종의 모습
예수님은 우리를 형제로 받아주시지만, 동시에 주인과 종의 위치에 있기도 하다. 우리가 이 땅에서 살아가는 동안에 우리가 수행해야 될 주님의 일을 맡겨 주셨기 때문이다. 주님께서는 우리가 맡은 일에 대하여 충성, 봉사, 헌신하기를 요구하신다. 우리는 일을 맡을 만한 능력도 없지만, 맡기셨다는 감사함으로 충성을 다해야 할 것이다.

2. 감당할 능력을 주시는 주인
예수님은 우리에게 일을 맡기신 후에 방관하지 않으신다. 주님께 충성을 다하는 종으로서 감당하도록 능력을 부어주신다. 성령님을 보내주셔서 우리에게 지혜와 능력을 주시며, 하나님의 일을 이루어드리고자 하는 소원으로 일을 이루어 가신다. 그러므로 우리는 주님 앞에서 신실한 종이 되기를 사모하고, 열심을 내야 할 것이다.

3. 깨어 있어야 하는 종
이 세상에 대하여 우리의 신분은 예수님의 제자이다. 그러므로 마땅히 주님께 대하여 깨어 있어야 한다. 깨어 있다는 것은 의롭고 경건한 생활, 매일 매일 그분의 형상을 덧입기 위하여 수고하고 애쓰는 삶의 연속을 의미한다. 하나님의 뜻이 내 안에서 이루어지는 삶을 가리킨다.

*우리의 신분을 잊지 않기 위하여 기도로 깨어있기를 사모하자.

위로예배(5)

이스라엘을 구원하라

※본문_삿 6:11-19

우리가 믿는 하나님은 우리를 사랑하시는 아버지이시다. 우리를 구원하시고, 자기 백성을 돌보시는 하나님의 사랑을 기대하자.

1. 찾아와 주시는 하나님

이스라엘 백성들이 미디안의 압제에서 고생하고 있을 때, 하나님은 그들의 간구를 들어주셨다. 하나님께서는 미디안의 손에서 이스라엘 백성들을 구원할 자로 기드온을 선택하셨다. 그래서 그에게 찾아오셨다. 하나님은 고통 받는 백성에게 찾아오신다. 하나님을 의지하면 하나님께서는 그 길을 나타내 주신다.

2. 애통을 보시는 하나님

미디안의 압제에 견딜 수 없어 그들이 부르짖을 때, 하나님은 찾아오셨다. 본문 16절에, "내가 반드시 너와 함께하리니 네가 미디안 사람 치기를 한 사람을 치듯 하리라"라고 하였다. 곤경에 처할 때만 하나님을 찾고 평안할 때는 하나님을 배반하는 이스라엘을, 하나님은 변함없는 모습으로 그들을 품으셨다.

3. 기다리시는 하나님

본문 18절에서 하나님은 기드온에게 말씀하시기를 "내가 너 돌아올 때까지 머무르리라"고 하셨다. 하나님께서는 기드온이 돌아오기를 기다리셨을 뿐 아니라 그가 드리는 예물도 받으셨다. 하나님은 우리를 끝까지 기다리신다. 하나님은 지금도 자비를 구하는 자들을 기다리고 계신다.

*오늘 우리를 사랑하사, 나에게 보여주시는 하나님의 사랑을 사모하자.

위로예배(6)

예수 그리스도의 심장으로
※본문_빌 1:8-11

새 생명이 여호와의 은혜로 날마다 자라야 한다. 우리 자신이 여호와 앞에서 하나님께 영광과 찬송이 되라는 권면이다.

1. 자라나는 사랑
바울은 빌립보 교회 성도들의 사랑이 자라기를 원했다. 곧 자기희생의 사랑인 아가페의 성장이 있기를 원하였다. 사랑에는 상한선이 없다. 그러므로 얼마든지 자랄 수 있고, 또 자라야 한다. 나아가 그 사랑에 지식과 총명이 있기를 기도하였다. 그 간구는 하나님과 예수님을 바로 앎으로 자라가는 사랑이 되기를 기도한 것이다.

2. 분별하는 지혜
바울은 빌립보 교회 성도들이 지극히 선한 것을 분별할 수 있기를 간구하였다. 거짓이 참인 양 날뛰고 있으며, 사탄이 성령을 위장하고 날뛰기 때문에 영에 대한 분별의 지혜가 있어야 한다. 우리는 다른 복음이 아닌 바른 복음, 다른 예수가 아닌 바른 예수, 다른 영이 아닌 바른 영에 대한 분별력을 가져야 한다. 바른 것을 추구해야 한다.

3. 하나님의 영광과 찬송
바울은 빌립보 교회 성도들이 예수 그리스도로 말미암아 의의 열매가 가득하여 하나님의 영광과 찬송이 되기를 간구하였다. 우리는 예수님을 믿음으로 의롭다 하심을 얻은 성도가 되었으니 성령 충만해야 한다. 성령의 열매를 맺어서 하나님께 영광과 찬송을 돌려야 한다.

*하루 하루의 삶이 하나님께 드릴만한 것으로 살아가기를 소원하자.

입관예배(1)

나팔 불 때 살아나는 성도들

❋본문_고전 15:50-53

지금, 우리에게 부활을 바라보는 소망을 주신 하나님께 감사드린다. 성도는 일단 죽어 육의 몸은 썩지만 영적인 몸으로 부활한다.

1. 죽은 자들이 먼저 일어나고

"주께서 호령과 천사장의 소리와 하나님의 나팔소리로 친히 하늘로부터 강림하시리니 그리스도 안에서 죽은 자들이 먼저 일어나고 그 후에 우리 살아남은 자들도 그들과 함께 구름 속으로 끌어 올려 공중에서 주를 영접하게"(살전 4:16-17) 된다. 이미 죽은 자들이나 주님의 재림 시에 살아 있는 자들이나 마지막 나팔소리에 다 변화할 것이다.

2. 마지막 나팔소리에 맞추어

이 부활과 변화의 사건은 마지막 나팔소리에 맞추어 일어난다. 예수님께서는 "그가 큰 나팔소리와 함께 천사들을 보내리니 그들이 그의 택하신 자들을 하늘 이 끝에서 저 끝까지 사방에서 모으리라"(마 24:31)고 하셨다. 나팔소리는 죽은 성도의 부활을 알리는 예비신호이다.

3. 성도의 부활과 변화

마지막 나팔소리는 예비신호의 끝이며, 본격적 사건의 시작이다. 주의 재림을 알리는 나팔소리가 끝날 때 죽은 성도의 부활과 살아 있는 성도의 변화가 일어난다. 성도의 부활과 변화는 순식간에, 눈 깜짝할 사이에 이루어질 것이다. 우리 모두 영생을 주신 예수님의 보혈에 감사하면서, 나팔 불 때, 다시 살아나는 영광을 바라보자.

*나팔소리가 날 때, 나의 이름이 불릴 영광의 날을 사모하자.

입관예배(2)

재림을 소망하는 성도

❋본문_고전 7:29-31

베드로는 만물의 마지막이 가까웠다고 하면서 기도하는 생활을 게을리 하지 말고, 서로 뜨겁게 사랑하라고 하였다(벧전 4:7-8). 재림을 소망하는 성도들의 태도는 어떠해야 할까?

1. 아내 있는 자는 없는 자 같이

29절에 "형제들아 내가 이 말을 하노니 그 때가 단축하여진 고로 이후부터 아내 있는 자들은 없는 자 같이 하며"라고 했다. 세상의 생활에 집중해서는 안 되므로 가정을 중심해서 살되 재림의 준비를 가져야 한다는 것이다. 경성하여 재림을 준비함에 완전하자.

2. 우는 자들은 울지 않는 자 같이

30절에 "우는 자들은 울지 않는 자 같이 하며 기쁜 자들은 기쁘지 않은 자 같이 하며 매매하는 자들은 없는 자 같이 하며"라고 했다. 성도는 재림을 기다리는 삶에서 세상 육체적인 문제로 우는 울음을 조절하되, 영을 위하여 우는 비중을 많이 두어야 한다.

3. 쓰는 자들은 다 쓰지 못하는 자 같이

31절에 "세상 물건을 쓰는 자들은 다 쓰지 못하는 자 같이 하라 이 세상의 외형은 지나감이니라"고 했다. 많은 물건을 구입하여 그 소유에 마음을 두고 있지만, 재림에 대하여는 조금도 생각하지 않는 자들은 문제가 있다. 현재로 만족을 누리라는 것이다.

*재림을 소망하고 사는 사람들은 절제하며, 주 안에서 기뻐하고, 경건하게 지내야 한다.

입관예배(3)

아침에 피어 저녁에 시드는 꽃

※본문_시 90:1-6

우리는 인간이 얼마나 유한하며, 허무한 지를 깨닫고 겸손해져야 한다. 다윗은 홍수에 쓸려가는 인간의 모습을 고백하였다.

1. 하나님의 영원성과 불변성

본문은 하나님의 영원성과 불변성에 대한 내용이다. 하나님께서는 갑자기 내린 비가 홍수가 되어 모든 것을 쓸어가는 것처럼 인생들을 쓸어가실 것이다. 팔레스타인은 우기에 폭우가 내리면 갑자기 작은 강이 형성되어 순식간에 모든 것을 쓸어가곤 한다. 그러면 그 위에 있던 모든 것들은 흔적조차 없이 허무하게 사라져 버리고 만다.

2. 죽음의 잠을 자는 연약한 존재

인간의 삶이란 갑자기 찾아오는 인생의 홍수에 휩쓸려서 영원한 잠을 자게 된다. 잠자는 것은 의식이 없는 상태, 곧 죽음의 상태를 말한다. 인간은 갑자기 내린 비에 쓸려가 죽음의 잠을 자는 연약한 존재다. 우리는 연약하지만 하나님은 강하시다. 우리는 끝이 있으나 하나님은 영원하시다. 인생은 하나님을 의지하고, 그의 도우심을 받아야 한다.

3. 단 한 번의 홍수로 사라질 존재

인생은 아침에 돋는 풀과 같다. 한 세대가 하나님의 홍수에 휩쓸려 사라지게 되면, 그 자리에 다음 세대가 풀처럼 새롭게 돋아나게 된다. 그러나 이들 역시 단 한 번의 홍수로 사라질 수 있다. 마치 아침에 새로 피어 잠시 자라다가, 저녁이 되면 베어져 말라버리는 풀처럼 연약하다.

*우리의 약함을 깨달아 하나님께 가까이 가도록 하자.

입관예배(4)

여호와께 귀중한 죽음

❋본문_시 116:12-16

여호와께서 주의 성도들의 죽음을 귀히 보신다고 하셨다.

1. 결코 가벼울 수 없는 죽음

사람의 죽음은 결코 가볍지 않다. 지금, 고인의 생명이 우리의 곁을 떠나 서운하고 슬프기도 하지만, 하나님께서는 귀히 보고 계신다. 하나님은 어떤 사람이라도 함부로 죽도록 버려두지 않으신다. 하나님은 사람이 악인에 의해 무고한 죽음을 당하지 않도록 지켜주신다. 물론 하나님은 스데반과 같이 성도들이 순교하도록 허용하실 때도 있다.

2. 생명을 귀중히 보시는 하나님

하나님께서는 사람의 생명을 귀중히 보신다. 이 땅에서의 인류역사는 하나님께서 성도들이 죽었을 때, 그 영혼을 인도하여 영원히 자신과 함께 있도록 해주심을 깨닫게 한다. 스데반이 순교를 당하기 직전에 주님께서 일어서서 그를 영접하는 모습을 보여 주셨다. 이것은 주님께서 순교자의 영혼을 귀중히 여기고 그를 영접하신다는 것을 보여준다.

3. 하나님의 사랑과 보호

모든 사람들은 여호와 앞에서 주의 종, 곧 주의 여종의 아들이다. 그것은 하나님의 선택을 받고 세움을 받았기 때문이다. 우리는 고인도 하나님의 사랑과 보호를 받으셨다고 믿는다. 고인이 어떤 삶을 사셨을지라도 하나님의 피조물로서 존귀하게 여기심을 받으셨다. 어떤 사람이라도 그의 인생이 하나님 앞에서 귀중함을 기억하자.

*우리는 고인으로부터 인생의 교훈을 받아, 살아가기를 다짐하자.

입관예배(5)

여호와 닛시의 은혜

※본문_출 17:8-16

하나님을 생각할 때마다 여호와는 나를 돕는 자이심을 기억해야 한다. 아버지의 즐거움은 자녀를 도와 잘 되게 하는 것이다.

1. 광야 길의 인생

이스라엘 백성들이 지나야 했던 광야는 고된 곳이었다. 광야는 거칠고 메마르며 피곤하고 마음에 안정이 없다. 17장을 시작하는 1절에 "이스라엘 자손의 온 회중이 여호와의 명령대로 신 광야에서 떠나 그 노정대로 행하여 르비딤에 장막을 쳤으나 백성이 마실 물이 없는지라"라고 하였다. 인생도 광야처럼 고된 것이다.

2. 아말렉과의 전쟁

이스라엘 백성들은 자기들의 앞을 가로막는 아말렉의 군사들과 싸워야 하였다. 모세는 여호수아에게 사람들을 택하여 나가서 아말렉과 싸우라고 하였다(9). 하나님의 자녀들은 이 땅에서 사는 동안에 마음을 하나로 해서 악한 세상에 대하여 전투적인 자세를 취해야 한다.

3. 기도하는 모세

모세는 하나님의 지팡이를 손에 잡고 산꼭대기에 섰다. 그때, 모세가 손을 들면 이스라엘이 이기고, 손을 내리면 아말렉이 이겼다. 모세가 기도할 때, 하나님께서 여호수아와 함께 하셨다. 그러나 그의 팔이 피곤하여 내려오니, 여호수아의 군대가 패하였다. 이에, 아론과 훌이 양쪽에서 모세의 팔을 붙들어 올려 내려오지 않게 했다(12).

*하나님은 우리를 이기게 하신다는 그 약속을 잊지 말자.

입관예배(6)

지식을 가져라

❋본문_호 4:6-10

성도는 세상의 지식으로 하나님의 사람답게 살 수 없다. 여호와의 입에서 나오는 말씀을 지식으로 삼을 때, 성공자의 생활을 하게 된다. 여호와 앞에서 우리가 가져야 하는 지식이 있다.

1. 하나님을 아는 지식

이스라엘 백성들이 우상을 숭배하고, 하나님께서 미워하시는 일을 하면서도 죄를 몰랐던 것은 하나님을 아는 지식이 없었기 때문이다. "내 백성이 지식이 없으므로 망하는도다"(6)라고 하였다. 호세아 선지자를 통한 이스라엘 백성에 대한 하나님의 탄식이었다.

2. 구원에 이르는 지식

이스라엘 백성은 구원을 얻는 도를 버리고, 우상을 섬기며 다른 신을 섬겼다. 그 결과, 하나님의 진노를 사고 만 것이다. 하나님의 자녀들에게 꼭 필요한 것은 우상에게서 떠나 예수님을 구주로 믿는 지식이다.

3. 최고의 법을 아는 지식

곧 율법을 아는 지식이다. 이 율법으로 여호와 앞에서 경건하게 살아가게 된다. 하나님의 율법은 여호와의 선민에게 거룩하게 하고, 죄를 멀리하도록 하신다. 우리에게 생명과 복을 주시고, 사망과 화를 주시지 않으려고 율법을 주셨다. 그러므로 우리는 이 지식으로 자기를 살펴야 한다.

*하나님께서 주시는 이 하늘의 지식을 갖고 사는 생명의 삶에 소망을 두자.

장례예배(1)

빛들의 아버지께로부터

✤본문_약 1:17-18

땅을 정복하고 생물들을 다스리도록 사람에게 지혜와 능력을 주시는데, 이것이 바로 하나님이 주신 선물들이다.

1. 열심을 내자

성경에서 보여주는 하나님과 함께 했던 이들의 공통적인 특징을 꼽으라면 열심이다. 그러나 하나님께로부터 버림을 받았다든지, 자기를 의지하고 살았던 이들에게서는 그런 열심을 발견할 수 없다. 열심을 내어 살았던 이들의 삶은 하나님 안에 거하였다는 증거가 된다. 지금, 우리에게도 하나님께서는 여러 모양으로 좋은 은사를 주신다.

2. 소망을 크게 하자

하나님의 사람들의 마음은 소망으로 가득하였다. 그들은 눈에 보이는 것으로 살지 않고, 눈에 보이지 않는 소망을 있는 것으로 여기고 살았던 것이다. 그 삶에 의해서 하나님의 영광을 드러냈고, 열매를 맺었다. 세상의 역사는 소망의 사람들에 의해 새로운 기록들이 더해갔다. 하나님께서는 지금, 소망으로 살려고 힘쓰는 이를 찾으신다.

3. 위를 바라보자

우리가 누리게 되는 온갖 좋은 은사와 온전한 선물을 하나님께서 주셨다고 하였다. 하나님은 하늘에서 우리와 함께 하신다. 이 세상에 있는 동안에, 승리자로 살았던 이들은 하늘에 마음을 두고 살았다. 비록 그 시간이 오래 걸릴지라도 하늘을 바라보았다.

*우리에게 요구되는 모든 것에 하나님의 주심을 기다리자.

장례예배(2)

사역자에게 보호자가 되어준 여인
※본문_롬 16:1-2

'뵈뵈'라는 이름은 그의 부모가 이방인이었음을 나타내 준다. 그러나 그는 예수님을 믿고 구원을 얻어 주 안에서 '자매'가 되었다. 부모는 이방인이었을지라도 예수님을 구주로 영접하였던 것이다.

1. 겐그레아 교회의 일꾼

뵈뵈는 '겐그레아 교회의 일꾼'이라고 하였다. 봉사자를 의미한다. 하나님의 교회와 복음 사역의 여러 면에서 헌신하였다. 그녀는 믿음의 식구가 되었을 뿐 아니라, 주님의 일에 참여하는 자가 되었다. 얼마나 놀라운 하나님의 은혜인가!

2. 여러 사람과 바울의 보호자

뵈뵈는 바울에게 그의 보호자가 되어주었다. 바울의 사역을 위하여 헌신하는 종이 되었다. 바울은 그녀에 대하여 '여러 사람과 나의 보호자'라고 하였다. 보호자라는 말은 여러 사람과 바울의 앞에 서서 그들을 보호하고 돌보았음을 뜻한다. 뵈뵈는 신분적으로나 경제적으로 힘이 있는 인물이었다. 바울은 로마 교회가 그녀를 영접하기를 요청하였다.

3. 주 안에서 성도의 합당한 예절로

뵈뵈는 예수님 안에서 구원의 은혜를 받아 하나님의 거룩한 가족이 되었다. 따라서 한 지체가 되었으니 그녀를 귀히 여기며 영접해 달라고 부탁하였다. 바울은 그들이 그녀에게 무엇이든지 그에게 소용되는 바를 도와주라고도 하였다.

*주님께서는 뵈뵈 같은 일꾼을 찾으신다. 뵈뵈 같은 일꾼들이 되자.

장례예배(3)

모든 사람을 대신하여 죽었은즉

※본문_고후 5:11-15

바울은 불신자들에게 하나님과 화목하도록 하는 사명을 인식하였다. 죄인을 구원하시려는 주님의 사랑이 그에게 사명을 갖게 하였다.

1. 주의 두려우심을 알므로

바울이 자신의 목숨을 내놓고 복음을 전하게 한 동기는 주의 두려우심 때문이었다. 주의 두려우심은 마지막 날에 심판하셔서 보응하시는 주님에 대한 두려움이다. 우리도 주님께서 심판의 주로 오신다고 하셨으니, 이 땅에서 우리가 산 그것을 가지고 심판 받을 준비를 해야 한다.

2. 우리를 강권하시는도다

바울이 때때로 미친 것같이 보인 까닭은 주님의 사랑이 그를 강권하였기 때문이다. 그 사랑 때문에 박해 중에도 낙심하거나 굴복하지 않고 때때로 홀로 있어도 외로워하지 않으며, 물질적 가난과 궁핍 속에서도 위축되거나 그 처지를 부끄러워하지 않으며 주의 일에 열심히 충성하였다. 주님이 나에게 명령하신 일에 목숨을 바쳐야 한다.

3. 다시 살아나신 이를 위하여

예수님께서 우리를 대신하여 죽으신 목적은 그의 대속으로 구원받고 새 생명을 얻은 자들이 자신을 위하여 살지 않고, 예수님을 위해 살게 하시려는 것이었다. 바울은 그의 평생을 주님을 위하여 살았다. 주님을 위하여 산다는 것은 하나님의 영광을 위하여 의롭게 사는 것을 말한다. 하나님의 영광과 예수님의 이름을 위하려는 다짐을 하자.

*오늘, 여호와 앞에서 세상에 대한 나의 사명을 확인하자.

장례예배(4)

지혜롭게 사는 길

�֎본문_마 24:42-51

고인의 장례예식에 참여하면서 우리가 배워야 할 진리가 있다. 그것은 이 땅에서 살아가는 시간을 어떻게 보내야 하는가 하는 것이다.

1. 깨어 있어야

24절에서 언급한 대로, 깨어 있는 자만이 시대를 분별하고 주님께서 오실 때를 맞이할 수 있다. 예수님께서는 시험에 들지 않게 깨어 있으라고 강조하셨다. 계 16:15을 보자. "보라 내가 도둑 같이 오리니 누구든지 깨어 자기 옷을 지켜 벌거벗고 다니지 아니하며 자기의 부끄러움을 보이지 아니하는 자는 복이 있도다"

2. 준비하고 기다려야

주님께서 다시 오신다고 하셨다. 이에, 성도는 주님의 다시 오심을 준비하고 기다려야 한다. 그것이 지혜로운 삶이다. 성경을 보면 하나님께서는 언제나 그 일에 준비되어 있는 자를 찾아서 사용하셨다. 여러분은 준비하고 있는가?

3. 충성스런 종이 되어야

충성스런 종의 특징이 있다. 그는 지혜롭고 때를 알고 양식을 나눠줄 안다. 즉 자신의 사명을 잘 감당하는 것이다. 그래서 이러한 종은 주인으로부터 복이 있다는 칭찬을 받는다. 그러나 이와는 반대로 준비하지 않는 사람이 있다. 그는 주인이 더디 오리라 생각한다. 이 사람을 가리켜서 악한 종이라 하였다.

*여호와 앞에서, 삶의 현장에서 지혜롭게 살아가기를 사모하자.

장례예배(5)

축복하는 입술
※본문_벧전 3:8-12

고인의 삶을 돌아보면서 그가 이 자리에 남겨놓으신 것은 그의 몸뿐이 아님을 생각한다. 고인은 평생 가족과 이웃을 축복하며 살아오셨다.

1. 인생을 복 되게 하는 말(언어)

한 사람의 인생은 말에서 시작된다. 말은 인생을 만든다. 잠 6:2에 "네 입의 말로 네가 얽혔으며"라고 하였다. 말에는 그 말을 듣는 사람의 인생에 힘을 주는 능력이 있다는 것이다. 이삭이 늙어 세상을 떠날 때가 가까워지자 그는 맏아들에게 축복하기 위해 별미를 만들어 오라고 하였다. 아버지가 죽음이 가까워오자 장자를 축복하려 하였던 것이다.

2. 이웃과 자신을 축복하는 말

축복의 말은 남의 인생을 복되게 하지만, 자신에게도 축복이 된다. 창 12:3을 보자. 하나님이 아브라함에게 하신 말씀으로 "너를 축복하는 자에게는 내가 복을 내리고 너를 저주하는 자에게는 내가 저주하리니"라고 하셨다.

3. 하나님을 송축하는 말

"내 영혼아 여호와를 송축하라 내 속에 있는 것들아 다 그의 거룩한 이름을 송축하라 내 영혼아 여호와를 송축하며 그의 모든 은택을 잊지 말지어다"(시 103:1-2)라고 하였다. 우리가 하나님을 향해 찬양하며 송축하면 하나님은 기뻐하신다. 우리의 기도, 찬양은 입술의 열매이다. 우리 입술로 축복하며 찬양하며 입술의 좋은 열매를 통해 좋은 씨를 심자.

*성도의 말에는 하나님의 능력이 있으므로 축복의 사람이 되자.

장례예배(6)

우리가 서로 사랑하자

�֍본문_요일 3:16-24

고인의 생애를 한 마디로 줄인다면 '사랑의 원자탄'이었다고 할 것이다. 그는 가족과 이웃에게 먼저 사랑을 주셨고, 사랑으로 대하셨다.

1. 더불어 사는 사랑이 필요한 세대

우리는 독생자 예수님께서 이 땅에 오시고 죽기까지 우리를 사랑하셨음을 배워서 실천해야 한다. 토마스 아 캠피스는 말하기를 "우리는 누구든지 진실로 빛 속에 살기를 원하고 마음의 모든 흑암으로부터 구원받기를 바란다면 주님의 가르침을 따르고 그가 걸으신 길을 본받아야 한다."고 권고하였다. '본받는 자'는 '모방하는 사람'이라는 뜻이다.

2. 행함과 진실한 사랑이 필요한 세대

주님께서는 우리가 서로 각 사람의 마음을 살펴서 주님의 말씀에 따라 순종하며 실천해 살기를 원하신다. 야고보 사도도 말하기를 "행함이 없는 믿음은 죽은 믿음일 뿐 아니라 아무런 능력도 힘도 없다."라고 하였다. 그러나 주님은 믿음이 있지만 행동할 수 없는 죽은 사람을 책망하신다. 사랑의 눈을 뜨고 자신을 보며 이웃을 살피자.

3. 사랑하는 생활이 필요한 세대

성도는 바로 자신이 주님의 삶에 일치해 나감으로 예수님을 닮아가는 것이다. 그럴 때, 하나님께서 그에게 응답하시며, 사랑의 힘을 체험하게 하신다. 가장 작은 것 하나에도 충실하지 못하면 많은 것을 맡길 수도 없고 맡을 수도 없다. 서로 사랑한다는 것은 주님의 뜻을 성취함이다.

*자녀들이 서로 사랑할 것을 다짐하는 시간이 되기를 축복한다.

하관예배(1)

자녀를 주의 말씀으로
※본문_엡 6:4

오늘 이후, 우리는 시신으로라도 고인을 만날 수 없다. 그러나 죽는 날까지 고인과 함께 한다. 나의 모습과 삶이 고인의 것이기 때문이다.

1. 부모를 기쁘게 해드리는 자녀로 키우자

고인이 나를 이만큼 성장하게 하셨다면, 우리도 자녀를 키울 의무가 있다. 자녀들이 부모의 말씀을 주 안에서 순종하며 기쁘게 해드리도록 키워야 한다. 이것은 자녀에게 부모님을 모시고 있다는 자부심이요, 효도를 할 수 있는 기회가 된다. 주 안에서 부모님께 효도하는 일은 하나님의 말씀을 떠나지 않고 그 말씀대로 순종하며 살아가는 길이다.

2. 자녀의 길을 주 안에서 인도하자

부모가 자녀들을 양육하는데 지나친 과잉보호는 오히려 자녀들의 교육에 문제를 일으키는 요인이 된다. 사랑과 채찍의 회초리가 함께 병행되어야 할 것이다. 이때, 부모의 감정적인 표출은 금물이라 할 것이다. 칭찬을 아끼지 말아야 하되, 바른 책망도 멈추어서는 안 된다. 자녀를 반드시 성경으로 교육하여 인생의 승리자로 만들어야 한다.

3. 하나님께 순종하는 사람으로 도와주자

성도의 가정에서는 어려서부터 자녀들에게 말씀을 순종하는 법을 가르쳐야 한다. 그럴 때 자녀들이 올바른 길을 가게 된다. 하나님께서는 말씀을 순종하며 살아가는 자녀들에게 예비하신 축복의 단비를 내리신다. 하나님을 예배하는 자의 가장 큰 조건이 바로 순종이기 때문이다.

*자녀의 생애를 위하여 기도하고, 말씀으로 양육하기를 결단하자.

하관예배(2)

교회 중심의 생활
✸본문_롬 12:3-13

구속의 은혜를 입은 성도는 그리스도 예수의 몸인 교회를 중심으로 하는 신앙생활을 해야 한다. 이는 우리를 구속하신 목적이 단순히 영생복락을 누리게 함만이 아니라 교회를 세우고 이루려는 것이기 때문이다.

1. 교회를 세우시는 주님
주님께서는 교회에, 자신을 주셨고, 피로 사셨다. 이렇게 하신 주님의 뜻은 깨끗한 교회, 거룩한 교회, 영광스런 교회를 세우기 위함이었다. 중생의 씻음과 성령의 새롭게 하심으로 깨끗하게 하시고, 거룩하며, 책망할 것이 없는 자들로 세우셨다.

2. 성경이 말씀하는 주님의 교회
주님은 교회의 머리요, 교회는 주님의 몸이요, 성도는 그 몸의 지체이다. 주님과 교회와 성도는 유기적으로 연합되어 한 목적을 위한 서로 필요한 존재들이다. 교회가 성취해야 할 네 가지 사명이 있다. 예배, 전도, 교육, 봉사의 사명이다.

3. 교회 중심의 삶을 내 삶으로
나의 은사를 정직하게 평가하여 주님의 영광과 교회의 평화를 위하여 최선을 다하자. 그리고 진실하게 협력하자. 은사는 어느 누구의 독점물이 아니요, 자기 은사가 제일이 아니므로 주님의 영광과 교회의 평화를 위하여 믿음으로 활용하자. 믿음으로 활용하여 나의 행실에 나타내게 될 때, 그리스도의 몸을 세우게 된다.

*은사는 사랑으로 활용할 때까지 은사가 아니라는 것을 기억하자.

하관예배(3)

사명으로 사는 사람

�֍본문_행 20:17-27

우리가 붙잡아야 할 진리는 자기 존재의 의미를 아는 것이다. 그것을 사명이라고 하는데, 사명에 대한 확인은 열정적인 삶을 살게 한다.

1. 주님께로부터 받음

본문 24절에 "주 예수께 받은 사명"이라고 하였다. 사람의 성공 여부는 그가 얼마나 많이 소유했느냐에 있지 않고, 이 땅에서 존재 목적에 얼마나 부합되게 살았는가에 있다. 존재 목적을 알고 사는 사람과 그 목적을 모르고 사는 사람은 천지 차이가 있다. 삶을 의미 있게 살려면 먼저 주님께로부터 받은 사명이 무엇인가를 알아야 한다.

2. 생명처럼 고귀한 것

24절에, 내게 주신 사명을 위해서는 "나의 생명조차 조금도 귀한 것으로 여기지 아니하노라"고 하였다. 사도 바울이 예루살렘으로 가는 길은 위험한 길이었다. 그러나 그에게 주어진 사명이 있었기 때문에 그것을 조금도 개의치 않았다. 성도는 자기가 하는 일을 소중히 여겨야 한다. 그리고 그 맡은 사명에 자신의 생명을 바쳐 충성을 다해야 한다.

3. 사람을 행복하게 함

바울은 수없이 많은 고생을 하면서도 그의 마음에 예수님 생각으로 가득 찼다. 그래서 그는 살든지 죽든지 오직 주님의 영광을 위하여 산다고 고백할 수 있었다. 사명에 사는 사람은 어떤 보상을 기대하지 않는다. 사명 그 자체가 최고의 영광이기 때문이다.

*예수를 소중히 여기고 예수로 만족하여 맡겨진 사명에 충성을 다하자.

하관예배(4)

유업을 잇게 하시나니

※본문_벧전 1:3-4

우리는 구원의 은혜를 베푸신 하나님을 찬송하는 신분이 되었다. 우리들의 거듭남은 하나님의 전적인 긍휼과 은혜로 된 것이다.

1. 하나님의 긍휼

하나님은 긍휼의 눈으로 우리를 보신다. 우리에게 사랑을 베푸시고 자비롭게 여기시는 눈으로 우리를 보시기 때문에 우리가 하나님 앞에 설 수 있다. 하나님의 불쌍히 여기시는 그 사랑 때문에 우리가 용서를 받게 되었다. 이 긍휼의 하나님을 찬송하며 살아가야 한다. 하나님께서는 우리를 대하실 때 자비의 눈, 긍휼의 눈으로 보신다.

2. 거듭나게 하사

하나님께서는 예수님의 죽음과 부활로 말미암아 우리를 거듭나게 하셨다. 죄로 말미암아 죽었던 영이 다시 살아나는 것이 '거듭남'이다. 누구든지 예수를 영접하면 거듭나게 하시고 하나님의 자녀가 되는 특권을 주신다. 예수님의 피 흘림과 십자가 희생으로 얻게 된 거듭남의 은혜이다. 이 은혜를 입은 우리가 하나님을 찬송하는 것은 당연하다.

3. 산 소망이 있게 하시며

거듭나기 전에는 하나님 나라에 들어갈 희망이 없었으나 거듭난 후에 천국을 소유하게 되었다. 이것이 바로 산 소망이다. 하나님께서 그리스도를 통하여 주신 소망은 영원이라는 소망이다. 하나님께서는 이 소망을 하늘에 간직해 두셨다. 찬송은 영원한 소망을 간직했다는 증거이다.

*산 소망을 주신 하나님께 찬송을 드리며 살아가기를 사모하자.

하관예배(5)

하나님과 동행하더니

❈본문_창 5:21-24

　에녹의 삶을 우리에게 증언하시는 하나님의 의도를 깨닫자. 거기에 우리가 살아가야 하는 삶의 방법이 있다.

1. 하나님과 동행하는 삶

　에녹은 므두셀라를 낳은 후에 삼백 년을 하나님과 동행하였다. 그가 므두셀라를 낳았을 때가 육십오 세라 하였으니 인생의 시간에서 8할을 하나님과 동행하였다. 그에게 임한 하나님의 은혜는 그가 하나님과 동행할 때, 어느 시기만이 아니고, 끝까지 동행하였다는 사실이다. 지금, 하나님은 우리와 동행하기를 원하신다.

2. 하나님을 기쁘시게 하는 삶

　하나님과 동행하는 은혜를 누린 에녹에게 하나님께서 평가를 내리셨다. 그것은 그가 이 세상에서 옮겨지기 전에 하나님을 기쁘시게 하는 자라 하는 증거를 받았다는 것이다. 성경에 따르면 하나님을 기쁘시게 하는 것이 믿음이라고 하였다. 그렇다면 에녹은 믿음으로 평생을 살았다는 것이다. 에녹에게서 믿음으로 살아가라는 말씀을 들어야 한다.

3. 하나님께서 데려가시는 삶

　에녹이 하나님과 동행하였다는 사실은 해석이 필요하다. 어떻게 사람이 자의적으로 하나님과 동행할 수 있는가? 결코 아니다. 하나님께서 에녹과 동행해주신 것이다. 그리고 그에게 믿음을 선물로 주셔서 믿음으로 살게 하셨다. 그 은혜가 에녹으로 죽음을 보지 않도록 하셨던 것이다.

　*오늘, 에녹처럼 하나님의 은혜를 구하면서 살아가기를 결단하자.

하관예배(6)

주께서 이 좋은 것으로

❖본문_대상 17:25-27

하나님은 우리가 기도에 의해서 교제하는 행복을 주신다. 우리도 기도함으로써, 하나님께서는 우리에게 자녀의 관계를 누리기 원하신다.

1. 기도의 은혜를 감사하라

"나의 하나님이여 주께서 종을 위하여 왕조를 세우실 것을 이미 듣게 하셨으므로 주의 종이 주 앞에서 이 기도로 간구할 마음이 생겼나이다"(25)라고 하였다. 하나님은 다윗에게 기도할 마음이 주셨고, 그는 실제적으로 기도의 생애를 살았다. 기도는 하나님께서 다윗에게 주신 복이다. 기도로 간구할 마음이 생긴다는 것이 바로 은혜이며 복이다.

2. 약속의 은혜를 감사하라

다윗은 하나님을 향해서 "여호와여 오직 주는 하나님이시라 주께서 이 좋은 것으로 주의 종에게 허락하시고"(26)라고 고백하였다. 이에 하나님께서 다윗에게 네 아들, 네 손자에게, 자자손손 이어가면서 왕조를 세워 주겠다고 약속하셨다. 다윗은 메시야의 조상이 되었다.

3. 누림의 은혜를 감사하라

"이제 주께서 종의 왕조에 복을 주사 주 앞에 영원히 두시기를 기뻐하시나이다 여호와여 주께서 복을 주셨사오니 이 복을 영원히 누리리이다"(27)라고 하였다. 다윗은 기도를 통해서 하나님과 교제하면서 베풀어 주시는 은혜를 누릴 줄 알았다. 나아가 자신이 메시야의 조상이 되는 은혜를 누렸다. 하나님께서는 다윗과 같이 누림의 은혜를 주신다.

*유족은 이 가정에 베풀어 주신 복을 감사하면서 누리도록 하자.

귀가예배(1)

나와 더불어 언약을 세우사
※본문_삼하 23:1-7

하나님께서 자기 백성과 더불어 영원한 언약을 세우시겠다(5)고 위로해주신다. 하나님께서는 우리의 모든 소원을 이루어주신다.

1. 노래 잘 하는 자가 말하노라
1절에, 다윗은 자신을 가리켜 "이새의 아들…하나님께로부터 기름부음 받은 자"라고 찬송을 시작하였다. 그는 이 찬송의 고백을 통해서 자신의 보잘것없는 목동으로부터 시작하여 기름부음 받은 왕이 되기까지 자신의 파란만장한 삶을 회상하였다. 자신의 인생 여정을 되돌아보면서 다윗은 하나님을 찬양하지 않을 수 없었다.

2. 여호와의 영에 감동되어서
2절에, "여호와의 영이 나를 통하여"라는 표현을 빌어서 성령님께 충만한 자신에 대하여 찬송하였다. 자신의 찬양이 사사로운 노래가 아니라 하나님의 영에 감동되어 부르는 노래라는 고백이었다. 그는 성령님께 충만해서 "그의 말씀이 내 혀에 있도다"라고 하였다.

3. 내 집이 하나님 앞에
5절에, 다윗은 "내 집이 하나님 앞에 이같지 아니하냐"라고 찬송을 함으로써 자신을 통해서 자기의 집안에 복이 임할 것을 확신하였다. 후손들이 받을 축복에 대한 확신은 다윗에게 복의 주관자가 되시는 하나님을 찬양하도록 하였다. 여기에서 다윗의 집안에 대한 복의 약속은 훗날 메시야가 도래하실 것에 대한 예언이었다.

*우리는 하나님께서 나의 소원을 이루어주실 것을 소망하자.

귀가예배(2)

영으로써 몸의 행실을 죽이라

※본문_롬 8:11-17

우리의 삶은 성령님의 충만함으로 말미암아 몸의 죄악 된 행위들을 죽여야 한다. 그것이 성화의 삶이다. 성령님께서는 우리의 거룩함을 위해서 우리 안에 내재하신다.

1. 하나님의 은혜를 받다

본문에서는 우리를 가리켜 '빚진 자'라고 하였다. 우리는 하나님께서 구원해 주시는 은혜의 빚을 졌다. 하나님께서는 우리를 값없이 은혜로 구원하셨다. 오직 주님의 십자가 공로로 우리를 죄에서 해방하시고 우리를 의롭다고 인정하시고 새 생명을 주셨다.

2. 갚을 수 없는 빚

이것은 우리가 값으로 계산할 수 없는 큰 빚이다. 이것이 성경이 말하는 구원의 은혜이다. 지옥 갈 죄인을 천국 가게 하신 구원의 은혜의 값을 어떻게 환산할 수 있겠는가? 그러나 한 번 구원을 받아 의롭다 여기심을 받은 사람이 육신의 죄성을 따라 살면 반드시 죽는다.

3. 영원한 구원

의롭게 된 사람이 불의의 소욕에 따라 살면 부끄러운 죽음을 당한다. 그렇지만 이것이 성도의 구원이 중도에 실패하거나 잃어버릴 수 있음을 증명하는 것은 아니다. 하나님께서 예정하시고, 주님의 흘리신 피로 구속하시고, 성령님께서 중생시키신 백성은 반드시 다 구원을 받고 영광에 이르도록 하신다.

*성령님의 감동하심에 순종하여 죄악 된 행실을 죽이도록 하자.

귀가예배(3)

여선지자 사사

※본문_삿 4:4-9

　드보라는 하나님의 영감이 풍성하여 백성들의 문제를 올바르게 재판하였다. 나아가 흩어진 백성들로 하여금 하나님께 충성하게 하였다.

1. 지혜로운 영적 지도자

　드보라는 여자였지만 통찰력과 판단력이 예민하여 정확하였다. 이스라엘은 에훗이 죽은 후, 다시금 범죄하였기 때문에 하나님께서 하솔 왕 야빈을 통한 20년간의 징계를 내리셨다. 이스라엘 백성이 야빈의 압제에서 신음을 하게 되자, 다시 여호와께 부르짖는 이스라엘 백성들을 모았다. 드보라는 전쟁하기에 용이한 곳으로 그들을 인도하였다.

2. 인간관계를 맺는 사람

　드보라는 바락이 어떤 사람이라는 것을 잘 알면서도 그를 세웠다. 바락은 싸움터로 가면서 드보라에게 동행해 줄 것을 요구하였다. 이에, 드보라는 바락과 함께 서서 적을 물리쳤다. 그녀는 바락을 격려하면서 야빈의 군사들과 싸웠다. 드보라는 전쟁의 승리가 자신에게 있지 않고 하나님의 도우심으로 승리할 수 있다는 것을 보여주었다.

3. 하나님을 절대적으로 의지하다

　드보라는 백성을 위해 재판을 하거나 전쟁을 하는 일에 있어서, 악을 위해 분노하시는 하나님을 철저히 의지하고 담대하게 싸웠다. 사사로운 개인의 감정에 치우치지 않고 하나님의 능력을 힘입고 나갈 때마다 승리하게 하신 것이다.

　*하나님께서는 이 가정과 식구들을 사용하시려는 계획이 있으시다.

귀가예배(4)

여호와를 경외하는
❋본문_왕상 18:1-15

어려서부터 하나님을 경외한 오바댜는 신앙생활을 하되 매우 잘하였다. 그는 열심을 품고 주를 섬겨 본인에게도 크게 유익하였다.

1. 어려서부터 여호와를 경외하다
오바댜는 어려서부터 하나님을 경외하는 자라고 자신을 밝혔다(12). 그는 우상을 숭배하지 아니하고 양심을 따라서 하나님을 섬기는 참 신앙의 사람이었다. 어려서부터 하나님을 두렵고 떨리는 마음으로 섬기는 사람이었다. 그의 생애는 하나님 앞에서 살아가는 성도의 겸손함에 대하여 교훈해준다. 우리는 그에게서 고인의 모습을 보게 된다.

2. 지극히 여호와를 경외하다
지극히 여호와를 경외하였다는 것은(3) 매우 잘 믿었다는 뜻이다. 그는 신앙생활을 해도 열심으로 하였다. 열심히 성경을 많이 읽으면 진리를 더욱 많이 터득하게 되고, 기도를 많이 하면 더욱 신령해지고, 죽도록 충성하면 하늘의 상급이 클 것은 분명하다. 모르긴 해도 고인은 오바댜를 아주 잘 알고 오바댜처럼 여호와를 경외하였을 것이다.

3. 숨어서 봉사하다
하나님을 잘 섬기는 오바댜가 숨어서 주의 종들을 위하여 봉사한 것을 볼 수 있다. 하나님을 잘 섬기는 사람들은 말로만 그렇게 하지 아니하고 행동으로도 보여준다. 신앙이 좋다는 것은 말로만은 알 수 없고, 오직 행동이 뒷받침이 되어야 한다.

*고인의 신앙을 유업으로 받고, 하나님 앞에서 겸손하기를 사모하자.

귀가예배(5)

하나님께서 구하시는 것

❋본문_미 6:5-8

하나님께서 "싯딤에서부터 길갈까지의 일을 기억하라 그리하면 나 여호와가 공의롭게 행한 일을 알리라"(5)고 하셨다.

1. 정의를 행하는 것

하나님께 나아가며, 높으신 하나님께 경배하면서 무엇을 드려야 하겠는가? 번제로 일 년 된 송아지나 천천의 숫양이나 만만의 강물 같은 기름을 드려야 할까?(6-7). 아니다. 하나님께서 구하시는 것은 정의를 행하는 것이라 하였다. 이는 정직하고 깨끗한 삶을 살고, 주의 말씀대로 의의 율례와 도를 마음에 간직하며 지켜 행하는 것이다.

2. 인자를 사랑하는 것

하나님께서 사랑하는 다윗이 있다. 그는 많은 실수도 했고, 간음도 했고, 거짓말 하고 살인까지도 했다. 그런데 그런 그에 대하여 하나님께서는 마음에 맞는 자라고 하셨다. 다윗은 연약한 인간에 불과했으나 하나님과의 관계에 있어서 하나님을 진심으로 사랑했기 때문이다.

3. 하나님과 함께 행하는 것

오늘, 하나님께서 우리에게 구하시는 것은 하나님과 함께 행하는 것이다. 그리할 때 하나님의 마음을 알게 된다. 하나님의 뜻을 알게 된다. 하나님 앞에서 내가 나아갈 바를 알게 된다. 그런 자는 주 안에서 자기를 낮추고 주님만을 높여드린다. 주님만을 위하여 살고 주께만 영광을 돌리며, 자기 자신을 깨뜨리고 하나님께서 원하시는 삶을 산다.

*하나님의 말씀과 뜻에 순종하는 삶을 소원하자.

귀가예배(6)

영화롭게 하리라
✽본문_시 91:11-16

하나님께서 우리를 영화롭게 해주신다고 약속하셨다. 사실, 우리는 이미 영화로워졌다. 주님 안에서 죄 씻음 받고, 영화롭게 된 것이다.

1. 지키시는 하나님

11절을 보자. "그가 너를 위하여 그의 천사들을 명령하사 네 모든 길에서 너를 지키게 하심이라." 하나님은 자기의 백성들을 지키시는 여호와이시다. 우리는 하나님의 지켜주심을 눈으로 보기 원하며, 그 보호에 소망을 품고, 하루하루를 살아가야 한다.

2. 무찌르게 하시는 하나님

13절을 보자. "네가 사자와 독사를 밟으며 젊은 사자와 뱀을 발로 누르리로다." 하나님의 우리를 향하신 섭리는 우리로 하여금 원수를 이기게 하신다. 하나님께서는 창조하신 후에 그 피조물들을 그냥 무책임하게 내던지지 않으신다. 하나님은 끊임없는 관심으로 보호하시고 원수들에게서 건져 생명으로 이끄신다.

3. 구원하시는 하나님

14절을 보자. "하나님이 이르시되 그가 나를 사랑한즉 내가 그를 건지리라 그가 내 이름을 안즉 내가 그를 높이리라." 하나님은 우리를 죄악과 죽음과 저주에서 구원하시기 위해 예수님을 보내셨다. 오직 예수님을 통해서만 승리할 수 있다. 하나님께서는 우리의 손을 잡아주시고, 구원의 높은 자리에 앉게 하신다. 영화롭게 해주신다.

*죽을 몸이 죽지 않고, 심판을 받을 몸이 영생을 얻었으니 감사하자.

첫 성묘예배(1)

육체의 구원, 영혼의 구원

✤본문_눅 17:11-19

우리의 구원자이신 예수님께 찬양을 드리자. 주님께서는 우리를 사랑하셔서 인간의 문제를 해결해 주시고, 영혼을 구원해 주셨다.

1. 간절함의 은혜

마을 어귀에서 살던 나병환자 열 명이 예수님이 오신다는 것을 알게 되었다. 그들은 이미 예수님이 어떠하신 분인지를 알고 있었다. 그러나 자기들은 불결하였기에 주님께로 다가갈 수가 없었다. 그런데 지금, 예수님을 멀리서 보게 되었으니 그들에게는 이 얼마나 좋은 기회인가? 기다려왔던 시간이라서 소리를 질러 예수님께 고쳐달라고 하였다.

2. 순종함의 은혜

예수님께서 나병환자들의 소리를 들으시고, 그들을 보셨다. "우리를 불쌍히 여기소서"라는 그들의 간절함을 받아주셨다. 예수님은 자기를 찾는 이들을 불쌍히 여겨 주신다. 그래서 제사장들에게 가 몸을 보이라고 하셨다. 이 말씀에 그들은 순종하여 제사장들에게 갔는데, 가는 도중에 나병에서 나은 것을 알게 되었다.

3. 감사함의 은혜

본문 15절에 보니, 나병환자들 중의 한 사람이 자기가 나은 것을 보고 큰 소리로 하나님께 영광을 돌리며 예수님께 왔다. 이 사람이 예수님의 발아래 엎드려 감사할 때, 주님은 이 사람에게 네 믿음이 너를 구원하였다고 하셨다. 구원의 은혜를 선포하신 것이다.

*영생을 얻게 해주신 이 은혜에 감사하면서 사는 복을 누리자.

첫 성묘예배(2)

가정을 드린 여인
**본문_행 16:11-15

바울이 빌립보 성의 강가에서 몇 명의 여인들에게 복음을 전하여 그 중에 루디아가 복음을 받았다. 진실로 그는 예수님을 그리스도로 믿은 여인이 되었고, 그녀의 헌신으로 빌립보에 교회가 세워졌다.

1. 온 가족이 세례를 받다
바울이 복음을 전할 때 주께서 루디아의 마음을 열어 바울의 말을 따르게 하였다. 그리고 온 가족이 예수님을 그리스도로 영접하고 세례를 받았다. 루디아는 자기만 예수님을 영접한 것이 아니라 온 가족으로 예수님을 영접하도록 하였다.

2. 주님의 일꾼을 잘 대접하다
그녀는 바울을 강권하여 자기 집에 모셔 정성껏 대접하였다. 인간 바울로 대접한 것이 아니라 주의 종으로 대접하였다. "가르침을 받는 자는 말씀을 가르치는 자와 모든 좋은 것을 함께 하라"(갈 6:6).

3. 지교회를 세우다
그녀는 예수님을 영접한 후에 주님께 헌신했다. 그리고 자기 집을 기도처로 내놓았다. 루디아의 수입은 전도와 교회 부흥에 쓰였다. 그녀는 두아디라에 내려가서 교회를 설립하였다. 이처럼 루디아는 두 교회를 설립하였다. 루디아는 하나님께 무릎을 꿇고 예수님을 영접하였다. 그녀는 온 가족이 세례를 받았고, 주의 종을 대접했으며, 교회를 설립하는 놀라운 일을 감당하였다.

*무릎을 꿇으면 살아 역사하게 된다. 하나님 앞에 무릎을 꿇자.

첫 성묘예배(3)

인생에 대한 평가
❋본문_시 90:9-10

인생은 원래가 가치 있는 존재이며, 가치 있는 사역을 하다가 전능자를 만나 뵈어 칭찬과 존귀와 영광을 얻어야 할 존재이다.

1. 인간 연수에 의한 평가

본문에서는 인생이 살았던 연수에 대하여 언급하고 있다. 지상에 태어났던 대부분의 인간들은 70, 80세의 생애를 살다가 죽어야만 한다. 그 중에서 많은 사람들이 유년시절과 어린이 시절을 제대로 넘기지 못하고 죽는다. 하지만 연수의 길고 짧음이 그 인생에 큰 의미를 주지 못한다. 참 의미는 어떤 목적을 가지고 어떻게 사느냐에 있다.

2. 행위에 의한 평가

인간의 생명은 연수에 의해 평가되기보다도 그 사람의 행위에 의해서 평가된다고 봄이 더 합당하다. 현대 문명의 이기(利器)는 이전에 여러 해 걸리던 것을 짧은 시간에 깨끗이 해결해 준다. 그러므로 인간은 주어진 순간순간을 어떻게 살았느냐가 보다 중요하다. 성도는 하나님 나라의 상급을 목표로 그 영광을 기대하며 살아야 한다.

3. 내세 준비에 의한 평가

현재를 잘 사는 방법은 내세를 잘 준비하는 데 있다고 봄이 옳다. 그러므로 인생은 초기부터 진정한 기반을 잘 선택하여 합당한 재료로써 맹렬한 불에도 견딜만한 집을 지어야만 할 것이다. 성도의 진정한 준비는 십자가의 죽음과 부활이 나의 죄를 위해 죽으셨음을 믿어야 할 것이다.

*어떻게 살다가, 어떤 죽음을 맞이할 것인가를 묵상하자.

첫 성묘예배(4)

주 여호와는 하나님

※본문_왕상 18:30-40

　모든 사람이 원하는 것 가운데 하나는 성공이다. 성도는 하나님을 믿는 일이나 이 땅에서 살아가는 일에 하나님의 은혜로 성공해야 한다.

1. 제단의 수축

　바알의 선지자들의 기도에는 응답이 없었다. 이제, 엘리야가 기도를 드릴 차례가 되었다. 그는 먼저, 무너진 여호와의 제단을 정비하였다. 이어서 야곱의 지파의 수를 따라 12개의 돌을 취해서 제단을 쌓았다. 이것은 이스라엘의 하나님의 영광을 드러내는 것이었다.

2. 소제 드릴 때

　엘리야는 제단을 쌓고, 도랑에 물을 부었다. 그리고 소제를 드리는 시간이 될 때까지 기다렸다. 지금, 이방의 선지자들과 대결을 해서 하나님의 살아계심을 보여야 하는데, 그는 기다렸다. 이는 하나님께서 제사를 받으시기로 정해 주신 시간에 기도를 하겠다는 것이다. 엘리야는 하나님께서 정하신 시간에 기도하였다.

3. 하나님의 영광을 구함

　엘리야는 하나님의 응답을 바라면서 간절히 간구하였다. 그는 "내게 응답하소서."라는 절규에 가까운 기도를 하였다. 그런데 간구의 내용은 주는 하나님이신 것을 세상에 선포하게 해달라는 것이었다. 거짓 선지자들의 대결에서 자신이 참 선지자임을 드러내게 해달라는 것이 아니라, 하나님의 영광을 구하였던 것이다.

　*인생의 성공은 여호와께서 나의 하나님이 되심에 있음을 잊지 말자.

첫 성묘예배(5)

네 부모를 공경하라
※본문_잠 23:22-26

하나님께서 세워주신 부모를 높이는 것을 하나님께서 받으신다. 성도가 여호와 앞에서 산다고 할 때, 첫째는 부모를 공경하는 삶이다.

1. 부모의 말을 청종함

자녀는 부모의 말씀에 청종해야 한다. 본문 22절에 "너를 낳은 아비에게 청종하고"라고 훈계하신다. 이삭은 아버지 아브라함이 자신을 잡아 제사드릴 것을 알았지만, 하나님과 아버지의 뜻에 순종하였다. 요셉도 아버지의 말씀에 순종하여 자기를 시기하는 형들에게 심부름을 갔다.

2. 부모를 존경함

자녀는 늙은 부모를 가볍게 여기지 말아야 한다. 본문 22절을 보면 "네 늙은 어미를 경히 여기지 말지니라"고 훈계하고 있다. 사람이 어려서는 부모를 훌륭하게 생각하지만, 나이가 들면 늙은 부모를 무시하는 경향이 있다. 솔로몬 왕은 "내가 어머니의 청을 거절하지 아니하리이다"(왕상 2:20) 하며 밧세바를 무시하지 않았다.

3. 부모의 기대를 따름

자녀는 부모의 기대에 어긋나지 않는 삶을 살아야 한다. 본문 24절에 "의인의 아비는 크게 즐거울 것이요 지혜로운 자식을 낳은 자는 그로 말미암아 즐거울 것이니라"라고 훈계하고 있다. 우리가 잘 되어야 부모가 기뻐하신다. 우리가 거룩하게 여겨야 할 계명은 부모를 공경하는 것이다. 부모를 공경할 때, 하나님을 경외하는 것으로 이어진다.

*부모를 공경함으로써 하나님 앞에서 살아가기를 사모하자.

‖2‖ 추모예배 · 장례예식 기도

설날 추모예배(1)

그리스도 안에 있으면
기도를 이끌어주는 말씀 / 고후 5:17

복을 누리는 자손들이 되게 해주신 하나님,

날마다 스스로를 신자 되기 원하는 심정으로 살아가시는 ◯◯◯님과 이 가정을 축복합니다. 설날 아침에, 하나님께 소망을 두고 고◯◯◯님을 추모할 때, 성령님의 충만하심이 있게 하시옵소서.

고◯◯◯님을 추모를 하는 가족들에게 우리 주님의 은혜와 평강이 넘치기를 소원합니다. 예수님을 믿고, 부모님의 추모를 예배로 드리는 이 가정에 생명과 구원의 복을 내려주시옵소서.

오늘도 임마누엘의 은총을 사모하면서 하나님을 의지하는 지체들이 되도록 은총을 내려주시옵소서. 사랑하는 지체들에게 옛 사람을 십자가에 못 박으면서 땅의 것을 버리는 은혜를 주셨으니, 이제 천국에 마음을 두도록 결단하게 하시옵소서.

이제, 목사님의 음성으로 하나님의 말씀을 듣기 원합니다. 말씀을 전해주실 목사님께 성령님의 능력이 더하시기 바라며, 말씀 속에서 저희들이 거듭나게 하시옵소서. 말씀의 은혜를 풍성하게 하시옵소서.

오직, 가정이 주 안에서 든든하게 세워지고, 자녀들은 복이 되기를 원했던 고인의 마음을 본받아 살아가기를 다짐하게 하시옵소서. 하나님의 은혜로 세워지고, 복을 누리는 자손들이 되게 하시옵소서.

|이어서 가정 형편에 따른 하나님의 도우심을 구체적으로 간구한다.|

우리에게 오직이 되신 주, 예수님의 이름으로 기도드립니다. 아멘

설날 추모예배(2)

하나님과 동행하더니
기도를 이끌어주는 말씀 / 창 5:24

여호와 앞에서 존귀하게 해주신 하나님,

여호와의 가정으로 삼아주신 저희 가족을 축복합니다. 저희 식구들에게도 다니엘과 같은 여호와 앞에서 경건한 자의 삶을 살게 하시옵소서. 사탄의 대적도 물리치는 능력이 있는 경건을 주옵소서. 예수 이름의 생명이 이 가정에 넘치기를 소원합니다. 저희에게 경건함과 거룩함으로 예배하게 하옵소서. 저희에게 향하신 인자하심이 크시기에 찬송합니다.

고인은 비록 주님을 몰라 섬기지 못했지만 후손에게 믿음을 주시니 감사드립니다. 비록 작고, 주님의 영광을 드러내는 것에 미비하다 할지라도 저의 모든 것을 드립니다.

하나님을 사랑하는 가족들이 더욱 더 주님을 따르게 하시옵소서. 주님의 발자취를 따름에서 온유함의 은혜를 입게 하시옵소서. 지금, 영과 진리로 예배할 때, 성령님의 충만하심을 보게 하시옵소서.

목사님께서 준비하신 설교가 이 가정과 삶의 터전 위에 하나님의 축복하심으로 함께 하여 주시옵소서. 주시는 말씀마다 능력이 있게 하셔서, 심령에 도전함에 부족함이 없게 하시옵소서.

하나님을 사랑하고, 그 명령을 지켜 그 길로 행하는 은혜를 보게 하시옵소서. 여호와께 존귀한 식구들의 일생을 인도해 주시옵소서.

|이어서 가정 형편에 따른 하나님의 도우심을 구체적으로 간구한다.|

존귀한 백성이 되게 해주신 예수님의 이름으로 기도드립니다. 아멘

설날 추모예배(3)

너의 마음이 기쁠 것이요
기도를 이끌어주는 말씀 / 요 16:22

우리의 예배를 받으시는 하나님,

영과 진리로 예배하기 원하오니, 여호와 우리 하나님께 마음을 모으게 해주시옵소서. 설날 아침에, 먼저 하나님께 영광과 존귀를 드리게 하시오니 감사드립니다. 고○○○님이 돌아가신 지도 벌써 ○○년이 지나고, 추모예배를 드릴 때마다 하나님께서 영광을 받으셨습니다.

예수님의 이름으로 저희를 구원에 이르게 해주셨고, 오늘, 고인을 추모하며 예배하게 하시오니 감사드리는 지체들이 되게 하시옵소서. 성령님께서 저희들을 인도하시고, 하나님의 영화로우심에 영광을 드리게 하시옵소서. 오늘, 저희들에게 주시는 하나님의 말씀이 금년 한 해를 살아갈 때, 생명의 말씀이 되게 하시옵소서.

사랑하는 자녀들이 어린양의 피를 의지하여 마귀를 이기게 하시옵소서. 그 승리로 인하여 찬송과 영광을 하나님께 드리는 가족들이 되기를 소망합니다. 이제, 자손들에게 형제 사랑의 우애가 풍성하여 하나님 앞에서 살아가는 자녀들로 이끌어 주시옵소서.

저희들이 살아가는 순간순간에 고인의 뜻을 이루어 드림으로써 이 가정이 더욱 복스러워지게 하시옵소서. 하나님을 가까이 하고, 그 계명을 힘써 지킴으로써 재물을 부요하게 해 주시는 복을 받게 하시옵소서.

|이어서 가정 형편에 따른 하나님의 도우심을 구체적으로 간구한다.|

우리를 대신하여 돌아가신 예수님의 이름으로 기도드립니다. 아멘

설날 추모예배(4)

주께로 가까이, 주께로 가오니
기도를 이끌어주는 말씀 / 딤후 2:11

복에 복으로 인도해주신 하나님,
저희들의 모든 것이 되시며, 이 시간에 이르도록 복에 복으로 인도해주셨음에 감사드립니다. 오늘 고○○○님을 추모하면서 하나님의 영광을 구하는 자손들에게 큰 복을 내려 주시옵소서.
이 자손을 사랑하시고, 복을 주시려고 추모예배의 시간을 주셨으니 감사드립니다. 이 가정에 거룩한 한 시간을 주셨으니, 하나님께서 받으실 자세로 임하게 하시옵소서.
구원의 주님을 바라볼 때, 대속의 사랑에 감사드립니다. 죄인으로 멸망에 처할 수밖에 없었지만 크신 사랑으로 구원을 받았으니, 저희들도 그 사랑으로 이웃을 대하게 하시옵소서. 단비와 같은 은혜를 내려 주셔서 성령님께 이끌리게 하시옵소서.
저희들이 고인을 기억하면서 예배할 때, 하나님께 영광이 되게 하시옵소서. 여호와의 은혜가 이 자리에 충만하게 하시옵소서.
혹시 저희들 중에 아직까지도 하나님의 자녀가 되지 못한 이들이 있을지라도, 하나님의 자비하심의 복을 누리게 하시옵소서. 하나님께서 베풀어주시는 은혜를 누리게 하시옵소서. 추모예배의 은혜로 구원에 이르는 가족이 되게 하시옵소서.

|이어서 가정 형편에 따른 하나님의 도우심을 구체적으로 간구한다.|
친구가 되어주신 예수님의 이름으로 기도드립니다. 아멘

설날 추모예배(5)

하나님의 나라는 너희 안에
기도를 이끌어주는 말씀 / 눅 17:21

하늘의 은혜를 맛보게 하시는 하나님,
천국의 자녀 됨을 풍성하게 누리게 하시면서 살아오도록 해주신 여호와의 이름에 찬송을 올려드립니다. 오늘, 사랑하던 ○○○님을 그리워하여 모인 이들에게 영과 진리로 예배하게 하시옵소서. 성령님께서 함께 하시며, 향기로운 제사가 되게 하시옵소서. 여기에 모인 이들 모두가 하늘의 은혜를 맛보게 하시옵소서.
복스러운 날에 후손들을 위해 축복합니다. 귀한 지체들이 여호와 보시기에 정직한 후손이 되는 복을 누리게 하시옵소서. 저희 모두가 하나님께로 돌아왔고, 주님의 길을 따르고 있사오니, 형통하여 번성케 하시는 은혜를 보게 하시옵소서.
여호와 앞에서 불의한 일은 물리치고, 조상들의 죄도 고백하게 하시옵소서. 사랑하는 지체들에게 하나님께서 예비해주신 생명의 복을 금년 내내 누리게 하시옵소서.
하나님께서 사랑하시는 지체들에게 성경에 약속해주신 은혜에 참여하게 하시옵소서. 그리고 하나님의 이름을 부르고, 좋은 것으로 만족하게 해 주시는 여호와의 손을 보게 하시옵소서. 하나님의 은혜로 이 자리가 성소로 바뀌는 영광을 내려 주시옵소서.

|이어서 가정 형편에 따른 하나님의 도우심을 구체적으로 간구한다.|
설날에 축복이 되신 예수님의 이름으로 기도드립니다. 아멘

설날 추모예배(6)

너와 함께 함이라
기도를 이끌어주는 말씀 / 사 41:10

주님의 이름으로 모이게 해주신 하나님,
고인이 하나님의 부르심을 받은 지 벌써 ○년이 되어 사랑하는 이들이 한 자리에 모였사오니 즐겁습니다. 이 시간에, 천국에 가신 고인에 대한 추억을 새롭게 하려고 모인 이들이 영과 진리로 예배하게 하시옵소서.
저희들로 하여금 경외하게 하시는 하나님을 사랑합니다. 이 가정의 후손들이 부모님의 훌륭한 점을 본받아 대를 잇는 역사를 보게 하시옵소서. 부모를 공경하는 아름다운 가문의 가족이 되게 하시옵소서.
오늘, 하나님을 예배하면서 이 신앙을 저희들의 후손에게 잇기를 사모합니다. 예수님의 이름이 이 식구들에게 생명을 주셨습니다. 하나님을 두려워하며 지내야 하는 믿음의 길을 자녀들도 가게 하시옵소서.
저희 자녀들이 부모가 갖고 있는 신앙의 길을 가는 자녀들이 되게 해 주시옵소서. 하나님을 경외하는 식구들이 자자손손 여호와의 복으로 둘려지는 은혜를 보기 원합니다.
여호와의 사랑을 받는 이 은혜에 감동되어, 이 자리에 참여한 이들이 하나님의 이름을 부르게 하시옵소서. 하나님을 멀리 했던 이들에게도 마음의 문이 열려 그 사랑을 받아들이게 해 주시옵소서. 그리하여 이 가문이 여호와께 구별된 집안이 되기 원합니다.

|이어서 가정 형편에 따른 하나님의 도우심을 구체적으로 간구한다.|
살아계신 주 예수님의 이름으로 기도드립니다. 아멘

한식 추모예배(1)

그리스도께서 너희 마음에
기도를 이끌어주는 말씀 / 엡 3:17

한식에 우리 가정에 복을 주시는 하나님,

고○○○님을 추모하는 귀한 가정에 복을 내려 주시옵소서. 하나님께 드림이 되는 제물의 삶을 살고자 기도하시는 ○○○ (직분)님과 이 가정이 하나님 앞에서나 사람들 앞에서 존귀하게 하시옵소서. 이 시간에, 전에 하던 습관을 버리고 예배하게 하시니 감사드립니다. 하나님을 예배하면서 저희들의 생명을 주님께 드리게 하시옵소서.

이제는 저희들이 주님께 드리는 것이 있기 원합니다. 영과 진리로 예배할 때, 하나님과 하나님 나라의 영광이 충만하기를 소원합니다. 하나님 앞에서 ○○○ (직분)님과 이 가정의 지체들이 말씀 사모하기를 빕니다. 하나님의 말씀으로 기도에 힘쓰는 지체들이 되게 하시옵소서. 예배와 하나님의 말씀으로 믿음을 일으키는 가족이 되기를 빕니다.

하나님을 만유의 주님으로 경배하는 저희들을 복되게 하시옵소서. 저희들에게 귀한 생명들을 허락해 주셨사오니, ○○○님을 닮아 이 아이들을 바르게 키우도록 이끌어 주시옵소서. 또한 일가와 친척들을 위해서 기도하는 것을 쉬지 않게 하시옵소서. 온 식구들은 하나님의 자비로우심이 풍성한 집안을 소망하게 하시옵소서.

|이어서 가정 형편에 따른 하나님의 도우심을 구체적으로 간구한다.|

영광의 주, 예수님의 이름으로 기도드립니다. 아멘

한식 추모예배(2)

내가 문 밖에 서서 두드리노니
기도를 이끌어주는 말씀 / 계 3:20

거룩한 백성으로 세워주시는 하나님,
　고○○○님의 묘소를 찾은 지금, 복을 내려 주시옵소서. 고인을 회상하면서 하나님께 영광을 드릴 때, 성령님의 충만하심을 경험하게 하시옵소서. 하나님의 사랑에 감사하며, 오늘 고○○○님을 추모하는 가족들에게 하나님의 풍성하심을 잊지 않게 하시옵소서. 주님의 보혈로 구원 받았음에 그 사랑에 늘 감격하게 하시옵소서. 여기에 모인 무리가 감격과 감동으로 예배하게 하시옵소서. 이 예배를 통하여 저희가 참된 희락을 맛보며 참다운 소망을 발견할 수 있도록 인도해 주시옵소서.
　생명과 진리의 말씀을 선포하시는 목사님께 성령님의 충만하심이 있기를 원합니다. 그 말씀에 들어 있는 복을 약속받는 이 집안의 식구들이 말씀으로 충만해져서 진리의 풍성함을 누리게 하시옵소서.
　금년 한 해 동안의 삶에서도 인생의 복이 하나님께 있음을 기억하게 하시옵소서. 저희들의 즐거움이 재물이나 명예, 권세에 있지 않고, 여호와로 말미암음을 잊지 않게 하시옵소서.
　이 가정에 하나님을 사랑하고, 하나님의 말씀에 순종하는 은혜를 내려 주시옵소서. 자녀들도 부모와 함께 기도와 사랑에 부지런하게 하시옵소서. 예수님의 보혈로 심령을 적시는 가족으로 삼아 주시옵소서.

　|이어서 가정 형편에 따른 하나님의 도우심을 구체적으로 간구한다.|
　한식에 복이 되신 예수님의 이름으로 기도드립니다. 아멘

한식 추모예배(3)

우리도 빛 가운데 행하면
기도를 이끌어주는 말씀 / 요일 1:7

마음을 모아 드리게 하시는 하나님,

사랑하는 가족이 여호와 우리 하나님께 마음을 모으게 해주시옵소서. 예수님을 구주로 영접한 가족이 하나님 앞에서 추모예배를 드립니다. 옛 행실을 거절하고 예배하는 가족에게 복을 더하여 주시옵소서.

한식을 맞이한 첫 시간에 첫 마음을 하나님께 드리니 감사드립니다. 지금, 자녀들에게 사랑이 많으셨던 고○○○님을 기억하면서 예배할 때, 영광을 드리고, 은혜로 벅찬 자리가 되게 하시옵소서. 고인의 자손들이 여호와의 자비하심을 소망하면서 한 시간 예배를 드릴 때, 은혜와 진리가 충만하게 하시옵소서. 마음을 드려 기도하게 하시며, 영광을 바쳐 찬송을 드리게 하시옵소서.

오늘 고인을 추모하면서 예배할 때, 저희 각자의 영혼에 대해 묵상하도록 은혜를 주시옵소서. 저희들이 사는 날 동안에 하나님의 말씀의 지혜로 살아 세상을 이기게 하시옵소서.

여기에 모인 모든 권속들에게 예수 그리스도로 구원의 은혜를 받는 복을 내려 주시옵소서. 천국에 저희들의 집이 예비 되어 있는 믿음을 갖는 복을 내려 주시옵소서. 성령님께서 동행해 주심에 대한 소망과 하늘나라를 바라보는 심령을 갖게 하시옵소서.

|이어서 가정 형편에 따른 하나님의 도우심을 구체적으로 간구한다.|

십자가를 지신 예수님의 이름으로 기도드립니다. 아멘

한식 추모예배(4)

좁은 문으로 들어가라
기도를 이끌어주는 말씀 / 마 7:13

저희들의 모든 것이 되시는 하나님,
이 시간에 이르도록 복에 복으로 인도해주셨음에 감사드립니다. 한식을 맞이하게 하시고, 이 시간에 고◯◯◯님을 그리워하게 하시며, 산소를 찾게 해 주셨사오니 감사하게 하시옵소서. 고인이 돌아가신 지 ◯년이 지났으나 저희들의 마음을 지켜주셨습니다.
지금, 사랑하는 고인의 자녀들과 후손들이 주님의 이름으로 둘러섰사오니, 여호와의 영광이 가득하게 하시옵소서. 인생의 복이 하나님께 있음을 감사하면서 예배하는 가족이 되기를 빕니다.
인생을 살면서 크고 작은 일들을 겪는 중에, 하나님의 은혜로 저희들을 지켜주시고 보호해 주셨음에 감사드립니다. 산다는 것이 그리 쉽지만 않고 환난과 풍파가 많았으나 그때마다 견디어 이기게 하셨음에 하나님의 성호를 찬양하게 하시옵소서.
생명의 선물로 주신 자녀들은 진리와 성령님의 감동하심으로 자라도록 이끌어 주시옵소서. 이 시간에 하나님을 사랑하며 믿음의 길을 지키겠다는 결단이 있게 하시옵소서.
◯◯◯ (직분)님의 가정을 축복합니다. 주님의 보혈로 구원을 받은 가정의 지체들이 날마다 좁은 문으로 들어가는 경험을 하게 하시옵소서.

|이어서 가정 형편에 따른 하나님의 도우심을 구체적으로 간구한다.|
빛으로 오신 예수님의 이름으로 기도드립니다. 아멘

한식 추모예배(5)

주 섬겨 살리니
기도를 이끌어주는 말씀 / 요 12:26

  오직 주님만 섬기며 지내오도록 해주신 하나님,
  천국의 자녀 됨을 풍성하게 누리게 하시면서 살아오도록 해주신 여호와의 이름에 찬송을 올려드립니다. 하나님의 이름을 부를 때, 성령님의 충만하신 임재를 체험하게 하시옵소서.
  예배하는 이 시간에, 이 가족들의 믿음이 꽃들처럼 피어나기를 축복합니다. 고◯◯◯님을 추모하면서 위로부터 내리는 은혜를 기다리게 하시옵소서. 저희들이 추모예배를 드리는 시간이 거듭될수록 더욱 하나님의 말씀을 가까이 하기를 결단하는 식구들이 되게 하시옵소서.
  저희들이 이 땅에서 사는 동안에 성령님의 능력으로 악의 유혹을 물리치고, 죄로 인해 더러워진 심령을 청결케 하는 은혜를 주시옵소서. 여호와 앞에서의 삶을 기쁨으로 시작하게 하시고, 어려움에는 기도하게 하시며, 하나님의 응답을 믿으며 감사하게 하시옵소서. 저희들의 생활이 믿음의 꽃을 피우고, 소망으로 열매를 맺게 하시옵소서. 오직, 주님만 섬기고 살아가는 ◯◯◯ (직분)님과 이 가정에 복을 내려 주시옵소서.
  금년 한 해 동안에도 저희들의 집이 복되기를 소망합니다. 이제는 저희들도 성장하여 가정을 꾸렸사오니, 각 가정마다 부모의 신앙을 자녀들이 즐거워하고, 그 신앙을 기둥으로 삼게 하시옵소서.

|이어서 가정 형편에 따른 하나님의 도우심을 구체적으로 간구한다.|
  구원을 받게 해주신 예수님의 이름으로 기도드립니다. 아멘

한식 추모예배(6)

영광과 존귀와 평강이
기도를 이끌어주는 말씀 / 롬 2:10

받은 은혜를 기억하도록 해주신 하나님 아버지,
한식을 맞이해서 고○○○님의 묘소를 찾게 하신 하나님께 영광과 찬송을 올려드립니다. ○○○님이 생명의 수를 다하고, 저희들의 곁을 떠나신 지 ○○년이 되었습니다. 긴 시간을 살아오면서 고인의 묘소를 찾게 하시고, 하나님께 영광을 드리게 하셨습니다. 그 은혜에 감사하면서 향기로운 예배를 드리게 하시옵소서. 고인의 자녀들, 그리고 저희에게 주신 자녀들이 함께 예배할 때, 영과 진리로 충만하게 하옵소서. 오늘 주시는 하나님의 말씀이 저희에게 위로와 축복이 되기를 빕니다. 말씀을 전하시는 ○○○님께 성령님의 인도하심이 더하게 하시옵소서.
이제까지 살아오면서 추모예배를 드렸던 이름다웠던 신앙을 추억하게 하시옵소서. 믿음에서 믿음에 이른 자녀들에게 크신 복을 내려주시옵소서. 저희 사랑하는 가족은 오직 여호와 앞에서 살아가기를 다짐합니다.
주님의 이름으로 저희 식구들을 축복합니다. 예수 이름의 복을 주시고, 십자가의 보혈로 거듭나게 해주셨으니 그 은혜 안에서 지내게 하시옵소서. 여호와께 존귀한 이들이 하나님의 신실하심과 자비로우심을 묵상할 때, 성령님의 감동이 크도록 해 주시옵소서. 주 안에서 살기를 소망하는 저희들을 은혜와 진리로 이끌어 주시옵소서.

|이어서 가정 형편에 따른 하나님의 도우심을 구체적으로 간구한다.|
천국을 약속해주신 예수님의 이름으로 기도드립니다. 아멘

추석 추모예배(1)

대속해주신 사랑을
기도를 이끌어주는 말씀 / 벧후 3:18

여호와의 풍성하심을 찬미하게 하시는 하나님,

강한 손과 펴신 팔로 이 가족을 여기까지 인도하신 하나님을 기억합니다. 사랑하는 후손들은 어머니의 삶을 본받아 살아가고 있습니다. 고인의 생활, 그 정신을 더욱 본받게 하시고, 숨질 때가 되도록 찬송하면서 주님 앞에 더 가까이 나아가도록 인도해 주시옵소서.

저희들도 멀지 않아 주님의 부르심을 받아 그 나라로 갈 것을 믿습니다. 요단강을 건넌 후 다시 만나 기쁨으로 얼굴을 대할 것을 생각합니다. 그때도 여기에서와 같이 주님을 찬송하며 기뻐하게 하시옵소서.

하늘의 문을 여시고, 말씀을 주시옵소서. ○○(직분)님과 이 가정의 권속들이 들어야 하는 생명의 말씀이 선포되어 그 말씀이 축복이 되고, 위로가 되기를 빕니다. 다시 서게 되는 복을 체험하게 하시옵소서.

이 가정에 재정의 풍성함도 허락해 주옵소서. 이제까지도 이 가정을 도우신 하나님의 손길이 더욱 크게 나타나기를 소망합니다.

이 가문의 모든 이들이 그리스도를 존귀케 해드리는 은혜를 보게 하시옵소서. 주의 은택을 입게 하셨사오니, 여호와 앞에서 살아가는 가정이 되게 하시옵소서. 주님의 보혈을 찬미하는 지체들이 되게 하시며 일가와 친척에게 복음의 통로가 되는 사명을 다하게 하시옵소서.

|이어서 가정 형편에 따른 하나님의 도우심을 구체적으로 간구한다.|

하늘의 보좌에 계신 예수님의 이름으로 기도드립니다. 아멘

추석 추모예배(2)

예수를 깊이 생각하라
기도를 이끌어주는 말씀 / 히 3:1

예배하는 시간을 주신 하나님,
고○○○님을 추억하면서 하나님을 향하여 새로운 결단을 하게 하셨음에 감사드립니다. 생각과 말, 행동으로 여호와를 기쁘시게 해드리고, 선한 삶의 열매를 맺는 거룩함을 추구하게 하시옵소서.

지금까지 하나님께서는 참으로 좋으신 아버지가 되어 주셨습니다. 주님의 넘치는 자비하심으로 저희들은 살아왔습니다. 저희에게 베풀어 주신 그 모든 은혜를 생각할 때, 끝이 없는 감사를 드립니다. 오늘, 예배를 통해 주님께서 주신 모든 것을 헤아려 보는 시간이 되기를 원합니다.

저희 모두가 이 시간에, 진리의 말씀으로 도전받기를 원합니다. 목사님께서 대언해주시는 말씀에, 성령으로 충만하게 하사, 하나님의 사람으로서 살아가야 하는 삶의 능력이 나타나게 인도하여 주시옵소서.

○○○ (직분)님이 자기를 위해 사는 자가 되지 않으시고, 주님을 위해 살기를 결단하게 하시며, 주님의 길을 따르게 하시옵소서.

고인의 생을 통해서 삶의 자세를 배우게 하신 은혜를 기억하게 하시옵소서. 여호와 앞에서 성실한 삶의 발자취를 남긴 고인의 모습을 기억하면서 담대한 신앙의 삶을 살게 해 주시옵소서. 우리 주 예수님만을 묵상하는 가정으로 삼아주시옵소서.

|이어서 가정 형편에 따른 하나님의 도우심을 구체적으로 간구한다.|
생명을 주시러 오신 예수님의 이름으로 기도드립니다. 아멘

추석 추모예배(3)

내 몸에서 그리스도가
기도를 이끌어주는 말씀 / 빌 1:20

추석에 그 이름을 높여드리게 해주신 하나님,

이 시간에 영과 진리로 예배하기 원하오니, 여호와 우리 하나님께 마음을 모으게 해주시옵소서. 범죄한 인간들이 의로우신 주님 앞에 설 수 없사옵고 썩을 몸으로 영원히 살 수 없사오나 주님의 십자가의 사랑으로 우리를 구속하시고 영광을 드리는 예배로 진행되게 하옵소서.

오늘, 예배하는 식구들에게 복을 내려주시옵소서. 고인의 자녀 된 저희 형제들과 저희들에게 주신 자녀들, 모두가 여호와께 신실하게 하시옵소서. 하나님을 향한 열심과 충성으로 쓰임을 받는 도구가 되어 영광을 드리게 하시옵소서.

주님의 택하여 주심으로 말미암은 은혜를 바라면서 사는 저희들이 되게 하옵소서. 안타깝게도 아직 저희 집안에 신자와 불신자들이 있사오나, 여호와의 은혜는 한결 같기를 소망합니다. 저희의 신앙, 불신앙보다 하나님의 주권적인 자비하심으로 온 식구들이 복을 누리게 하시옵소서.

사랑하는 지체들을 축복합니다. 이 가정에 복음의 빛이 들어왔으니, 이제 구원의 때가 이르면 모두가 하나님을 아버지로 고백하는 은혜를 내려주실 줄 믿습니다. 추석의 좋은 날에, 온 식구들이 여호와 앞에 아름다운 열매가 되게 하시옵소서.

|이어서 가정 형편에 따른 하나님의 도우심을 구체적으로 간구한다.|

추석에 즐거움이 되신 예수님의 이름으로 기도드립니다. 아멘

추석 추모예배(4)

주와 같이 되기를
기도를 이끌어주는 말씀 / 벧전 2:21

오늘까지 생명을 지켜주신 하나님,
  추석을 맞이해서 예배하는 가족에게 하나님의 영으로 충만하게 하시옵소서. 저희들에게 천국을 가진 사람으로 새로워지게 하시옵소서. ○○년 전에 고인이 저희들의 곁을 떠났을 때는 슬픔에 북받쳐 캄캄했으나 이제까지 하나님의 은혜로 살아오고 있음을 생각할 때, 감사할 따름입니다. 하늘나라에 소망을 두고 복 되게 살아왔습니다. 오늘 예배하면서 하나님 앞에서 새로운 결단으로 살게 하시옵소서. 고인이 이 땅에서 사셨던 모습을 뒤따라 열심히 사는 저희들이 되게 하시옵소서.
  저희들의 모든 것이 되시며, 이 시간에 이르도록 복에 복으로 인도해주셨음에 감사드립니다. 이 가정을 축복합니다. 고인의 사랑과 헌신으로 이 가정이 이만큼 복되었사오니, 여호와를 향하여 마음을 열고, 그 은혜의 동산에서 아이처럼 뛰어노는 가족들이 되게 하시옵소서.
  저희들을 불러내어 자녀로 선택해주시고, 하나님의 일꾼들로 세워주셨음에 감사드립니다. 이 시간에 머리를 숙인 모든 지체들에게, 세상으로 보내어진 하나님의 일꾼으로 살기를 다짐하게 하시옵소서. 이 가정을 복음의 통로, 축복의 통로로 삼아주셨사오니, 여기에서부터 생명의 물이 흘러 일가와 친척들의 가슴에 적시게 하시옵소서.

|이어서 가정 형편에 따른 하나님의 도우심을 구체적으로 간구한다.|
  서로 사랑하도록 해주신 예수님의 이름으로 기도드립니다. 아멘

추석 추모예배(5)

믿음의 역사, 사랑의 수고
기도를 이끌어주는 말씀 / 살전 1:3

신령한 복을 받아 누리게 해주신 하나님,
천국의 자녀 됨을 풍성하게 누리면서 살아오도록 해주신 여호와의 이름에 찬송을 올려드립니다. 하나님의 자녀들에게 내세의 소망을 주셨음에 감사합니다. 오래 전에, 세상을 떠나신 고○○○님을 추모하면서 영원한 천국을 바라봅니다. 추석의 즐거운 날을 맞이해서 고인의 유해가 안장된 이곳에 온 유족들을 위로해 주시옵소서. 저희들이 예배할 때, 신령한 복을 받아 누리게 하시옵소서.

○○○님의 소망과 기도를 통해서 저희들이 믿음으로 성장한 것에 감사드립니다. 그 믿음이 저희들의 것이 되어 자녀들에게 그대로 보이게 하시옵소서. 새 생명의 은혜로 지내게 하시옵소서.

생육하고 번성하는 복을 주셔서 저희들에게 각각의 가정을 이루게 하시고, 어린 자녀들을 키우게 하셨사오니, 그들을 하나님 앞에서 세우게 하시옵소서. 이 땅 위에서 복이 넘치는 가정으로 삼아주시옵소서.

저희들은 이제와 같이 앞으로도 마음을 다하여 여호와를 신뢰하는 다짐을 하게 하시옵소서. 생명수의 강물이 흐르는 아름다운 나라를 바라보는 소망 가운데 즐거워하는 저희들이 되게 하시옵소서. 하나님의 영원한 기업을 누리는 상속자의 반열에 들게 하시옵소서.

|이어서 가정 형편에 따른 하나님의 도우심을 구체적으로 간구한다.|
복의 문이 되신 주, 예수님의 이름으로 기도드립니다. 아멘

추석 추모예배(6)

하나님의 영광을 보리라
기도를 이끌어주는 말씀 / 요 11:40

성호를 찬양하게 하시는 하나님,
여호와께서 베풀어주신 풍요로움의 즐거움을 안고 산소를 찾게 하셨음에 감사드립니다. 살아 생존해 계셨을 때, ○○○님과 함께 하시고, 복을 주셨던 그 은혜와 사랑으로 저희들과 함께 하신 하나님의 성호에 영광을 드립니다. 잠깐 보이다가 사라지는 안개와 같은 인생의 길에서 영원하신 하나님의 자녀로 살게 해주시옵소서. 머리를 숙인 자손들에게 영원을 소유하도록 하시옵소서.

이 가정의 식구들을 사랑하셔서 있을 곳을 예비해 주신 은혜를 늘 기억하게 하시옵소서. 주 예수님의 사랑으로 한 몸을 이룬 가족에게 시온에서 주를 찬양하는 은혜를 주시옵소서. 부모는 삶의 일터에서, 자녀들은 공부하는 자리에서 하나님의 은혜를 묵상하게 하시옵소서.

구속해 주시는 주님의 은혜로 거듭나, 여호와의 친 백성이 된 이 가정의 식구들을 축복합니다. 이 시간에도 고인을 추모하면서 오직 구원의 은총에 감사하는 자손들에게 소망을 주시옵소서. 십자가를 굳게 붙잡고 의의 열매를 많이 맺는 가정으로 인도해 주시옵소서.

늘 사탄을 대적하며, 복음의 전선에서 살아가기를 다짐하게 하시옵소서. 주위의 사람들에게 생명의 복음을 나누며 지내게 하시옵소서.

|이어서 가정 형편에 따른 하나님의 도우심을 구체적으로 간구한다.|
평안한 마음을 주시는 예수님의 이름으로 기도드립니다. 아멘

기일 추모예배(1)

우리를 사랑하시는 하나님
기도를 이끌어주는 말씀 / 요일 4:16

홀로 영광을 받으시는 하나님,

고○○○님의 후손이 하나님의 사랑이 되게 하셨음에 감사드립니다. 주님의 이름을 부르던 날부터 저희들을 하나님의 손바닥에 새기셨음에 감사드리며 살아가게 하시옵소서. 예배를 받으셔야 할 하나님의 이름 앞에 부복하였사오니 하나님만 의지할 수밖에 없음을 고백합니다. 나의 주, 나의 하나님께 인생의 모든 것을 맡기려 하오니 받아주시옵소서.

말씀을 전하실 목사님께 영력을 칠 배나 더해 주옵소서. 선포되는 하나님의 말씀을 사모하게 하옵소서. ○○(직분)님께는 그 말씀에 응답하여 '아멘'으로 받게 하셔서 순종적인 성도가 되도록 은혜를 주시옵소서.

하나님의 성호를 자랑하며 그 행사를 선포하며 찬양하기 위하여 모였습니다. 오늘 드리는 예배 가운데 강림하시어 찬양과 경배를 받으옵소서. 교회와 성도들이 주님의 능력과 사랑으로 충만하게 하옵소서.

하나님의 백성이 성령님의 인도에 따라 살아가는 은혜를 주시옵소서. 여호와께 복 된 식구들이 이후로, 사는 날 동안에 시간과 물질, 생명까지도 주 예수님께 바치는 은혜를 보게 하시옵소서.

이제, 소원하옵기는 일가와 친척들 중의 불신자들에게 복음을 전하는 가족이 되게 하시옵소서. 생명의 은혜를 전달하게 하시옵소서.

|이어서 가정 형편에 따른 하나님의 도우심을 구체적으로 간구한다.|

서로 한 몸이 되게 해주신 예수님의 이름으로 기도드립니다. 아멘

기일 추모예배(2)

주께서 내 곁에 서서
기도를 이끌어주는 말씀 / 딤후 4:17

가정을 예물로 받으시기를 원하시는 하나님,

보좌에서 복을 주시는 여호와를 바라봅니다. 하나님께 영광을 드리는 찬송이 하늘에 닿게 하시옵소서. 하나님의 사랑이 저희들을 이곳으로 불러 예배드리게 하셨습니다.

진리의 말씀으로 도전받기를 원합니다. 목사님께서 대언해주시는 말씀에 성령으로 충만하게 하사, 삶의 능력이 나타나게 해주시옵소서. ○○○(직분)님의 삶이 하나님의 나라 확장에 쓰임 받게 하시옵소서. 우리 하나님의 소원이 되는 복음 증거의 가정이 되게 하시옵소서.

세상의 사람들 중에서 천의 하나로, 만의 하나로 선택하여 하나님의 자녀가 되게 하셨습니다. 저희들의 믿음이 말씀으로 세워지게 하시옵소서.

주님께서 몸을 버려 피를 흘리셔서 죄를 속함 받았다는 감격으로 주님을 더욱 사랑하게 하시옵소서. 부모와 자녀들이 한 마음으로 주님을 사랑하고, 그 은총을 날마다 누리게 하시옵소서. 그리고 구원의 복된 사실을 생명을 걸고 일가와 친척들에게 전하게 하시옵소서.

저희를 향한 여호와의 자비하심에 감사드립니다. 기일을 맞이한 이 시간에, 하나님의 은혜를 다시 깨닫습니다. 형편과 처지를 아시는 하나님께서 보호해 주심을 믿고 평안히 살아가도록 하시옵소서.

|이어서 가정 형편에 따른 하나님의 도우심을 구체적으로 간구한다.|

고인과 다시 만나게 해주실 예수님의 이름으로 기도드립니다. 아멘

기일 추모예배(3)

찬송을 내 입에 두셨으니
기도를 이끌어주는 말씀 / 시 40:3

고인의 기일을 맞이하게 하신 하나님,

이 시간에 영과 진리로 예배하기 원하오니, 여호와 우리 하나님께 마음을 모으게 해주시옵소서. 고○○○님을 추모할 때, 저희들의 심령을 여호와께 바치렵니다. 여호와께 향기로운 제단이 되게 하시옵소서.

하나님께서 심령을 제단으로 삼게 하셨사오니, 성령님의 충만하심이 떠나지 않게 하시옵소서. 하나님의 임재 안에 머무르게 하시옵소서. 날마다 함께 해주시는 은혜에 감사하는 찬양으로 영광을 받으시고, 간절한 소원에 간구하는 기도를 받으시사 응답해 주시옵소서.

머리를 숙인 지체들, 하나님을 향하여 마음의 문을 크게 열게 하시옵소서. 하나님의 말씀을 볼 때, 이 가족을 사랑하시는 여호와의 음성을 듣게 하시옵소서. 설교를 하시는 ○○○님께 말씀을 전하는 능력을 더해주시옵소서.

이 가정에 하나님의 영광이 나타나고, 은혜로 이끌어 주셨음에 감사드립니다. 귀한 가족에게 복을 주시고, 불과 같은 성령님의 충만하심을 원하는 식구들에게 주님의 이름만으로 감격하는 은혜를 주시옵소서.

이 시간의 예배로 말미암아 이 가정에 여호와의 은혜가 함께 하시기 원합니다. 사랑하는 지체들이 찬송으로 살아가게 하시옵소서.

|이어서 가정 형편에 따른 하나님의 도우심을 구체적으로 간구한다.|
믿음의 가정을 만들어주신 예수님의 이름으로 기도드립니다. 아멘

기일 추모예배(4)

넘치는 그리스도의 사랑
기도를 이끌어주는 말씀 / 엡 3:18

저희들의 사랑이 되시는 하나님,
저희들에게 찬양이 되시며, 이 시간에 이르도록 천국 백성의 삶으로 인도해주셨음에 감사드립니다. 고○○○님을 추모하면서 여호와의 영광을 구합니다. 오직 하나님만이 경배를 받으시옵소서. 주님의 은혜로 부르셔서 하나님의 자녀로 삼아주시고, 예배하게 하셨습니다. 영과 진리로 예배하게 하시옵소서.

오늘, 사랑하는 ○○○님이 저희들의 곁을 떠나신지 ○○년, 그동안 하나님께서 ○○○님을 대신하여 저희들을 사랑해주셨습니다. 그 사랑에 감격하여 예배하게 하시옵소서. 그 사랑이 지금은 저희들에게 예수님을 구주로 영접하도록 해주셨습니다. 넘치는 주님의 사랑이 저희 형제와 저희 자녀들에게 하나님을 사랑하며 살아가게 해주셨습니다. 이 은혜를 늘 기억하면서 지내게 하시옵소서.

솔로몬에게 다윗을 이은 마음을 주셨던 것처럼, 부모의 뜻을 따르는 자식들이 되게 하시옵소서. 하나님께 착한 행실의 자녀가 되게 하시옵소서. 이로써 여호와께 향기로운 제물과 같은 지체들로 삼아주시옵소서.

오늘, 예배하면서 넘치는 그리스도의 사랑에 감격합니다. 생명이 되어주신 그리스도를 전하며 살도록 인도해 주시옵소서.

|이어서 가정 형편에 따른 하나님의 도우심을 구체적으로 간구한다.|
담대하게 해주시는 예수님의 이름으로 기도드립니다. 아멘

기일 추모예배(5)

그가 능히 지키실 줄을
기도를 이끌어주는 말씀 / 딤후 1:12

자기 백성을 능히 지켜주시는 하나님,

천국의 자녀 됨을 풍성하게 누리게 하시면서 살아오도록 해주신 여호와의 이름에 찬송을 올려드립니다. 아브라함을 불러 복의 근원이 되게 하심처럼, 이 가정을 선택하여 복되게 하셨음에 감사드립니다.

오늘 고○○○님을 추모하며 예배할 때, 이 가정의 식구들에게 복에 복을 더하여 주시옵소서. 저희들이 입술을 벌려 기도하며 찬송할 때, 영광을 받아 주시옵소서. 저희들을 영광의 자리로 인도하시니 주님께 감사와 찬양을 드립니다. 은혜와 진리 가운데서 예배하기를 원합니다.

저희들이 예배할 때, 성령님의 충만하심을 받게 하옵소서. 하늘의 문을 여시고 폭포수와도 같은 여호와의 영광이 이곳에 가득하게 하옵소서. 주님의 자녀들에게 은총을 베푸시고 어두운 세상에 진리의 빛을 비추어 주시니 찬양과 영광을 받으시옵소서.

추모예배를 드리는 저희들을 축복합니다. 믿음의 자손들이 여호와께 드려지는 제물이 되기 원합니다. 이들의 삶을 통해서, 하나님의 뜻이 존중되고, 여호와께 영광 돌리게 하시옵소서.

이 가정의 지체들을 어른에서 아이들까지 복음의 일꾼으로 삼아주시옵소서. 친척에게 생명이 되시는 그리스도를 전하게 하시옵소서.

|이어서 가정 형편에 따른 하나님의 도우심을 구체적으로 간구한다.|

사랑의 가족이 되게 하신 예수님의 이름으로 기도드립니다. 아멘

기일 추모예배(6)

나를 사랑하사 나를 위하여
기도를 이끌어주는 말씀 / 갈 2:20

예수님의 이름으로 살게 하시는 하나님,

고◯◯◯님을 추모하는 가족에게 하늘의 위로를 내려 주시옵소서. 저희들이 살면서 어둠의 시간과 마주하게 될 때, 하나님의 이름을 불러 소망을 갖게 하시옵소서. 찬송의 은혜를 내려주시옵소서.

부모님은 하나님을 모르고 사셨지만, 저희들에게는 예수님의 이름으로 구원받아 교회를 이루게 됨을 감사드립니다. 하나님의 사랑으로 새 가족이 된 형제자매들이 주 앞에 나왔습니다.

영과 진리로 예배하게 하시고, 이 가정에 약속되어 있는 복을 소망하게 하셨음을 즐거워합니다. 여호와로 만족하게 하시옵소서. 저희들 모두가 마음으로 찬송을 부르게 하시옵소서. 예배가 진행되는 순서 순서에서 받은 은혜로 입술을 열어 하나님의 높으심을 찬미하게 하시옵소서.

추모예배로 하나님을 영화롭게 해드리는 저희들, 귀한 가정마다 축복합니다. 자녀들과 일가친지들이 한 마음으로 예배한 가정에 신령한 은혜를 내려 주시옵소서. 여호와께서 함께 하시는 걸음이 되게 하시옵소서. 그리하여 저희들에게 형통과 번성으로 함께 하시옵소서.

이 식구들이 이 땅에서 사는 동안에, 복음의 일꾼으로 삼아주시옵소서. 주님을 모르는 영혼을 불쌍히 여기고, 복음을 전하게 하시옵소서.

|이어서 가정 형편에 따른 하나님의 도우심을 구체적으로 간구한다.|

축복의 통로로 삼아주신 예수님의 이름으로 기도드립니다. 아멘

성묘 추모예배(1)

여호와는 나의 반석
기도를 이끌어주는 말씀 / 시 18:2

인생들의 삶을 굽어 살피시는 하나님,

주님의 긍휼하심으로 살아오던 저희들이 모였습니다. 이 시간에 성령님의 충만하심이 고인의 자손들에게 넘치기를 소원합니다. 고○○○님의 묘소에서 하나님을 영화롭게 해드리기 원합니다.

고인을 향한 추모를 예배로 받으시는 하나님께 감사와 영광을 드립니다. 누구에게나 부모를 허락하시고, 그의 수고와 사랑으로 자라게 하신 하나님의 경륜을 깨닫게 하시옵소서. 살아가면서 낙심이 될 때가 있겠고, 근심에 눌릴 때가 있겠으나 여호와의 은혜가 족한 줄 알고 믿음으로 살아가는 소망을 주시옵소서.

하나님께서 위로해주시는 말씀을 준비하신 목사님께 성령의 능력이 더해지기 원합니다. 하나님의 지혜로 말씀을 전하게 하시기 원합니다. 그 말씀에 회개의 영이 임하여 ○○○ (직분)님이 여호와 앞에서 우는 것을 경험하게 하시옵소서.

오늘, 고인을 추모하며 드리는 예배에서, 이 세상에 사는 동안에 주의 일에 힘쓰기를 결단하는 은혜를 주시옵소서. 아울러, 이미 받은 생명의 복음을 이웃에게로 전달할 것을 각오하게 하시옵소서. 생명을 살리는데 열심을 내는 지체들이 되게 하시옵소서.

|이어서 가정 형편에 따른 하나님의 도우심을 구체적으로 간구한다.|

저희에게 의지가 되신 예수님의 이름으로 기도드립니다. 아멘

성묘 추모예배(2)

그의 영원하신 팔이
기도를 이끌어주는 말씀 / 신 33:27

하늘의 문을 열어주시는 하나님,

성묘를 온 지금, 하나님 앞에서 저희들을 거룩하게 하셔서 여호와 앞에서 머리를 숙이게 해주시옵소서. 고○○○님의 추모를 예배로 하나님께 드리오니 감사합니다. 주님을 반석으로 삼아 그 위에 서서 살아가는 이 가정의 지체들이 되게 하시옵소서. 이들이 간구할 때마다 하늘의 문을 열게 하시옵소서.

하나님의 권속이 되었음을 감사드립니다. 저희들이 생각과 말로만 세상을 등지지 않고, 마음 중심에서 세상의 것을 사랑하지 않게 하시옵소서. 마음에서 세상에 대한 탐심으로 더러워지지 않도록 하시옵소서.

주님의 긍휼하심으로 살아오던 저희들이었음을 고백합니다. 여호와 앞에서 살아왔던 시간들을 돌아볼 때, 하늘을 우러러 찬양을 드립니다. 하나님의 크신 사랑은 주님의 이름으로 세상의 모든 것들을 이기게 하셨습니다. 오직 은혜로만 살아온 시간이었기에 감사드립니다.

저희들에게 있는 것 모두가 하나님께로부터 왔음을 고백합니다. 저희들에게 자신의 몫에 태인 십자가를 지고 가는 은혜를 주시옵소서. 그 십자가가 바로 복음의 증인이라는 것을 깨닫게 하시옵소서. 그리하여 주변에 있는 이들에게 주 예수를 전하게 하시옵소서.

|이어서 가정 형편에 따른 하나님의 도우심을 구체적으로 간구한다.|

십자가의 주, 예수님의 이름으로 기도드립니다. 아멘

성묘 추모예배(3)

나의 평안을 너희에게
기도를 이끌어주는 말씀 / 요 14:27

저희들의 발걸음을 이곳으로 이끌어주신 하나님,
이 시간에 영과 진리로 예배하기 원하오니, 여호와 우리 하나님께 마음을 모으게 해주시옵소서. 고○○○님을 추모할 때, 하나님의 사랑에 감격하게 하셨음에 감사드립니다. 하나님께 사랑을 드리고, 찬송으로 영광을 바치게 하시옵소서. 저희들의 심령을 성령님께 드립니다. 성령님으로 충만하게 하시옵소서. 성령님의 인도하심에 따라 찬송을 드리게 하시고, 기도하게 하시옵소서. 하나님께서 받으시는 예배를 드리게 하시옵소서.
저희 가족을 사랑하시고, 저희 가정에 계시는 하나님의 은혜에 감사드립니다. 그 자비하심을 묵상하게 하시옵소서. 저희들이 예수님을 구주로 영접한 날부터 지금까지 지켜주셨습니다. 전에는 몰랐던 천국을 가졌고, 천국의 백성으로서 살아오도록 해주셨습니다.
저희 가정을 여호와의 동산으로 삼아주시기 원합니다. 고인을 추모하는 마음에서 형제들의 사랑이 깊어지고, 남의 평강을 깨뜨리지 않도록 서로 배려하는 은혜를 누리게 하시옵소서. 저희들 각 사람이 가정과 가족을 위하여 수고하는 삶을 살게 하시옵소서.
하나님께서 이 가정을 구원해주셨듯이 아직도 주님을 모르는 이들에게 생명을 전하겠다는 결심을 하게 하시옵소서.

|이어서 가정 형편에 따른 하나님의 도우심을 구체적으로 간구한다.|
영생을 약속해주신 예수님의 이름으로 기도드립니다. 아멘

성묘 추모예배(4)

잠잠히 하나님만 바람이여
기도를 이끌어주는 말씀 / 시 62:1

고인의 산소를 찾게 해주신 하나님,
 저희들의 모든 것이 되시며, 이 시간에 이르도록 복에 복으로 인도해주셨음에 감사드립니다. 오늘 고◯◯◯님의 추모예배로 식구들이 모였음에 감사드립니다. 저희들이 고인의 삶을 묵상하면서, 하나님의 신령한 은혜를 사모하기 원합니다. 영과 진리로 저희들의 심령을 채워주시옵소서. 저희들의 시선을 하나님의 이름에 주목하도록 인도해 주시옵소서. 저희들이 성경을 읽을 때, 하나님의 음성을 듣기 원합니다. 그 말씀이 소망의 약속이 되고, 힘이 되게 하시옵소서.
 이 시간에, 저희 가족이 하나님 앞에서 복된 가정이 되기 위하여 견고한 신앙에 대한 소망을 갖게 하시옵소서. 세상에서 복을 구하거나 즐거움을 얻게 해주는 유혹은 거절하고, 하나님께 영광을 드림에 주목하여 살아가도록 하시옵소서.
 온 가족이 하나님을 경외하는 우리 가정을 축복합니다. 여호와의 은총으로 온전한 사랑을 풍성하게 누리게 하시고, 이제, 구원의 은혜를 즐거워하며, 기쁨으로 하루하루를 살아가는 식구들이 되게 하시옵소서.
 이 가정을 복음의 통로로 사용해 주시옵소서. 아직도 일가와 친척들 중에는 불신자들이 있으니, 주님의 보혈을 전하게 하시옵소서.

|이어서 가정 형편에 따른 하나님의 도우심을 구체적으로 간구한다.|
 죄인의 구주, 예수님의 이름으로 기도드립니다. 아멘

성묘 추모예배(5)

선하심과 인자하심이
기도를 이끌어주는 말씀 / 시 23:6

산천초목도 잠잠하게 하시는 하나님,
하늘로부터 임하는 은혜를 풍성하게 누리게 하시면서 살아오도록 해주신 여호와의 이름에 찬송을 올려드립니다. 이 시간에 하늘의 문을 여시고 큰 은혜를 내려주실 줄 믿습니다.
저희들이 머리를 숙일 때, 하나님께 영광을 드림에 집중하게 하시옵소서. 저희들이 찬송을 부를 때, 성령님께 충만하게 하시옵소서. 하나님의 말씀을 함께 읽으며 묵상할 때, 하늘로부터 들려오는 음성을 듣게 하시옵소서. 생명이 되고, 축복의 언약이 되는 말씀을 들려주시옵소서.
고○○○님을 추억하는 가족들을 축복합니다. 이 가정을 하나님의 동산으로 삼아주시고, 감사와 평안이 넘쳐나게 하시옵소서.
고인이 가족을 위하여 자신의 한 몸을 희생하셨던 마음을 저희들에게 주시옵소서. 그 마음으로 가족을 사랑하고, 오직 하나님의 인도하심을 기다리게 하시옵소서. 이제, 자신에게 우상숭배와 같은 행위가 없는지 돌아보고, 척결하는 은혜를 주시옵소서.
오늘 예배가 감격스런 만큼 하나님 앞에서 복음의 일꾼이 될 것을 결단하게 하시옵소서. 죄와 저주에 갇혀 있는 영혼들에게 복음을 전하게 하시옵소서. 예수님의 증인 된 삶으로 이끌어주시옵소서.

|이어서 가정 형편에 따른 하나님의 도우심을 구체적으로 간구한다.|
천국의 문이 되신 예수님의 이름으로 기도드립니다. 아멘

성묘 추모예배(6)

주의 날개 그늘 아래에

기도를 이끌어주는 말씀 / 시 17:8

찬양과 영광이 되시는 하나님,

하나님은 우리가 그 앞에서 무릎을 꿇을 분이십니다. 하나님은 우리가 손을 들어서 경배할 분이십니다. ○년 전에 떠나신 고○○○님을 추모하러 모인 저희들에게서 찬양과 영광을 받아주시옵소서.

사랑하는 식구들에게 예수 믿음을 주시고, 믿음으로 살아오도록 하셨음에 예배하게 하시옵소서. 영과 진리로 예배하게 하시고, 성령님께 충만하게 하시옵소서. 오늘, 하나님의 말씀이 저희들에게 위로가 되고, 축복의 약속이 되기를 빕니다.

고○○○님의 아름다운 삶을 본받으려고 합니다. 이 시간에, 고인이 평생 가정과 자녀들을 위하여 사셨던 은혜를 저희들의 것으로 삼게 하시옵소서. 부모 된 이들은 부모로서 부족함이 없기를 결단하게 하시고, 자녀 된 도리를 다하겠다는 다짐의 시간이 되게 하시옵소서.

이제, 저희들은 여호와께서 주시는 생명과 복을 누리게 하시옵소서. 고인을 추모하는 지금, 사랑하는 가족들에게 구원의 은총을 베푸시고, 각자의 이름들이 어린양의 생명책에 기록되었음에 감사드립니다. 매일매일의 삶에서 쓴물이 단물로 바뀌는 은혜를 내려주시옵소서. 주님의 날개 아래서 평생을 살아가도록 도와주시옵소서.

|이어서 가정 형편에 따른 하나님의 도우심을 구체적으로 간구한다.|

갈보리의 은혜를 주신 예수님의 이름으로 기도드립니다. 아멘

임종예배(1)

죽음의 슬픔이 밀려오는 이 자리
기도를 이끌어주는 말씀 / 시 90:1-4

티끌로 돌아가게 하시는 하나님,
○○○ (성도)님의 어머니 고○○○ 여사가 운명하셨기에, ○○의 지체들이 모여 예배합니다. 어머니를 잃은 슬픔으로 허물어지시는 ○○○ (성도)님을 성령님께서 붙잡아주시옵소서. 여기가 바로 주님의 보좌요, 이 예배를 주관하시고, 영광을 받으실 하나님께 찬양과 존귀를 드리게 하시옵소서. 어머니의 죽음 앞에서 하나님께 영광을 드리는 유족을 받아주시옵소서. 인생의 삶이 시작되고, 또한 그의 인생이 마쳐지는 것이 하나님의 섭리라는 사실을 겸허하게 받아들이도록 도와주시옵소서.
고○○○ 여사는 하나님의 계획과 섭리에 따라 ○○년 전에 이 땅에 태어나게 하셔서 이제까지 하나님 앞에서 지내게 해주셨음을 기억합니다.
예배를 인도하시며 말씀을 전하시는 목사님과 함께 하시옵소서. 기도하시는 중에, 준비된 말씀이 ○○(직분)님의 가정과 삶의 터전 위에 하나님의 축복하심이 함께 하여 주시옵소서.
바라기는 고인이 저희들의 곁을 떠난다는 슬픔에만 빠지지 않게 하시옵소서. 하나님의 은혜가 ○○○ (성도)님의 가족에 임하여 앞으로 진행되는 장례의 절차를 인도해 주시옵소서.

|이어서 장례예식을 치르는 가정에 채워질 하나님의 은총을 간구한다.|
영생에 이르게 해주신 예수님의 이름으로 기도드립니다. 아멘

임종예배(2)

잠깐 보이다가 없어지는 안개
기도를 이끌어주는 말씀 / 약 4:13-17

본향으로 돌아감을 믿게 하시는 하나님,

○○○ (성도)님의 아버지 고○○○님이 이 땅에서의 삶을 다하시고, 숨을 거두셨기에 예배합니다. 이 자리에 주님의 은혜로 충만해지게 해주시옵소서. 사람은 흙으로 지어져 자신이 온 곳, 본향으로 돌아감을 믿습니다. 고인이 살았던 이곳에서의 삶은 고단하고, 때로는 눈물과 한숨의 시간이기도 하였으나, 수고를 그치게 해주셨습니다.

고인이 ○○년 동안 이 땅에 사시던 중에 가업을 일으키시고, 자녀들에게 훌륭하신 아버지로 살아오셨음을 묵상합니다. 특히 어려운 형편에서 가정을 일으켜 오신 고인이셨습니다. 생명의 시간이 다하면 누구나 죽음의 길로 갑니다만, ○○○ (성도)님을 위로해주시옵소서. 성령님께서 그의 심령을 붙들어주시옵소서.

주님의 사자가 예배를 인도하실 때, 성령님의 감화하시는 역사가 함께하기를 소망합니다. 고인과 육신적으로 헤어져 슬픔에 잠긴 유족들에게 위로의 은혜가 넘치는 시간이 되게 하옵소서. 함께 한 성도들에게는 인생에 대한 교훈을 받고, 깨닫는 자리가 되게 하시옵소서.

○○○ (성도)님과 이 가정의 자손들을 축복합니다. 장례식을 치르기 위해서 앞으로 진행되는 모든 절차에 복을 더하여 주시옵소서.

|이어서 장례예식을 치르는 가정에 채워질 하나님의 은총을 간구한다.|
생명의 샘, 예수님의 이름으로 기도드립니다. 아멘

임종예배(3)

재앙, 주시는 이, 거두시는 이
기도를 이끌어주는 말씀 / 욥 1:20-22

고인을 추억하게 하시는 하나님,

주님께로부터 사랑을 입은 하늘의 백성들을 바라보시옵소서. 저희들은 ○○○ (성도)님의 아버지 고○○○님이 돌아가셨기 때문에 여호와 앞에서 예배하러 모였습니다. 아버지와 헤어지신 ○○○ (성도)님을 위로하며 예배하게 하시옵소서. ○○○ (성도)님과 이 가족을 긍휼히 여기사 주님의 위로와 하늘의 평강으로 채워주시며, 전심으로 드리는 예배를 받으시옵소서. 서운함 중에서도 하나님의 이름을 찬송하는 귀한 이 자리에 영광을 나타내 주시옵소서.

괴로움이 많았던 세상에서 고인은 수고의 삶을 그치고 육신의 옷을 벗고, 돌아가셨습니다. 이제, 자녀들에게 아버지로서, 한 가정의 주인으로서 성실하게 사셨던 고인을 추억하게 하시옵소서. 그리고 고인이 남겨놓으신 육체를 흙으로 보내는 절차를 준비하게 하시옵소서.

사랑하는 ○○○ (성도)님과 유족에게 축복의 시간이 되기를 빕니다. 사람은 세상에 왔기 때문에, 하나님께서 정해놓으신 시간에 돌아가야 한다는 사실을 엄숙하게 받아들이게 해주시옵소서.

사랑하는 지체와 이별한 슬픔을 틈타서 사탄이 역사하지 못하도록 막아주시옵소서. 성령님께서 유족과 이 가정을 보호해주시옵소서.

|이어서 장례예식을 치르는 가정에 채워질 하나님의 은총을 간구한다.|
우리 대신 죽어주신 예수님의 이름으로 기도드립니다. 아멘

임종예배(4)

인생의 주권이 하나님께
기도를 이끌어주는 말씀 / 행 20:24

영원한 집을 예비하시는 하나님,
저희들 모두 함께 거룩한 예배의 자리로 나아갑니다. ○○○ (성도)님의 어머니 고○○○ 여사가 운명하셨기에, 하나님께 영광을 드리려 합니다. 고○○○ 여사의 ○○년의 생애는 참으로 아름다운 삶이셨습니다. 자녀들에게는 사랑의 수고를 그치지 않으신 어머니이셨습니다. 가난했던 삶이었지만 가족의 행복과 자녀들의 소망을 이루기 위해서 희생을 하심으로써 본이 되는 삶을 사셨습니다. 그 헌신으로 이 가정은 부요를 누리게 되었고, 자녀들 역시 훌륭하게 성장했습니다. 이제, 고인에 대한 사랑의 보답으로 장례에 임하는 자녀들이 되게 하시옵소서. ○○○ (성도)님은 부모에게 공경하라는 하나님의 말씀에 순종하여 이 예식에 임하게 하시옵소서.
오늘, 하나님의 말씀으로 유족이 위로를 받기 원합니다. 그리고 고인의 죽음을 통해서 귀한 자녀들이 의와 진리로 새롭게 되게 해주시옵소서. 인생의 주권이 하나님께 있음을 깨달으며, 이 예식을 거룩하게 치르게 하시옵소서.
가정이 주 안에서 든든하게 세워지고, 자녀들은 복이 되기를 원했던 고인의 마음을 본받아 살아가기를 다짐하게 하시옵소서.

|이어서 장례예식을 치르는 가정에 채워질 하나님의 은총을 간구한다.|
기도의 문이 되신 예수님의 이름으로 기도드립니다. 아멘

임종예배(5)

은혜의 길, 소망의 길, 승리의 길
기도를 이끌어주는 말씀 / 행 20:24

장례의 예식을 주관하시는 하나님,
○○○ (성도)님의 아버지의 죽음 앞에서 하나님께 영광을 드립니다. 오늘날까지 ○○○님의 삶을 돌보아 주셨음에 찬양합니다. ○○년 전에 세상에 나셨다가 생명의 시간을 마치게 되었습니다. 그의 생명이 다하게 되었음은 하나님의 섭리인 줄 믿고 찬양을 드립니다. ○○○님은 결코 한 시간의 삶도 헛되지 않게 지내셨습니다. 그의 삶이 자손에게 인생의 교훈이 되도록 하셨습니다.

여호와 하나님만이 이 가정에서 경배를 받으시고, 영원히 주인이 되시기를 소망합니다. 예배를 인도하시는 주님의 종에게 영력을 더하시고, 복된 식구들에게 소망의 말씀이 선포되기를 원합니다.

○○○ (성도)님을 축복합니다. 하늘나라의 사랑을 입고 살아오셨던 주님의 딸이 귀한 예배를 드립니다. 저가 주 하나님의 이름을 높여드리니 영광을 받으시고, 이 가정에 복을 내려 주시옵소서.

성령 하나님께서 친히 장례의 모든 예식을 주관해 주시옵소서. 장례의 모든 절차에서 주님께 영광을 드리게 하시옵소서.

이 시간에, 저희들에게는 사탄을 대적하는 것을 잊지 않게 하시옵소서. 사탄이 훼방하지 않고, 성령님께 충만한 예식이 되게 하시옵소서.

|이어서 장례예식을 치르는 가정에 채워질 하나님의 은총을 간구한다.|
사랑의 품, 예수님의 이름으로 기도드립니다. 아멘

임종예배(6)

임종을 지키는 소망의 시간
기도를 이끌어주는 말씀 / 요 14:1

하늘의 영원한 소망을 갖게 해주신 하나님,

주님의 품에서 찬송과 예배로 살아온 ○○○ (성도)님의 가족에게 오늘은 심히 가슴 아픈 날입니다. 사랑하는 아버지를 잃게 된 자녀들의 마음속에 예수 그리스도의 십자가를 든든히 붙잡고 의지하는 믿음을 주시며, 하늘의 영원한 소망을 갖고 기쁨이 충만하게 하시옵소서. 저희를 거룩하게 하사 오늘까지 지켜주셨음에 예배로 영광을 드립니다. 뜻과 마음 그리고 생각을 다하여 경배하는 한 시간이 되기를 소망합니다.

말씀을 전해주실 목사님을 성령님께서 더욱 붙들어주시옵소서. 그 말씀이 아버지를 위하여 수고를 다한 ○○○ (성도)님에게 축복이 되고, 자손들에게는 언약의 말씀이 되게 하시옵소서.

주님의 이름으로 ○○○ (성도)님을 축복합니다. 육체적으로 쇠약해지고, 스스로는 자신의 몸도 감당하지 못하시는 아버지를 위하여 수고를 많이 하고 헌신의 삶을 살아온 ○○○ (성도)님을 위로해 주시옵소서.

지금, 아버지의 마지막 시간, 임종을 지키는 ○○○ (성도)님에게 성령님께서 충만하게 해주시옵소서. 여호와께 존귀하다 축복을 받은 지체들입니다. 하나님을 사랑하고, 그 명령을 지켜 그 길로 행하는 은혜를 보게 하시옵소서.

|이어서 장례예식을 치르는 가정에 채워질 하나님의 은총을 간구한다.|
채찍으로 맞아주신 예수님의 이름으로 기도드립니다. 아멘

위로예배(1)

슬픔을 은혜로 바꾸어주시고
기도를 이끌어주는 말씀 시 56:1-4

천국에 마음을 두게 하시는 하나님,
저희들은 슬픔 가운데 있지만, 이 시간에 여호와의 이름을 부르게 하시옵소서. 고◯◯◯님의 장례 중에 있는 ◯◯◯ (성도)님의 가족을 위로해 주시옵소서. 이 시간에, 온 가족이 하나님께 예배합니다.
사랑하는 지체들에게 성령님께서 위로해 주시옵소서. 아버지를 잃은 슬픔을 은혜로 바꾸어주시고, 하나님의 나라에 마음을 두게 하시옵소서. 이 예배의 처음에서 나중까지의 영광을 하나님께 드립니다. 짧은 시간이지만 하나님의 말씀에서 소망을 얻게 하시옵소서. 목사님께서 준비하신 말씀이 유족과 함께 한 저희들에게 축복이 되게 하시옵소서.
앞으로 진행될 장례의 절차들에 하나님의 은혜를 보여주시옵소서. 시간이 갈수록 고◯◯◯님에 대한 상실된 그리움으로 미어집니다. 성령님께서 크게 붙들어 주시고, 천국에 대한 소망을 품게 하시옵소서.
주님의 품에서 남겨진 가족을 축복합니다. 홀로 남겨진 ◯◯◯ (성도)님의 어머니와 아직 장성하지 않은 자녀도 있습니다. 하나님께서 이 가정을 위로하시고, 복에 복을 더해주시옵소서.
장례예식이 진행되는 동안에, 사람에게나 어떤 일들로 말미암아 사탄이 틈을 타지 않게 하시옵소서. 하나님의 영이 다스려 주시옵소서.

|이어서 장례예식을 치르는 가정에 채워질 하나님의 은총을 간구한다.|
친절하신 주, 예수님의 이름으로 기도드립니다. 아멘

위로예배(2)

하늘에 계신 하나님의 은혜를

기도를 이끌어주는 말씀 / 살후 3:16

　인생의 엄숙함을 깨닫게 해주신 하나님,
　사랑하는 유족에게 예배하도록 은혜를 주셨음을 감사드립니다. 돌아가신 분을 다시는 볼 수 없다는 그리움으로 슬픔이 더한 가족에게 하늘에 계신 하나님의 은혜를 내려주시옵소서. 만왕의 왕이신 우리 주님께 구속함을 받은 성도들이 경배를 드리니 받아 주시옵소서. 하늘에서 천사들이 화답하여 영광을 드리기 원합니다.
　고인이 식구들과 함께 지냈던 날들을 추억하면서, 고인에 대한 감사로 이 예식을 진행하게 하시옵소서. 이제, 그 육체를 땅에 장사해야 하오니 거룩하게 진행되게 하시옵소서. 고인을 향한 마지막, 효도와 사랑으로 수종을 드는 저희들이 되기를 빕니다.
　이제, ○○○ (성도)님의 가족을 축복합니다. 고인이 참으로 소중하게 간직하고 살았던 인생의 교훈을 갖는 저희들이 되게 하시옵소서. 사랑하는 유족은 이제부터 주님 앞에서 복된 하루, 하루를 보내게 하시옵소서. 부모 중에서 한 분 남으신 어머니를 봉양하며, 공경해드리는 자녀들이 되게 하시옵소서. 하나님의 뜻을 따르게 하시옵소서.
　이 가정이 더욱 복스러워지게 하시옵소서. 하나님을 가까이 하고, 그 계명을 힘써 지킴으로써 보호해주시는 복을 받게 하시옵소서.

　|이어서 장례예식을 치르는 가정에 채워질 하나님의 은총을 간구한다.|
　사랑의 주, 예수님의 이름으로 기도드립니다. 아멘

위로예배(3)

감사의 찬미로 드려지는 예배
기도를 이끌어주는 말씀 / 빌 4:7

고인의 삶이 자녀들에게 이어지게 하시는 하나님,
○○○ (성도)님의 어머니, 고○○○님을 복 되게 하셨던 은총이 저희 자손들에게 이어지게 하시옵소서. 고인이 생전에 가족이 복 되기를 원하셨는데, 자손을 위하여 헌신적으로 사셨던 삶이 자녀들에게 이어져 형통하고, 번성하도록 도와주시옵소서.

고인을 추억하면서 예배할 때, ○○○ (성도)님의 가족이 하늘의 하나님께 감사의 찬미로 드려지기를 소망합니다. 예배를 집례하시는 목사님께 크신 능력과 은혜로 함께 해주시옵소서.

거룩한 장례예식이 진행되는 동안에, 예비하셨던 복을 내려주시옵소서. 주님의 약속과 영생의 복음을 확실히 믿고 이 땅에서 환난과 역경을 이기며 하늘의 소망을 빼앗기지 않게 하여 주시옵소서.

고인은 존경을 받으면서 지내셨습니다. 자신보다는 함께 살아가는 이웃을 배려하는데 마음을 쓰셨고, 이웃을 사랑하는데 앞장서셨습니다. 고인이 선한 모습으로 우리에게 본이 된 삶을 살게 하심을 감사합니다. 사랑하는 유족이 고인의 뒤를 따르게 해주시옵소서.

장례예식이 진행되는 기간에 사탄이 일체 틈을 타지 못하도록 막아주시옵소서. 오직 하나님께서 이 기간을 지켜주시옵소서.

|이어서 장례예식을 치르는 가정에 채워질 하나님의 은총을 간구한다.|
천성에 이르게 해주신 예수님의 이름으로 기도드립니다. 아멘

위로예배(4)

슬픔에도 하나님의 일하심이
기도를 이끌어주는 말씀 / 사 26:3

찬양의 제사를 받으시는 하나님,

고○○○님의 죽음을 앞에 놓고 저희 모두 슬퍼하고 있습니다. ○○○(성도)님이 아버지의 구원을 위하여 이제까지도 기도해오셨는데, 그 기도가 응답되기 전에 돌아가셔서 저희들의 마음은 더욱 아픕니다.

그러나 고인의 죽음에도 하나님의 간섭하심이 있는 것을 믿습니다. ○○○(성도)님이 아버지의 구원을 바라고 기도하게 하셨던 은혜도 믿습니다. 인간의 생각과는 달리, 고인이 운명하셨기 때문에 이 슬픔에도 하나님의 섭리하심이 있음을 믿고 받아들이게 하시옵소서.

오늘, 예배를 주관해주시고, 영광을 받으실 하나님께 찬양의 제사를 올려드리게 하시옵소서. 목사님께서 준비하신 말씀이 유족에게 격려와 위로가 되기를 원합니다.

앞으로 장례 절차를 모두 주님께서 맡아 주관하시고, 이 가정에 복을 내려 주시옵소서. 특별히 남아있는 가족을 붙들어 주옵소서. 슬픔과 낙망 속에 살지 않고 하늘나라의 소망을 갖고 살게 하시며, 믿음의 가정으로 든든히 세워 주시옵소서.

하나님께서 베풀어주시는 은혜를 누리게 하시옵소서. 장례예식의 모든 시간들 속에서 구원에 이르는 가족이 되게 하시옵소서.

|이어서 장례예식을 치르는 가정에 채워질 하나님의 은총을 간구한다.|
영원한 집을 약속해주신 예수님의 이름으로 기도드립니다. 아멘

위로예배(5)

하나님께서만 주실 수 있는
기도를 이끌어주는 말씀 / 눅 13:34

여호와께 존귀한 지체들을 받아주시는 하나님,

이 시간에, 사랑하는 어머니를 다시 볼 수 없는 슬픔에 북받쳐 있는 ○○○ (성도)님에게 하나님께서만 주실 수 있는 은혜로 만져주시옵소서. 여호와께 존귀한 가족이 하늘의 하나님께 감사의 찬미로 드리는 경배가 되기 원합니다. 하나님의 이름을 찬송하는 귀한 이 자리에 영광을 나타내 주시옵소서. 예배하는 저희들에게 가장 복된 시간과 자리가 되게 하시옵소서. 하나님의 사랑하심을 다시 한 번 확인하는 은혜가 풍성하기를 빕니다.

○○○ (성도)님에게 하늘의 문이 열리기를 소원합니다. 하늘의 지혜로 자녀들을 키우게 하시고, 하늘 창고의 재물로 풍족한 생활을 할 수 있도록 도와주시옵소서. 남에게 꾸어줄지라도 꾸러 다니지 않게 하시며, 누구에라도 거저 베푸는 생활이 되도록 인도하여 주시옵소서.

귀한 가족이 예수 그리스도의 은혜와 약속에 들어가게 하시옵소서. 장례식 기간 동안에 하나님께 영광을 드리고 자손은 모두 주님의 구원하심의 은혜에 초청되도록 불러주시옵소서.

거룩한 시간에, 사탄이 틈을 타지 않도록 막아주시옵소서. 슬퍼할 수밖에 없는 가족에게 천국을 소망하는 기쁨을 안겨주시옵소서.

|이어서 장례예식을 치르는 가정에 채워질 하나님의 은총을 간구한다.|
인애하신 예수님의 이름으로 기도드립니다. 아멘

위로예배(6)

주의 이름이 높이 받들어지게
기도를 이끌어주는 말씀 / 요 16:22

하늘의 하나님께 찬양을 드리게 하시는 하나님,
이 시간에 영과 진리로 예배할 때, 하늘의 문을 열어 주시기 원합니다. 고○○○님의 장례 중에 있는 ○○○ (성도)님의 가족을 위로해 주시옵소서. 온 가족이 고인을 위해서 기도해오게 하셨음에 감사드리며, 하나님께 예배합니다. 사랑하는 유족과 ○○의 지체들이 아버지께 드리는 예배를 받으시며 주 하나님의 이름이 높이 받들어지게 하시옵소서.
여기에 모인 이들이 하늘의 하나님을 찬양하고, 영과 진리로 예배하기 원합니다. 주님의 사랑을 찬송하며 말씀을 나눌 때, 성령님의 권면과 위로의 역사가 나타나고, 그 이름에 예배하게 하시옵소서. 예배를 집례하시는 목사님께 성령님의 능력과 권세가 더해지게 하시옵소서.
이 시간에도 저희들에게 생명의 말씀을 들려주실 목사님을 축복합니다. 고인의 가족들에게 위로가 되고, 성도들에게는 축복의 약속이 되는 말씀이기를 소망합니다.
일가와 친척들에게도 복을 내려주시옵소서. 일가친척들의 가슴도 어루만져 주시옵소서. 이 예배에 거룩하게 동참한 성도들도 축복합니다. 성경에 약속해주신 은혜에 동참하게 하시옵소서. 하나님의 은혜로 이 자리가 성소로 바뀌는 영광을 내려 주시옵소서.

|이어서 장례예식을 치르는 가정에 채워질 하나님의 은총을 간구한다.|
자비로우신 주, 예수님의 이름으로 기도드립니다. 아멘

입관예배(1)

순식간에 다하는 우리의 평생
기도를 이끌어주는 말씀 / 시 90:8-10

슬픔 대신에 감사하도록 하시는 하나님,

오늘, 고○○○님의 입관예배에, 하늘의 문이 열려짐에 감사드립니다. 우리의 삶이 하나님 앞에서 넉넉하여 감사가 넘치게 하심을 즐거워하기 원합니다. 늘 감사로 하나님을 뵙게 하시옵소서. ○○○ (성도)님의 가족을 향하신 하나님의 섭리에 감사합니다. 고인이 살아계신 동안에, 고인의 구원을 위하여 기도해 오도록 하셨음에 감사드립니다.

오늘, 목사님께서 준비하신 말씀이 ○○(직분)님의 가정에 축복이 되게 하시옵소서. 그리고 이 가정의 지체들과 함께 예배하는 저희들에게도 격려와 위로가 되기를 원합니다. 하늘의 문을 열어주시옵소서.

저희들의 찬양으로 주님의 이름이 높여지고, 하나님께서 영광을 받으시기를 원합니다. 슬픔을 억누르는 유족을 위로해 주시옵소서. 찬송으로 위로받게 하시옵소서. 말씀으로 위로받게 하시옵소서.

귀한 지체들이 사랑을 다하여 ○○○님의 유해를 수습할 때, 거룩한 예식이 되게 하시며, 수고하는 종들을 거룩하게 해 주시옵소서. 앞으로도 이어지는 장례의 절차에 여호와의 손길로 인도함을 받게 하시옵소서. 순서에 따라서 하나님께 영광이 되게 하시옵소서.

|이어서 장례예식을 치르는 가정에 채워질 하나님의 은총을 간구한다.|

찬양이 되신 예수님의 이름으로 기도드립니다. 아멘

입관예배(2)

풀의 꽃과 같은 인생
기도를 이끌어주는 말씀 / 벧전 1:24-25

성호 앞에 무릎을 꿇게 하시는 하나님,
사랑을 입은 여호와의 백성이 나아옵니다. 저희들 모두 함께 거룩한 예배의 자리로 나아옵니다. 목소리 합하여 전능하신 하나님을 찬양하게 하시옵소서. 하나님의 이름 앞에 무릎을 꿇게 하시옵소서.
고인이 수고를 그치고 쉬게 되었음에 감사합니다. 수고와 슬픔뿐이었던 이 땅에서의 삶을 살다가 생명의 시간을 마쳤습니다. 하나님께서 정해놓으신 시간을 그 누구도 거역할 수 없음을 깨닫습니다. 고인은 생명의 시간에 자녀들에게 귀감이 되게 하셨음에 감사드립니다. 이 시간 예배할 때, 영과 진리로 충만하게 해주시옵소서.
육신의 장막 안에서 지내는 동안에 고인은 인생이 당해야만 하는 갖가지 어려움을 겪으셨으나, 이제는 그 수고를 그치게 되었습니다.
앞으로도 이어지는 장례의 절차에 여호와의 손길로 인도함을 받게 하시옵소서. 유족을 위로하기 위해 방문을 하는 이들에게 하나님의 사랑이 넘치게 하시옵소서. 이 자리에 있는 모든 이들이 주 안에서의 죽음이 주는 영광을 보게 하시옵소서.
이 가정을 복음의 통로, 축복의 통로로 삼아주셨사오니, 여기에서부터 생명의 물이 흘러 일가와 친척들의 가슴으로 적시게 하시옵소서.

|이어서 장례예식을 치르는 가정에 채워질 하나님의 은총을 간구한다.|
언제나 지켜주시는 주, 예수님의 이름으로 기도드립니다. 아멘

입관예배(3)

다시 저주가 없는 곳
기도를 이끌어주는 말씀 / 계 22:1-5

위로와 평강이 가득하게 해주신 하나님,

평생 가정과 자녀를 사시던 고○○○ 여사의 입관 예배를 드립니다. 우리 모두에게 존경을 받으실 만큼 헌신의 생애를 보내신 고인을 생각하게 해주시니 감사드립니다. 이 시간에, 사랑하는 ○○○ (성도)님, 어머니의 시신을 입관하셔야만 하는 그 슬픔을 위로해 주시옵소서. 찬송을 부를 때, 하나님의 위로와 평강이 이 자리에 가득하게 하시옵소서. 목사님께서 말씀을 전하실 때, 인생, 그 누구도 위로해줄 수 없는 가슴을 하나님께서 만져주시옵소서. 여호와께만 영광이 가득하게 하시옵소서.

이제, 예배를 마치면 고인의 몸에 새 옷을 입혀드리려 합니다. 수의를 입는 고인의 육체는 흙에서 온 인생이기에 흙으로 돌려보내려 합니다. 이 거룩한 일을 통해서 인생의 주권이 하나님께 있음을 여기에 모인 이들에게 선포해 주시옵소서.

사랑하는 ○○○님을 먼저 본향으로 보내는 유가족들에게 성령님의 위로가 내리기를 간구합니다. 그리고 이 예식에 참여한 모든 이들에게 믿음으로 살다가 영광스러운 죽음을 맞이하려는 소망을 품게 하시옵소서. 고인은 흙에서 온 인생이기에 흙으로 돌려보내려 합니다. 인생의 주권이 하나님께 있음을 선포하게 해 주시옵소서.

|이어서 장례예식을 치르는 가정에 채워질 하나님의 은총을 간구한다.|
저희의 면류관이신 예수님의 이름으로 기도드립니다. 아멘

입관예배(4)

고인을 통해서 영광을 받으신 하나님
기도를 이끌어주는 말씀 / 계 7:9-10

입관 예배로 영광을 취하시는 하나님,
이 복된 시간에, 의롭다 함을 받은 주님의 자녀들이 믿음으로 드리는 경배를 받아주시옵소서. 오직 주님만이 방패시며 힘이 되심을 찬양을 드립니다. 하나님은 참으로 우리가 섬겨 마땅한 주님이십니다.

우주 만물을 창조하시고 다스리시는 하나님께 영광을 드립니다. 인류의 역사와 개인의 생사화복을 주관하시는 하나님께 영광을 드립니다. 고 ○○○님의 입관을 위해 머리를 숙였사오니, 이 자리에 하나님의 영광이 나타나기를 원합니다.

○○○ (성도)님과 유족에게 이제껏 베풀어주신 크신 사랑에 감격하여 경배하는 귀한 시간으로 만들어 주시옵소서. 목사님의 말씀으로 유족이 위로와 은혜를 받게 하시고, 모든 예배자들이 주님 앞에서 인생의 교훈을 받는 시간이 되기를 소망합니다.

고인이 세상에서 살 때 건강한 육체로 자신의 몸을 돌보았던 것처럼, 이제는 저희들이 그 몸을 소중하게 모실 차례가 되었습니다. 하나님의 은혜 안에서 입관절차가 진행되도록 도와주시옵소서.

하나님을 멀리 했던 이들에게도 주님의 사랑을 받아들이게 해 주시옵소서. 이 가문이 여호와께 구별된 집안이 되기를 원합니다.

|이어서 장례예식을 치르는 가정에 채워질 하나님의 은총을 간구한다.|
부활의 약속이 되신 예수님의 이름으로 기도드립니다. 아멘

입관예배(5)

하늘의 하나님께 감사의 찬미
기도를 이끌어주는 말씀 / 창 47:30

거룩한 백성을 보아주시는 하나님,

지금 이곳에서, 하나님을 아버지라 부르는 거룩한 백성을 보아주시옵소서. 마음을 열어 주님께로 향합니다. 고◯◯◯님의 남겨진 몸을 입관하면서 드리는 예배를 하나님께서 받으시기 원합니다.

저희들은 겸손히 주님의 이름을 부르고, 하나님께서는 기쁘게 받으시는 예배의 한 시간이 되게 하시옵소서. ◯◯◯ (성도)님과 그의 형제들은 고인이 좀 더 오래 사셨으면 하는 바람을 갖고 있었으나, 하나님의 시간을 그 누구도 막을 수 없었습니다. 하나님의 시간을 묵상하면서 영과 진리로 예배하게 하시옵소서.

거룩한 예식을 주님께서 맡아 주관하시고 이 가정에 위로하시는 은혜를 찬양합니다. 저희들은 주님의 높고 크신 경륜을 다 깨닫지 못하오나 주님의 약속과 영생의 복음을 확실히 믿고 이 땅에서 환난과 역경을 이기며 하늘의 소망을 빼앗기지 않게 하여 주시옵소서.

고인은 평생 자녀들에게 좋은 아버지가 되려고 수고를 많이 하셨습니다. 이 시간에, 고인 앞에서 하나님께 소망을 두고 살아가기를 결단하고 다짐하는 유족이 되게 하시옵소서. 이 예식에 참여한 이들에게 믿음으로 살다가 영광스러운 죽음을 맞이하려는 소망을 품게 하시옵소서.

|이어서 장례예식을 치르는 가정에 채워질 하나님의 은총을 간구한다.|
영원히 왕이 되신 예수님의 이름으로 기도드립니다. 아멘

입관예배(6)

하나님께서 주관하시는 시간
기도를 이끌어주는 말씀 / 전 5:18

천국의 소망으로 풍성하게 해주신 하나님,
주 하나님의 사랑을 입고 지내던 지체들이 머리를 숙였습니다. 저희들은 하나님만을 의지할 수밖에 없음을 고백합니다. 나의 주, 나의 하나님께 삶의 모든 것을 맡기는 예배를 드리려 하오니 받아주시옵소서. 고○○○ 여사의 죽음 앞에서 사랑하는 유족에게 영생에 이르는 면류관을 바라보게 해주셔서 감사드립니다.
지금, 주님의 자녀들이 한 마음으로 예배드리며 주님을 기리고 찬송을 하게 하시옵소서. 목사님께서 전해주시는 하나님의 말씀에 심령의 문을 열게 하시옵소서. 그 말씀이 위로의 메시지이면서 동시에 인생에게 주시는 엄숙한 선언이기를 빕니다.
사람은 누구나 하나님 앞에서 죽는다는 사실을 잊지 않게 해주시옵소서. 그러므로 간절히 구하오니 죄악과 사망에서 건져주시사 의로운 생명을 얻게 하옵소서. 이로 말미암아 저희들이 세상을 떠날 때에 주 안에서 평강을 얻게 하시고 영복을 얻게 해 주시옵소서.
○○○ (직분)님의 가정을 축복합니다. 주님의 보혈로 구원을 받은 가정의 지체들이 날마다 좁은 문으로 들어가는 놀라운 경험을 하게 하시옵소서.

|이어서 장례예식을 치르는 가정에 채워질 하나님의 은총을 간구한다.|
부활의 소망을 주신 예수님의 이름으로 기도드립니다. 아멘

장례예배(1)

풀리고 깨지는 인생
기도를 이끌어주는 말씀 / 전 12:4-7

오직 예배하는 가정으로 이끌어주신 하나님,

이 예식에 성령님의 위로하심과 은혜 주심이 있기를 소망합니다. 고인과 이별하여 서운해 하는 가족들이 하나님께 영광을 드리는 예식이 되도록 모든 행사를 주관해 주시옵소서.

오늘, 슬픔의 그늘에서 위로를 필요로 하는 유족들에게 하나님의 은혜를 보여 주시옵소서. 영생의 말씀을 듣게 하시니 저희들의 심령을 하늘나라에 두게 하시옵소서. 그 말씀이 ○○(직분)님과 이 가정에 기쁨이 되기를 소망합니다. 이로써 주님을 향한 지체의 믿음이 굳건해지게 하시옵소서.

오늘, 저희들에게 피조물에 지나지 않는 인생의 모습을 보면서 하나님을 경외하는 한 시간이 되도록 이끌어 주시옵소서. 이 자리에서 신자와 불신자를 막론하고 인생의 의미를 묵상하게 하시옵소서. 여기에 모인 이들마다 생명의 주인 앞에서 겸손히 지내게 하시고, 하나님의 복을 풍성히 받게 하시옵소서. 주 안에서 여호와의 의를 구하며 살다가, 주님께서 다시 오시는 그날, 부활에 참여하는 은혜를 주시옵소서.

여호와 앞에서 피조물에 지나지 않는 인생의 모습을 보면서 하나님을 경외하는 한 시간이 되도록 이끌어 주시옵소서.

|이어서 장례예식을 치르는 가정에 채워질 하나님의 은총을 간구한다.|
끝까지 지켜주시는 예수님의 이름으로 기도드립니다. 아멘

장례예배(2)

주님의 품에서 누리는 안식
기도를 이끌어주는 말씀 / 전 5:18

장례 예배의 영광에 참여하게 해주신 하나님,

주 여호와의 이름을 찬양하며, 영광스러운 자리에 모였습니다. 엄숙한 마음가짐으로 고인의 몸을 모시게 하시옵소서. 고인이 세상에 살 때 건강한 육체로 자신의 몸을 돌보았던 것처럼, 이제는 저희들이 그 몸을 소중하게 모실 차례가 되었습니다.

안타까운 마음으로 유족을 위해 간구합니다. 함께 살던 이를 먼저 천국으로 가게 하신 후, 섭섭해있을 저들을 주님의 품으로 품어주시옵소서. 그리하여 부르심을 받은 고인에게 주셨던 은혜를 누리게 하옵소서.

성령님의 안위하심이 이 자리에 있어 하늘의 영광을 바라는 저희들이 되게 하시옵소서. 하나님의 은혜가 ○○○님의 죽음을 통해서 나타나셨음에 감사드립니다. 썩을 몸이라 한 번은 반드시 죽으나 주님을 믿는 자들에게는 영생의 몸으로 다시 살아날 것을 믿습니다.

하나님께서 주신 고인의 유해를 고이 모실 수 있는 은혜를 주셨으니 겸손하게 발인하도록 하시고, 예비해 주신 장지에 이르게 하시옵소서. 오늘의 모든 일정을 하나님께 맡깁니다.

고인은 저희들보다 몇 발자국을 앞서 가셨습니다. 신자와 불신자를 막론하고 삶의 의미를 깊이 묵상하게 하시옵소서.

|이어서 장례예식을 치르는 가정에 채워질 하나님의 은총을 간구한다.|
홀로 구주이신 예수님의 이름으로 기도드립니다. 아멘

장례예배(3)

은혜를 베풀고 꾸어준 결말
기도를 이끌어주는 말씀 / 시 37:23-28

우주와 만물을 다스리시는 하나님,
하나님께서는 그 권능을 인생들에게 알게 하셨습니다. 주님으로부터 지으심을 받아, 우리의 주인이 하나님이심을 아는 이들이 여기에 모였습니다. 크신 영광을 받아 주시옵소서. 무거운 짐을 홀로 지고 견디다 못해 쓰러질 때도 많았던 고인을 이제는 그치게 하셨습니다.

슬픔에 겨워 눈물을 참는 유족들에게 여호와의 손으로 붙잡아 주시는 은혜가 있기 원합니다. 하늘나라를 바라보면서 소망 중에 이 예식에 참여하게 하옵소서. 고인의 몸을 흙으로 돌려보내면서 이 예식이 하나님께 영광이 되기를 소원하는 ○○○ (성도)님과 유족을 살펴주시옵소서. 저희가 부르는 찬송이 향기로운 제사가 되기 원합니다. 목사님이 하나님의 말씀을 대언해주실 때, 위로와 축복의 선언이 되게 하시옵소서.

고인의 유해를 장지로 보내 땅에 묻으려 합니다. 우리는 고인의 몸을 다시 볼 수 없습니다. 이제, 고인의 모습을 저희들의 가슴에 담아 두게 하시옵소서. 고인의 육체는 흙으로 돌려보내면서 고인의 추억은 저희들의 가슴에 묻게 하시옵소서.

여기에 모인 유족들과 일가친지들도 남은 생애를 겸손히 대하게 하시옵소서. 생명의 주인 앞에서 겸손히 지내게 하시옵소서.

|이어서 장례예식을 치르는 가정에 채워질 하나님의 은총을 간구한다.|
부활의 첫 열매가 되신 예수님의 이름으로 기도드립니다. 아멘

장례예배(4)

사모하는 본향, 아버지의 나라
기도를 이끌어주는 말씀 / 시 103:15-16

인생을 바라보시는 하나님,

하나님의 영광이 지금 여기에 있으니, 그 보좌는 하늘에 있습니다. 예배하는 저희들을 인생을 바라보시는 눈으로 바라보아 주옵소서. 이 거룩한 시간에 맞게 마음을 다하고, 몸을 다하며, 뜻을 다하여 드리는 예배가 되도록 이끌어 주시옵소서.

주님의 인생을 향하신 섭리에 따라 고○○○ 여사의 장례 예배를 드리는 이 자리를 축복합니다. 고인을 먼저 주님의 품으로 가신 뒤, 잠깐의 헤어짐으로 아쉬움과 슬픔에 차있는 유족을 축복합니다. 이 세상을 떠나 하나님 앞으로 가신 고인의 장례식을 거행하려고 이곳에 모인 이들을 축복합니다. 이 자리가 거룩한 환송장이 되기 원합니다. 세상에 계시는 동안에, 근심과 고통을 그치게 하셨음에 감사하게 하시옵소서.

고인이 생존해 계실 때, 어머니를 위하여 ○○○ (성도)님이 기도해오도록 해주셨음에 감사드립니다. 어머니가 영생의 복을 받으시고, 천국 백성이 되시기를 기도해오는 시간을 주셨습니다. 기도의 시간이 길었던 만큼 ○○○ (성도)님이 고인을 사랑하셨음에 감사드립니다.

저희들 모두에게 주 안에서 여호와의 의를 구하며 살다가, 주님께서 다시 오시는 그날, 부활에 참여하는 은혜를 주시옵소서.

|이어서 장례예식을 치르는 가정에 채워질 하나님의 은총을 간구한다.|

영원하신 주, 예수님의 이름으로 기도드립니다. 아멘

장례예배(5)

두려운 마음으로 섬기며
기도를 이끌어주는 말씀 / 시 128:1

두려운 마음으로 경외하게 하시는 하나님,

하나님의 사랑을 입고 살아온 저희들이기에 경배하는 신령한 시간이기를 원합니다. 우리를 지으신 여호와 앞으로 나아가 마음으로 무릎을 꿇게 하옵소서. 홀로 영광을 취하실 하나님께 감사하면서 주님을 경배하기 원합니다. 모든 생각과 정성과 사랑을 모아 예배하게 하옵소서. 고인을 먼저 보냈을 때는 온 가족이 슬픔으로 인하여 가슴이 미어졌었으나, 주님의 은혜로 이렇게 살아왔으니 예배로 영광을 드리게 하시옵소서.

고인의 영혼은 자신이 가야 될 곳으로 옮겨졌음을 믿습니다. 이 땅에 남아있는 유족으로 하여금 진실한 마음으로 믿음을 지키게 하시고, 죄악에서 건지셔서 영원한 생명을 누리게 하여 주시옵소서. 만왕의 왕이신 우리 주님께 구속함을 받은 식구들이 경배하오니 받아 주시옵소서.

우리의 기대하는 바는 30배, 60배, 100배의 결실로 성장한 오늘의 승자의 모습이오니, 승리의 열매가 귀한 자녀들의 것이 되게 하옵소서. 주님의 말씀을 지켜 살아가는 자녀들이 되게 하시옵소서. 자녀들에게도 형통한 생활이 있어서 부요와 재물이 풍족하기를 원합니다.

이제, 소원하기는 일가와 친척들 중에 있는 불신자들에게 복음을 전하는 가족이 되게 하시옵소서. 생명의 은혜를 전달하게 하시옵소서.

|이어서 장례예식을 치르는 가정에 채워질 하나님의 은총을 간구한다.|
영생의 보장이신 예수님의 이름으로 기도드립니다. 아멘

장례예배(6)

너를 지키실 것이니
기도를 이끌어주는 말씀 / 시 121:8

장례예배에서 영광을 받으시는 하나님,
하나님께서 인생에게 주권을 행사하신 날에, 거룩하게 모여 머리를 숙였습니다. 고○○○님의 유해를 장사지내고자 모인 저희들에게 마지막으로 예를 갖추게 하시옵소서. 오직 우리 하나님만을 섬기고, 예배하는 시간이 되기 원합니다. 저희들이 예배할 때, 하나님께 향기로운 제사가 되기를 원합니다. 고인의 죽음에 하나님의 영광이 나타나기를 소원하는 유족을 향하여 하늘에서 화답해 주시옵소서.
이 시간에 짧게 들려지는 하나님의 말씀이, 여기에 모인 이들에게 생명의 말씀이 되기를 원합니다. 인생에게 주시는 하나님의 말씀을 엄숙히 청종하게 하시옵소서. 저희들이 찬송을 부를 때, 장송곡이 아니라 환송곡이 되게 하시옵소서.
고인이 이 집안의 호주이셨다는 사실은 유족에게 큰 기쁨입니다. 자손들이 훌륭하신 아버지의 삶을 물려받게 하시고, 그 마음으로 자신들을 지키고, 가정을 위해 헌신하는 삶이 되게 하시옵소서. 아울러, 하나님 앞에서 살아가는 인생의 길이 되게 하시옵소서.
유족들은 형언할 수 없는 아픔으로 가슴을 죄고 있습니다. 저 하늘나라를 바라보면서 장례예식에 참여하게 하시옵소서.

|이어서 장례예식을 치르는 가정에 채워질 하나님의 은총을 간구한다.|
영원히 구주가 되시는 예수님의 이름으로 기도드립니다. 아멘

하관예배(1)

모든 눈물을 닦아 주시리라
기도를 이끌어주는 말씀 / 계 21:1-4

슬퍼하는 이들의 눈물을 닦아 주시는 하나님,

고인의 몸이 흙으로부터 왔기에 흙으로 보내면서 인생의 주인이 하나님이심을 확인하게 하셨습니다. 거룩한 하관예식에서 하나님의 뜻이 이루어진 것에 감사하는 저희들이 되게 하옵소서. 이 예식이 진행되는 동안에 성령님으로 알게 하시고, 깨닫게 하신 진리에 순종하겠다는 결단의 은혜를 주옵소서.

고인이 떠난 자리의 허전함으로 유족들은 슬픔에 있습니다. 이제는 더 이상 고인의 목소리를 들을 수 없음에 슬픔이 가득합니다. 그러나 슬프지만 않은 것은 부활의 소망을 갖고 있기 때문입니다. 고인의 육신을 여기에 장사 지내오니 흙으로 지음 받은 육체는 흙으로 돌아가겠나이다. 그러나 주님 안에서 죽음을 맞이한 고○○○ 집사님은 주님이 다시 오시는 날, 영광의 몸으로 부활할 것을 믿고 하나님께 감사드립니다.

범죄한 인간이 의로우신 주님 앞에 설 수 없사옵고 썩을 몸으로 영원히 살 수 없지만, 예수님을 구주로 고백하든, 아직 주님을 몰라 하나님을 아버지로 부르지 않음을 막론하고, 이 자리에 있는 모든 이들에게 인생의 의미를 깨닫는 시간이 되게 하시옵소서. 유족에게는 견고하며 흔들리지 말고 주의 일에 더욱 힘쓰려는 각오의 시간이 되게 하시옵소서.

|이어서 장례예식을 치르는 가정에 채워질 하나님의 은총을 간구한다.|
죄인들의 구주, 예수님의 이름으로 기도드립니다. 아멘

하관예배(2)

생명 그쳐 흙으로 돌아가는 몸
기도를 이끌어주는 말씀 / 전 3:20-22

　인생의 시간이 하나님께 있음을 깨닫게 하시는 하나님,
　저희들이 어떻게 살아왔든지, 삶에 대하여 묻지 않으시고 받아주시는 하나님이십니다. 오직 하나님만이 경배를 받으옵소서. 주님의 은혜로 불러 주셨으니, 영과 진리로 드리는 예배를 받아주시옵소서.
　오늘, 고○○○님의 하관 예배에서 인생의 시간이 하나님께 있음을 다시 한 번 확인합니다. 주의 분노 중에 인생이 끝난다는 말씀을 떠올립니다. 여호와의 이름을 부를 때, 겸손하게 해주시옵소서.
　이제, 고인의 자손들에게 거룩한 자리에서 예수님을 구주로 영접하는 은혜를 내려 주시옵소서. 저희들에게 하늘나라를 사모하는 마음을 갖게 하시고, 예비해 주신 천국의 집을 그리워하는 은혜를 주시옵소서.
　이곳에 올라올 때는 고인의 관이라도 보았으나 내려갈 때, 저희들은 빈손입니다. 그때 허전해하지 않도록 성령님께서 붙들어주시옵소서.
　오늘, ○○○님의 유해를 안장하는 예식에 참여한 이들에게 나를 위하여 천국에 집이 예비되어 있음을 확신하게 해 주시옵소서. 그리하여 저희들 함께 천국에서 다시 만날 소망을 품게 해 주시옵소서.
　고○○○님과 헤어져 안타까운 만큼 유족에게 하나님을 가까이 하는 은혜를 내려주시옵소서. 천국을 소망하도록 하시옵소서.

　|이어서 장례예식을 치르는 가정에 채워질 하나님의 은총을 간구한다.|
　천국을 주신 예수님의 이름으로 기도드립니다. 아멘

하관예배(3)

사람에게 정해진 죽음
기도를 이끌어주는 말씀 / 히 9:27-28

주님의 백성으로 머리를 숙이게 해주신 하나님,

고인을 사랑하던 이들이 함께 모여 주님께 찬양하며 경배하게 하시니 감사합니다. 저희들은 영과 진리로 예배하기를 원하오니 찬송과 기도를 받으시옵소서. 지금 드려지는 하관 예배가 하나님께는 영광이 되고 ○○○ (성도)님과 유족에게는 은혜가 되게 하여 주시옵소서.

고인의 유해를 땅 속에 모시고, 한 삽 한 삽의 흙으로 덮을 때, 성령님께서 붙들어 주시기를 빕니다. 고○○○님과 헤어져 안타까운 만큼 하나님을 가까이 하는 은혜를 저들의 것으로 삼게 하시옵소서.

이 거룩한 자리에서, 천국을 소망하는 유족과 저희들에게 하늘의 문이 열리는 것을 보게 하시옵소서. 목사님께서 하나님의 말씀을 전하실 때, 천국에서부터 들려오는 말씀이 되게 하시옵소서. 영생의 말씀을 듣고, 아멘으로 화답하게 하시옵소서.

고인의 유해를 묻으면서 유족의 가슴에 사랑으로 풍성하게 했던 고인과의 추억도 묻게 하옵소서. 그리고 고인의 유해를 안장하듯이, 이 땅에서는 생명의 끝 날이 있음을 깨닫고 생의 마지막을 준비하게 하옵소서.

유족에게 사랑으로 인자하셨던 고○○○님을 추억합니다. 저희들에게도 삶의 끝이 온다는 사실을 받아들이게 하시옵소서.

|이어서 장례예식을 치르는 가정에 채워질 하나님의 은총을 간구한다.|

대속의 제물이 되어주신 예수님의 이름으로 기도드립니다. 아멘

하관예배(4)

사망에서 생명으로 옮긴 성도
기도를 이끌어주는 말씀 / 요 5:24

영광이 하늘로부터 내려오도록 하시는 하나님,
여호와께 영광이 되기를 소망하면서 하관 예배를 드립니다. 하나님의 크신 영광이 하늘로부터 내려 감격하여 드리는 예배가 되게 하옵소서.
오늘, 사랑하는 고○○○ 여사의 하관을 거행하려고 이 산에 올라왔사오니 복을 주옵소서. 음부의 권세가 제 아무리 강하다고 할지라도 주님의 빛은 고인의 갈 길을 바로 비추어 주셨습니다. 이 예식을 치르는 사랑하는 유족 지체들과 함께 한 이들을 위로해주시옵소서.
주님께서 명하신 대로 고인의 몸을 흙으로 보내는 이 예식을 축복합니다. 우리의 영혼을 구속하시며 저희들의 힘이 되시는 하나님을 믿고 있는 성도들을 축복합니다. 이 자리에 모인 저희들로 하여금 주님의 약속과 영생의 복음을 확실히 믿게 하시옵소서.
이 시간에, ○○○(성도)님과 유족을 위하여 간구합니다. 오직 하나님을 섬기며, 믿음을 제일로 살려는 이들을 축복합니다. 주님께서 주시는 하늘의 위로로써 슬픔을 이겨내게 하시옵소서. 비탄 중에 위로를 베풀어 주시는 주님을 바라보게 하시옵소서.
고○○○님의 유해를 안장하듯이, 이 땅에서는 생명의 끝 날이 있음을 깨닫고, 생의 마지막을 준비하는 저희들이 되게 하시옵소서.

|이어서 장례예식을 치르는 가정에 채워질 하나님의 은총을 간구한다.|
의를 이루어주신 예수님의 이름으로 기도드립니다. 아멘

하관예배(5)

유해를 하관하는 거룩한 예식
기도를 이끌어주는 말씀 / 요 3:16

영원에 이르게 하시는 하나님,

고○○○님의 유해를 하관하면서, 이 예식을 하나님께 올려드립니다. 아버지와 이별을 하신 ○○○ (성도)님의 심령을 위로하여 주시고, 유족에게 천국에 대한 소망을 갖게 하시옵소서. 인생의 시간을 정하신 여호와 앞에서 겸손하게 하시옵소서. 저희들의 심령에 주님의 피를 바르는 은혜를 경험하게 해주시옵소서. 그 피로 의롭다함을 얻게 해주셨음에 감격해하면서 예배하기를 원합니다. 목사님께서 하나님의 말씀을 대언해주실 때, 위로와 소망의 메시지가 되게 하시옵소서.

영원부터 영원까지의 하나님께서 고인의 하관예식을 받아주시옵소서. 아버지에 대한 사랑과 추억을 가슴에 묻으려는 자녀들과 유족에게 사랑의 시간이 되게 하시옵소서. 고인의 삶을 본받아 지내게 하시옵소서.

영원히 살아계신 하나님께서 아버지가 되심에 감사드립니다. 육신의 아버지를 대신하여 하나님을 아버지라 부르게 하시옵소서. 저희들의 곁을 결코 떠나지 않으시는 하나님 아버지 앞에서 날마다 은혜의 길, 소망의 길, 승리의 길을 가게 인도해 주시옵소서.

인생은 그 누구도 죽음을 거절하지 못한다는 진리를 깨닫고, 하나님께로 마음을 여는 저희들이 되게 하시옵소서.

|이어서 장례예식을 치르는 가정에 채워질 하나님의 은총을 간구한다.|
보혈을 흘려주신 예수님의 이름으로 기도드립니다. 아멘

하관예배(6)

인생에게 축복된 사건
기도를 이끌어주는 말씀 / 계 21:23

    감사로 예배하도록 이끌어주신 하나님,
    고○○○님의 몸을 흙으로 돌려보내드리는 엄숙한 시간에, 이 자리에 모인 무리들에게 경건함과 거룩함으로 예배하게 하시옵소서. 생각과 마음을 모아서 여호와를 예배하는 저희들이 되게 하시옵소서. 영과 진리로 충만하게 하시옵소서.
    고인의 생명을 거두신 하나님 앞에서 겸손한 마음으로 머리를 숙였습니다. 인간의 언어로는 그 어떤 말로도 위로할 수 없는 유족들에게 은혜가 되는 하관예식이 되게 하시옵소서.
    이 시간에, 인생이 경험할 수 있는 축복의 사건이 되기를 원합니다. 이 예배로 하나님께 영광을 드리고, 저희들은 천국의 위로를 경험하는 사건이 되게 하시옵소서. 주님께서는 모든 성도들의 피난처가 되시고, 사랑하는 유족의 믿음을 온전케 하시는 산성이 되어 주셨습니다.
    고인의 몸에 흙을 덮는 유족을 위로해 주옵소서. 저들을 평안하게 해 주시고 주님의 경륜을 밝히사 생명의 안식을 얻게 하옵소서. 이 땅에 남아 있는 저희들로 하여금 진실한 마음으로 믿음을 지키게 하옵소서.
    이 거룩한 자리에서 예수님을 구주로 영접하는 은혜를 내려 주시옵소서. 하늘나라를 사모하는 마음을 갖게 하시옵소서.

    |이어서 장례예식을 치르는 가정에 채워질 하나님의 은총을 간구한다.|
    영원을 약속해주신 예수님의 이름으로 기도드립니다. 아멘

귀가예배(1)

여호와는 우리의 주
기도를 이끌어주는 말씀 / 시 128:1

시온에서 복을 주시는 하나님,

인생의 주인이 되시는 하나님을 경배합니다. 여호와는 우리의 주이심을 고백하며 예배를 드립니다. 마음의 문을 열어 주님의 이름을 크게 부르게 하시고, 머리를 숙여 참으로 겸손히 예배하게 하시옵소서.

여호와의 안위와 소망을 주시옵소서. 성령님의 크신 감화로 유족이 힘을 얻게 하시고, 고인의 신앙을 저들의 것으로 이어 그 삶을 복되게 해 주시옵소서. 유족의 눈물이 괸 눈에 천국에서의 영생의 삶을 보여주시옵소서. 저희들은 오늘, 고인의 부르심에 의해서 천국이 확실히 있음을 믿게 하시옵소서. 이로써 새 하늘과 새 땅을 보고, 오히려 담대해지게 하옵소서.

오늘, 목사님께서 전해주시는 말씀으로 소망이 넘치게 하시옵소서. 유족들을 위로하시는 하나님의 마음이 그 말씀에 전해지게 하시옵소서.

저희들도 언젠가는 하나님의 시간에 부름을 받아 뿔뿔이 헤어질 것이지만, 성령 하나님께서 유족들의 심령에 임재하시고, 동행해 주시옵소서. 시온에서 복을 주시는 여호와를 바라는 유족들로 이끌어 주시옵소서.

이 집안의 곳곳에 고○○○님의 체취가 남아있어 유족들의 마음을 슬프게 하지만, 성령님께서 붙들어 주심을 소망하게 하시옵소서.

|이어서 장례예식을 치르는 가정에 채워질 하나님의 은총을 간구한다.|

시온의 주, 예수님의 이름으로 기도드립니다. 아멘

귀가예배(2)

하늘의 위로를 보게 하시는 주
기도를 이끌어주는 말씀 / 딤전 6:6-10

모든 것에 족하도록 하시는 하나님,
　장례의 모든 절차에 하나님의 영광을 나타내 주시고, 하늘의 위로를 보게 해 주셨음에 감사드립니다. 이 예배가 고○○○님의 육신을 흙으로 돌려보내드리고 돌아온 저희들이 하나님께 감사의 찬미로 드리는 경배가 되기 원합니다. ○○○ (성도)님이 하늘의 위로를 받게 하시옵소서.
　예배하게 하셨으니 가장 복된 시간과 자리가 되게 하시고, 지금 슬픔에 있는 유족에게는 큰 영광이 되기를 소망합니다. 하나님의 이름을 찬송하는 귀한 이 자리에 영광을 나타내 주시옵소서.
　간절히 구하오니, 유족의 눈에 고인 눈물을 닦아 주시옵소서. 성령님의 어루만져 주심으로 저들의 마음이 가벼워지게 하시옵소서. 저들의 눈에 낙원이 보이게 하시옵소서. 천군과 천사들의 찬송 소리가 들려오고, 하나님을 예배하는 고인을 보게 하시옵소서.
　이 자리에 함께 예배하는 거룩한 주의 백성들에게 고인의 삶을 나누도록 하시옵소서. 그의 생각과 말 그리고 행동을 통하여 하나님께서 저희들에게 가르치려 하셨던 것들을 배우게 하시옵소서. 고인의 장례예식에 나타난 하나님의 거룩하심이 저희들에게 삶과 죽음에 대한 교훈의 시간이 되게 하시옵소서.

　|이어서 장례예식을 치르는 가정에 채워질 하나님의 은총을 간구한다.|
　의롭다 해주신 예수님의 이름으로 기도드립니다. 아멘

귀가예배(3)

성령님께서 붙들어주심을 소망
기도를 이끌어주는 말씀 / 요 11:21-27

영원히 죽지 아니하리라 약속하시는 하나님,

집안 곳곳에 고○○○님의 체취가 남아있어 유족의 마음을 슬프게 하지만, 성령님께서 붙들어주심을 소망하게 하시옵소서. 성령님의 안위하심을 믿고, 하늘나라를 바라보는 은혜로 충만하게 하시옵소서.

장례예식을 다 마치고 집으로 돌아온 지금, 이 가정과 유족에게 영생에 대한 소망을 품게 하시옵소서. 시온에서부터 주시는 여호와의 복을 받아 누리게 하시옵소서. 그 복으로 말미암아 주님 안에서 영원히 죽지 않음을 믿고 승리의 삶을 살아가도록 이끌어 주시옵소서.

하나님께서 슬픔에 처해 있는 유족을 친히 위로하시려고 종을 보내셨사오니, 이 시간의 예배로 슬픔을 이기고 소망을 품게 하시옵소서. 전해 주시는 하나님의 말씀을 아멘으로 받을 때, 가슴이 뜨거워지게 하시며, 성령님의 은혜를 크게 주시옵소서.

이 가정을 축복합니다. ○○○ (성도)님을 이 가정에 있어서 복의 통로가 되게 하신 하나님께 감사드립니다. 그에게 약속되어 있는 복으로 말미암아 이 가정의 지체들이 복을 누리게 하시옵소서. 아직 마음이 하나님께로 향하지 못하고 있는 이들에게도 좋으신 하나님을 만나게 하시고, 풍성한 은혜의 삶을 살게 하시옵소서.

|이어서 장례예식을 치르는 가정에 채워질 하나님의 은총을 간구한다.|
죄를 대속해주신 예수님의 이름으로 기도드립니다. 아멘

귀가예배(4)

속히 날아가는 인생의 연수
기도를 이끌어주는 말씀 / 시 90:10-12

인생의 시간에 대하여 결단하게 하시는 하나님,
고○○○님의 유해를 장사지내고 집으로 돌아왔지만, 고인이 저희들의 곁을 떠나있다는 사실이 실감되지 않는 유족을 위로해 주시옵소서. 사랑했던 고인이 생명의 시간을 다 누리고 마치셨음에 감사하는 저희들이 되게 하시옵소서. 돌아가신 고인에 대하여 슬픔의 상처를 안고 있는 유족들을 어루만져 주시는 하나님의 손길을 바랍니다.
주님의 이름으로 구하오니, ○○○ (성도)님과 유족에게 고인을 다시 볼 수 없다는 서운함을 털어내고, 하나님의 나라를 소망하는 담대함을 주시옵소서. 십자가를 붙들고 살아가려는 굳건함을 주시옵소서.
이 짧은 시간에 하나님의 말씀을 대할 때, 성령님의 크신 위로와 격려를 소망합니다. 그 말씀이 용기가 되게 하시고, 남은 생애를 어떻게 살 것인가에 대한 다짐이 있게 하시옵소서. 이 거룩한 곳에서 만나주시는 하나님의 음성을 듣고, 아멘으로 응답하게 하시옵소서.
저희들도 언젠가는 하나님의 부르심을 받고, 천국에 간다는 믿음을 주시옵소서. 거룩한 본향으로 가서 하나님을 예배하는 소망을 갖게 하시옵소서. 저희를 긍휼히 여기사 주님의 위로와 하늘의 평강으로 채워주시기를 간구합니다.

|이어서 장례예식을 치르는 가정에 채워질 하나님의 은총을 간구한다.|
하늘을 바라게 하시는 예수님의 이름으로 기도드립니다. 아멘

귀가예배(5)

항상 주와 함께 있으리라
기도를 이끌어주는 말씀 / 살전 4:13-18

유족을 위로해주시고, 집으로 인도해주신 하나님,
이 시간에, 고○○○ 여사의 장례예식을 마치게 하시고, 저희들을 보호해 주신 은혜에 감사합니다. 이제껏 베풀어주신 크신 사랑에 감격하여 경배하는 한 시간이기를 소망합니다. 아버지 하나님의 크신 은혜가 하늘로부터 내려 감격하여 드리는 예배가 되게 하시옵소서.
영과 진리로 마음을 바칠 때, 주께 영광을 돌려 천사처럼 섬기려는 복된 다짐을 경험하게 해주옵소서. 주님의 사랑을 찬송하며, 그 이름에 예배하게 하시옵소서. 저희들은 지금, 고인의 숨결을 느끼고 있습니다. 하나님의 자비하심으로 고인에 대한 사랑의 시간들을 추억하도록 인도해 주시옵소서. 고인이 평소에 소망하였던 모든 것들이 자녀들의 수고로 말미암아 이루어지게 하시고, 그 복을 자손들이 누리게 하옵소서.
저희들 가운데, 아직 하나님을 아버지로 부르지 못하는 식구들도 있으나 다 같이 머리를 숙일 때, 하나님께 영광이 되게 하시옵소서. 영과 진리로 예배할 때, 여호와의 이름을 찬양하게 하시옵소서. 저희들은 더욱 더 주와 함께 있다는 확신으로 살아가도록 이끌어 주시옵소서.
고○○○님의 장례예식에 나타난 하나님의 거룩하심으로 말미암아 저희들에게 삶과 죽음에 대한 교훈의 시간이 되게 하시옵소서.

|이어서 장례예식을 치르는 가정에 채워질 하나님의 은총을 간구한다.|
천국의 보좌에 계신 예수님의 이름으로 기도드립니다. 아멘

귀가예배(6)

오직 하나님의 은혜로
기도를 이끌어주는 말씀 / 딤후 1:12

장례의 모든 예식을 마치게 해주신 하나님,
오늘, 이 가정을 위해서 기도드리오니, 하나님 안에서 택함을 받은 가정이 되어 축복의 통로, 은혜의 통로가 되게 인도하시옵소서. 주 안에서 ○○○(성도)님의 믿음의 씨앗이 깊이깊이 뿌리 내려 이 가문을 복되게 하는 열매를 넘치도록 맺게 하여 주시옵소서.

주님의 자녀들이 모여, 고인을 생각하게 하심을 기뻐합니다. 사랑하는 아버지의 유해를 장례하고, 슬픔과 절망의 그늘 속에서도 이기는 삶을 살아가겠노라 다짐하게 하시옵소서. 이 시간에 임하는 성령님의 충만하심으로 유족은 위로를 받고, 저희들에게는 은혜가 더해지기를 빕니다. 주님께로 향합니다. 믿음으로 드리는 경배를 기쁘게 받아 주시옵소서.

우리는 하나님께로부터 왔다가 하나님께로 돌아갈 인생들입니다. 유족에게 내가 돌아가야 할 천국을 소망하게 하시고, 이 땅에서 지내는 동안에 여호와께 신실한 백성으로 살아가게 하시옵소서.

이 자리에 참석한 저희들도 장차 하나님의 부르심을 받으면, 영원히 빛나는 집에서 즐거운 노래를 부르며 지낼 것을 생각하게 하시옵소서. 성령님께서 유족들 한 사람 한 사람의 심령에 임재하시고, 시온에서 복을 주시는 여호와를 바라는 심령으로 이끌어 주시옵소서.

|이어서 장례예식을 치르는 가정에 채워질 하나님의 은총을 간구한다.|
만세 반석이신 예수님의 이름으로 기도드립니다. 아멘

첫 성묘예배(1)

항상 주의 일에 더욱 힘쓰라
기도를 이끌어주는 말씀 / 고전 15:55-58

남아있는 눈물을 씻겨주시는 하나님,

우주를 다스리시는 하나님께 찬미를 드립니다. 지금, 주님의 자녀들이 한 마음으로 주님을 기리고 찬송을 드리게 하시옵소서. 높이 계신 하나님께서 낮고 천한 저희들을 돌보아 주셨사오니 머리를 숙입니다.

오늘, 고〇〇〇님의 유해를 안장한 묘소를 다시 보게 하셨음에 감사합니다. 어려웠던 장례절차를 하나님의 풍성한 은혜를 보며 진행하게 하셨음에 감사합니다.

지금, 유족이 고인의 삶을 본받고, 그의 생활 자세를 자기들의 것으로 삼으려 다짐할 때, 성령님의 감화가 있게 하시옵소서. 이렇게 아름다운 묘소를 주신 여호와의 은혜에 찬미로 예배하게 하시옵소서. 하나님의 인생에게 행하신 일들을 기뻐하는 저희들이 되게 하시옵소서.

하나님의 말씀이 저희들의 심령을 새롭게 해주심을 기대합니다. 그 말씀이 낙심되었던 심령에는 소망을 갖게 하시고, 아직도 슬픔을 털어내지 못한 심령에는 여호와의 즐거움으로 채워주실 것을 믿습니다. 이 시간의 예배로 말미암아 주님의 이름을 붙잡아 더욱 견실하며 흔들리지 않기를 결단하도록 이끌어 주옵소서. 이 시간에, 주님께서 다시 오시는 그날까지 주님만 의지하겠다는 거룩한 다짐을 하도록 도와주옵소서.

|이어서 이 가정에 개인적으로 요구되는 하나님의 도우심을 간구한다.|

찬송이 되시는 예수님의 이름으로 기도드립니다. 아멘

첫 성묘예배(2)

만세 반석 열린 곳
기도를 이끌어주는 말씀 / 사 26:4

만세 반석 열린 곳을 바라보게 하시는 하나님,
저희들이 예배할 때, 성령님의 충만하심이 나타나게 하옵소서. 아버지 하나님께서 사랑의 오른팔을 펴서 약속하신 말씀이 이루어지는 복된 시간이기를 소망합니다.
고○○○님이 이 땅에 계시는 동안 사셨던 육체의 장막집을 흙으로 돌려보내게 하셨음에 감사드립니다. 고인이 이 땅에서 계시던 동안에 지니셨던 육체를 묻은 묘소를 돌아보는 유족을 축복합니다. 고인의 장례식을 하나님 앞에서 예배로 치른 유족을 크게 위로해 주시기 원합니다. 육신을 입고 사는 저희들 역시, 잠시 이 세상에 살다가 하나님께로 돌아가는 연약한 인생들임을 고백하게 됩니다.
고인과 함께 나그네 길의 삶을 나누었던 지체들을 축복합니다. 생명록에 믿는 자들의 이름이 기록되고, 승리의 반열에 서게 해 주옵소서. 이로 말미암아 우리가 세상을 떠날 때에 주 안에서 평강을 얻게 하시고 영복을 얻게 해 주옵소서. 모든 사람이 승리의 부활에 참여하게 되는 때, 저희들도 하나님께서 기뻐하시는 자가 되게 해 주시옵소서.
오늘, 성령님의 감화가 있게 하시옵소서. 하나님께서 인생에게 행하신 일들을 기뻐하는 저희들이 되게 하시옵소서.

|이어서 이 가정에 개인적으로 요구되는 하나님의 도우심을 간구한다.|
교회의 머리가 되신 예수님의 이름으로 기도드립니다. 아멘

첫 성묘예배(3)

나의 달려갈 길을
기도를 이끌어주는 말씀 / 딤후 4:7

달려갈 길을 달려갈 것을 결단하게 하시는 하나님,

사랑하는 고○○○ 여사님의 묘소로 인도해 주심을 감사드립니다. 고인이 세상에서의 생명을 마친 후, 모든 장례 절차에 하나님께서 함께 해 주셨음에 감사드립니다. 고인의 죽음을 통해서 이 가정에 은혜를 베풀어 주셨습니다. 고인은 참으로 저희들에게 좋은 이웃이었습니다.

좋은 곳에 산소를 마련하도록 인도하심에 감사드리고 예배를 통해서 영광을 받아주옵소서. 고인을 잃고 서운해 하는 유족을 붙들어 주옵소서. 사람의 영혼이 하나님께로부터 왔다가 다시 하나님께로 돌아감은 당연한 하나님의 경륜임을 저희로 하여금 깨닫게 하시니 감사드립니다.

사랑하는 유족의 생명이 이 땅에 있는 동안 신앙으로 하나님의 영광만을 위해 살도록 인도하여 주시옵소서. 고인은 이 세상에 사는 동안 인생의 본분을 다하시고, 모든 이들에게 존경의 대상이 되셨습니다. 우리들도 그의 뒤를 따라 유업을 얻도록 이끌어 주시옵소서. 세상 그 어느 구석에도 영원히 사는 길이 없는 줄 알고 있습니다. 오직 한 길, 영원한 생명으로 살 수 있는 길이 우리 앞에 있는 것을 바라보게 하시옵소서.

이 시간의 예배로 말미암아 주님의 이름을 붙잡아 더욱 견실하며 흔들리지 않기를 결단하도록 이끌어 주시옵소서.

|이어서 이 가정에 개인적으로 요구되는 하나님의 도우심을 간구한다.|
하늘나라를 소망하게 하신 예수님의 이름으로 기도드립니다. 아멘

첫 성묘예배(4)

복을 누리는 신앙의 후손
기도를 이끌어주는 말씀 / 시 103:13-14

영원한 기업을 누리게 하심을 약속해주신 하나님,

주님의 보좌 앞에서 예배합니다. 천지의 만물이 우리 하나님의 위엄을 찬송하기 원합니다. 오늘, 고◯◯◯님의 장례예식을 마치고, 감사하여 머리를 숙였습니다.

주님의 거대하고 온전한 창조의 역사 안에 사는 저희들을 주님의 품 안에 살게 하셔서 이렇게 고인의 첫 성묘 예배에 참여하게 하셨음을 즐거워합니다. 저희들 모두에게, 하나님을 바라보고 예배하게 하시니 감사와 영광을 드리게 하옵소서.

이 시간에, 들려지는 주님의 말씀이 저희를 비추는 거울이 되어 우리의 흐트러진 모습을 발견하게 하시고, 신앙으로 바로 서게 하시옵소서. 고인과 헤어져 고통을 당하는 식구들에게는 치유의 은혜를 내려주시옵소서. 주님의 보혈의 은혜로 정결케 되고, 유족들의 나약해진 심령을 새롭게 해주시는 은총을 보게 하시옵소서.

고인이 저희들의 곁을 떠나신 후, 묘소를 조성하고 첫 성묘를 하는 유족을 축복합니다. 저들이 이 땅에 사는 날 동안에, 하나님의 영원한 기업을 누리게 하여 주시옵소서. 의인의 자손은 걸식함을 보지 않도록 하시겠다는 약속에 따라 풍족한 생활이 되게 하시기를 소망합니다.

|이어서 이 가정에 개인적으로 요구되는 하나님의 도우심을 간구한다.|

정결하게 해주신 예수님의 이름으로 기도드립니다. 아멘

첫 성묘예배(5)

천국을 바라보고 살아가는
기도를 이끌어주는 말씀 / 요 14:1-2

복을 누리는 신앙의 후손으로 세워주시는 하나님,

고○○○ 여사의 장례 예식으로 영광을 받으신 여호와께 찬양을 올려드립니다. 저희들로 하여금 땅만 내려다보고 슬퍼하지 않게 하시는 하나님의 성호를 송축합니다. 심령의 눈을 밝히시어 하늘의 영광을 쳐다보고 영원한 소망을 갖게 하여 주시옵소서.

이 시간에, ○○○ 집사님을 위로해 주시기 원합니다. 사랑하던 어머니, 오랜 시간을 함께 살아온 어머니가 세상을 떠난 후에 무덤을 보는 그녀의 심정을 안아주시옵소서.

고인을 기억하는 ○○교회의 성도들에게 은혜로 충만하게 하시옵소서. 저희들의 비어 있는 듯한 마음을 주님의 자비하심으로 채워주심을 믿습니다. 부활의 신앙으로 이곳을 내려가도록 해주시옵소서.

한 마음으로 예배하는 주님의 자녀들을 축복합니다. 저희 모두에게 고인을 통해서 저희들이 받아야 하는 삶의 교훈을 따르게 하시옵소서. 고인이 그렇게 사셨던 것을 본받아 사람으로서 올바르게 행하여 하나님 나라에 이르게 해 주시옵소서.

언젠가는 하나님의 부르심을 받고, 천국에 간다는 믿음을 주시옵소서. 거룩한 본향으로 가서 하나님을 예배하는 소망을 갖게 하시옵소서.

|이어서 이 가정에 개인적으로 요구되는 하나님의 도우심을 간구한다.|
거듭나게 해주신 예수님의 이름으로 기도드립니다. 아멘

첫 성묘예배(6)

늘 하나님 앞에서 지내는 은혜
기도를 이끌어주는 말씀 / 창 32:9

자손만대로 이어지는 은혜를 약속해주신 하나님,

영원부터 영원까지 살아계셔서 인간의 삶을 다스리시는 위대하심에 영광을 나타냅니다. 주님께서 하늘에서 계획하신 일을 믿음의 자녀들에게 나타내심에 영광을 표시합니다.

이제, 고○○○님과 함께 하셨으며, 그의 인생을 보호하셨던 주님의 영광을 그들의 자손에게 나타내 주시옵소서. 저희들에게 고인에 대한 사랑을 주셔서 감사드립니다. 저희들의 사랑이 유족에게로 이어지게 하시고, 고인이 하시고자 했던 일들에 힘을 쏟게 하시옵소서.

고인의 후손들이 회개의 마음으로 머리를 숙였습니다. 저들이 하나님 앞에서 뿐만 아니라, 우리의 육신의 부모님에게도 잘못한 것이 많이 있었던 것을 통회하오니 용서하여 주시고, 더욱 굳센 마음으로 채워주셔서 자손만대로 하나님의 축복을 누리게 되기를 기도합니다. 주님의 이름을 높이며 이 자리에서 감사의 고백을 하게 하시옵소서.

고인의 모습을 추억하도록 하시니 즐거워합니다. 하나님의 은혜로 고인은 훌륭한 아들과 딸을 두는 후손의 복을 누리셨습니다. 오늘, 우리와 함께 지내던 고인이 아버지의 품으로 돌아가신 날을 기억하게 하시고, 늘 하나님 앞에서 지내게 하시옵소서.

|이어서 이 가정에 개인적으로 요구되는 하나님의 도우심을 간구한다.|
우리 주 예수님의 이름으로 기도드립니다. 아멘

크리스천의 장례예식에 사용해서는 안 될 용어

1. 죽음과 관련해서

1) 영면(永眠)
한 인간의 죽음을 영면이라고도 하는데, 영원히 잠잔다는 뜻이다. 성도는 부활을 믿으므로 기독교 신앙으로 생각할 때 이 용어는 적합하지 않다. 성도는 죽음을 가리켜서 승천, 소천(召天), 서거(逝去), 사망(死亡), 혹은 '하나님께서 부르셨다' 또는 '하나님께서 불러 가셨다' 등의 용어를 사용하는 것이 옳다.

2. 장례식에서

1) 예식에 대한 명칭
일반적으로 고별식(告別式), 영결식(永訣式)이라고도 하는데, 성도는 영원히 이별하지 않으므로 부활을 믿는 기독교 신앙에는 이 용어가 적합하지 않다. 천국환송식(天國歡送式)이라는 표현의 용어가 바람직하다.

2) 조문 시, 또는 조사(弔辭)
'명복(冥福)을 빈다'는 말은 기독교 사상의 용어가 아니다. '명복'이란 죽은 사람을 위하여 잘 받들어 섬긴 결과로 명계(冥界)에서 받는 복을 의미한다. 그러므로 성도는 이 말을 피해야 한다. '하나님의 위로가 있으시기를 빕니다'라는 표현이 바람직하다.

-인사말의 예:
"얼마나 슬프십니까?"
"하나님의 위로를 받으시기 바랍니다."

"참으로 뜻밖의 일입니다."
"부활의 소망을 가지시기 바랍니다."

3. 상례(문상 問喪)에서 예절

상주는 문상객(조문객)을 맞을 때, 먼저 인사말을 쓰지 않으며 문상객의 인사에 대하여 '바쁘신 중에 찾아주셔서 감사합니다.' 등의 정도로 답례한다.

문상객의 복장은 가급적 검정이나 흰옷을 입고, 남자인 경우에는 검은 넥타이를 맨다. 부득불 화려한 복장일 경우에는 장례식 뒤편에 자리를 잡고 남의 눈에 뜨이지 않게 몸가짐에 조심한다.

조의금은 흰 봉투에 '부의(賻儀)', '근조(謹弔)', '삼가 조의를 표합니다.' 등으로 쓰고, 드리는 이의 이름은 그 아래에 명기한다.

문상객은 호상(護喪) 앞에서 조의금을 내고 접수를 마치면—방명록이 있으면 기록하고—빈소의 영정 앞에서 고개를 숙여 기도하고, 상주에게 간단하고 정중하게 인사를 한다. 이로써 유가족을 위로한다.

조의를 표하는 헌화는 접수대에서 꽃을 받아 화병에 꽂거나 상 위에 놓는데, 꽃의 줄기는 관을 향하고 꽃송이는 자기를 향하도록 한다.

기독교 장례의 초점은 죽은 사람의 육체에 있는 것이 아니라 부활을 믿는 신앙에 있는 것이다. 그러므로 장례는 지금, 살아있는 사람에게 죽음을 환기시키고 우리로 하여금 바로 살도록 하는 계기가 되어야 한다.